U0902024

海魂記

下部 叱咤海疆

HAIHUNJI

CHIZHA HAIJIANG

洪永宏 著

中国文史出版社

图书在版编目（CIP）数据

海魂记 / 洪永宏著．-- 北京 ：中国文史出版社，2017.5

ISBN 978-7-5034-9272-3

Ⅰ．①海… Ⅱ．①洪… Ⅲ．①郑芝龙（1604-1661）-传记 Ⅳ．①K827=48

中国版本图书馆 CIP 数据核字 (2017) 第 128562 号

责任编辑：梁玉梅

出版发行：**中国文史出版社**
网　　址：www.chinawenshi.net
社　　址：北京市西城区太平桥大街 23 号　邮编：100811
电　　话：010-66173572　66168268　66192736（发行部）
传　　真：010-66192703
印　　装：北京温林源印刷有限公司
经　　销：全国新华书店
开　　本：16 开
印　　张：37.25　**字数**：590 千字
版　　次：2017 年 9 月北京第 1 版
印　　次：2017 年 9 月第 1 次印刷
定　　价：86.00 元（上下册）

第三十五章 樱花林中巧遇佳人

这段时间，平户金阳商行一切顺顺当当，大家也都平平安安。

李旦经芝龙精心护理，伤痛减轻许多，歇了五日就开始出来主事；当他获悉厦门商馆在抗击荷兰人战斗中的英勇战绩，十分欣喜，在杨陆寄来的快帖上批复："抗夷卫土，国人天职，所需费用，酌情裁定。"

杨秋花被李旦接回居室，着实高兴了一阵子；可惜过不了几天，似乎又有点幽怨。

颜思齐依旧上上下下，忙忙碌碌，把商行的里里外外都打点得妥妥帖帖。

颜紫霜仍然独往独来，我行我素，半天习文，半天练武，既不学做针凿，也不企求婚嫁，一心只想当个女侠。

刘奔没有忘记大师兄的教诲，那天被拉到武德牙行之后，再也不敢冒失，对人对事都格外小心，继续"隐忍"等待时机。

衷纪、钟斌，司账、司库、司货，还有其他大大小小的伙计，也都一如既往，各司其职。

全行上下，唯有芝龙与众不同。

他是李旦大人新收的义子，是商行总部新任的协理，论地位可真不一般。

但他心里很明白，自己不过是一名新伙计，因此，在义父伤痛减轻接回秋花姨娘之后，便下定决心要加紧努力。

他首先拜义父为师，在义父的带领教导下，走遍平户的东西南北和商行的里里外外，了解了周围的环境和商行的内情，学到一些做人的道理和商务知识……

他十分敬重颜思齐，遇事恭谨请教、勤学勤问。

他铭记陈衷纪救命之恩，恳请这位恩人兄长严加鞭策督促。

他向总部的司账学账务结算，向总部的司库学银钱管理，向总部的司货学货品的保管和进出仓，向卫丁队长了解商行的周边情况和应对措施。

他遵循义父的教导，对人谦恭有礼，即便是对男仆、女仆，也都热情随和，从不苛责辱骂。

对于刘奔和钟斌，虽然看出他们心萌妒意，也还是像往常那样，保持正常的关系。

就这样，经过几个月的努力，郑芝龙对金阳商行已经有了通盘的了解，这叫李旦既高兴来又振奋。

冬去春来，除夕领过赏银不到两个月，就迎来了春暖花开。

这一日上午，关在账房里忙了三天的郑芝龙，按照原先安排，跟随着李旦到一家日商店里验货，刚一出金阳商行大门，就看到门前那十几棵在冬天掉光了叶子的树上，从枝头倒挂下一串串含苞欲放的小花蕾。

“义父，你看！”芝龙好奇地指着那些花蕾串子。

李旦抬起头一看，笑了笑，问：“你知道那是什么？”

芝龙答道：“不知道。”

李旦说：“那就是樱花嘛。”

“樱花？”芝龙感到这花名很陌生。

李旦点点头：“是啊，樱花，日本的国花。”

“日本的国花？樱花？！”芝龙甚感新奇。

李旦反问：“没听说过？”

芝龙老老实实地回答：“没听说过。”

“哦，”李旦想起来了，“你刚到日本才半年，怪不得。”

“义父，这樱花怎么长在树上？”芝龙禁不住又问。

“这就是它特别之处，”李旦答说，“你不知道呀，日本到处都有樱花树，盛开的时候真是太美了！”

芝龙有些吃惊：“真的吗？”

“唉！”李旦叹道，“可惜一年只开一次，花期只有八九天。”

芝龙若有所思地应道："哦?!"

李旦笑道："这样吧，再过几天樱花就要盛开了，我带你到樱花林里去观赏观赏。"

"好啊，好啊！"芝龙高兴地应说。

春风拂面，春阳暖身，平户岛上的樱花盛开了！

芝龙跟着义父来到岛南一处长满樱树的山野，放眼望去，一层层，一叠叠，一簇簇，如彩色的云霞笼罩在山坡上；走进林中，那绽开的樱花一串串、一团团，绯红的像少女的脸颊，粉白的似姿娘的肌肤；更有那阵阵花香，扑面而来，沁入心肺，真叫人心动神往……

正当芝龙在漫漫的花海中如醉如痴之时，山坡背面传来了阵阵银铃般的声音；接着，七八个少女出现在山丘上，一路嬉笑，欢欣雀跃，一直闹到他们这对义父、义子面前才刹住脚。

为首的那个少女头上绾着一球乌黑闪亮的盘云发髻，身上穿着一袭丝绸缝制的艳丽和服，面容姣秀，肌肤白皙，眼珠闪亮，脸颊绯红，樱桃小口里露出两排齐整的玉齿……

郑芝龙也算是个四处闯荡见过世面的人，从石井村到泉州府，从香山澳到爪哇岛，从三宝垄到望加锡，从大吕宋到厦门城，就没见过一个比这少女更美丽的女孩啊！他眯起眼睛，饱餐着这天外飞来的秀色。

那少女一见到郑芝龙也呆住了，两颗水灵灵的眼珠盯着面前这少年家，潜藏在心底那股郁勃的春情顿时涌上心头，她涨红着脸愣在那里，好像神魂出了壳似的。女伴们看她那个样相，都禁不住掩嘴暗笑。

"怎么啦，慧子?"一个身穿汉服的少女用闽南话问她。

"呃……"慧子回过神来，不禁羞惭交加。

"慧子，嘻嘻嘻嘻……"又是一阵少女的笑声。

在一旁的李旦看着这群少女，有的穿和服，有的穿汉服，已是猜中几分；现在又听她们操起闽南语，更是心中有数。他仔细端详那美貌少女，问道："你名叫慧子?"

"是。"慧子羞怯地应说。

李旦再问："你莫非就是翁慧子?!"

“没错，你怎么知道？”慧子仰起头看着李旦，猛然想起，“哦，你，你是李旦伯伯！”

“哈哈哈！”李旦朗声笑道，“想不到在这里遇到你这个小丫头，长得越来越漂亮了。”

“啊？李旦大人?!”那群少女个个惊喜交集。

“对，”慧子向大家介绍，“这位就是李旦大人，我们平户唐人的甲必丹（首领）。”

少女们一齐弯腰垂臂，深深鞠躬：“李旦大人洪福！”

“免礼，免礼。”李旦连连摆手，亲切探问道，“你们的祖家都是在闽南？”

“是的，”少女们齐声应说，“不过，我们都是在日本出生的。”

李旦再问：“今天结伴来踏青赏花？”

“是啊，李旦大人！”少女们再次深深鞠躬。

李旦鞠躬还礼，说：“你们自己去玩吧！”

“好啊！”少女们边应着边携起手，像彩云般飘进樱花林中……

第二天用过早餐，郑芝龙应召来到李旦居室的小厅。

少顷，李旦身穿便服从卧房里走出，招呼道：“芝龙，你来啦！”说着，坐到厅中的太师椅上。

“是啊，义父叫我来有什么事？”芝龙躬身叩问。

李旦指着身旁一只圆凳：“你先坐吧。”

芝龙抱拳：“多谢义父！”

李旦待芝龙坐定，开言道：“芝龙，昨日在樱花林中真是巧遇啊。”

一听义父提起昨天赏花之事，郑芝龙的脸登时红了起来，他嗫嚅地说：“巧遇，什么巧遇？”

李旦瞥了他一眼，笑问：“怎么我刚一说起昨日的事，你就脸红？”

“我没脸红……”郑芝龙辩道。

“好，好，没脸红。”李旦说，“我且考考你，昨日我们见到的那位美姿娘慧子是中国人呢还是日本人？”

芝龙答道：“看她的衣着装扮、面容体态像是个日本人，可听她一开口讲话却是个中国人。”

“答得还挺准。”李旦点了点头，“我告诉你，这慧子的父亲是中国人，原籍就在咱们泉州，名字叫翁翌皇，祖辈是民间郎中；他少年时跟着乡亲出洋到平户，在当地望族田川氏属下的一家汉药铺里当小伙计，没几年竟懂得诊病开药，人又长得很帅气，就这样被大头家看中，招为乘龙快婿，改姓田川。你看，他这运气很不错吧！”

“不过，”芝龙有点不以为然，“这岂不是被人招赘？”

“被招赘有什么关系？四海一家嘛。”李旦说，“他这女儿的血统一半是中国的，一半是日本的；过去不少人认为‘杂种’不好，但我这辈子见过的‘混血儿’都长得很好。这慧子就长得格外聪慧，格外美丽，你说是不是？”

一提到慧子，郑芝龙又不自在了，他扭捏地说：“哎，哎……”

李旦看他那样相，问道：“你平时敢做敢说，现在怎么答不出话来？”

芝龙吞吞吐吐：“我，我是……”

李旦看着他：“你莫非是看上这慧子啦?!”

“不是，不是。”芝龙连忙否认。

“不是就不是，我也不勉强你。”李旦笑了笑，再问，“哪一天有空闲，我带你到她家拜访拜访，你愿意跟我去吗？”

芝龙红着脸点了点头：“孩儿听从义父安排。”

“哈哈哈哈！”李旦大笑，说，“这样就好，这样就好。”

过了两天，恰有空闲，李旦果真领着芝龙，前往拜访翁翌皇。

翌皇的住宅坐落在平户岛南一处山坡下，是一幢古朴的日本式平房，左邻有一间中国式店屋，店门前挂着一面绣上斗大“藥”字的旗幡。

这一天上午时分，翌皇有一位远亲来访，主客俩在房宅厅堂里，正盘腿坐在几桌两边下着围棋……

忽见女儿慧子兴冲冲地跑进来报称：“李旦大人来啰！”

翌皇一听，惊喜交集，急忙起身，匆匆出迎。

这时，李旦已经来到门前了。

“不知李旦大人驾到，有失迎迓，恕罪，恕罪！”翌皇抱拳鞠躬。

“翌皇兄太客气了，太客气了！”李旦连忙回礼。

“前两天听小女讲起在樱花林中见到大人，原想就去金阳府上请安，后因有事耽搁下来，”翌皇说，“没想到大人竟先到寒舍来了。”

李旦笑道：“都是泉州乡亲，先来后到，不都一样吗?!”

“那可不一样，”翌皇应道，“大人是甲必丹，德高位尊，先来造访，小弟实不敢当。”

李旦说：“别客气了，翌皇兄，我今天可是特意前来的。”

“哦，大人有何贵事?”翌皇问。

李旦指着身旁的郑芝龙：“我是特地带这个唐人子弟前来拜见兄长的。”

翁翌皇原没注意，听李旦这一说，便将郑芝龙端详了一番，颇感惊奇：“这是谁人的子弟，长得如此伟岸英俊?!”

李旦展颜一笑：“他是我的义子郑芝龙，南安县石井村人，算是咱们平户的新客。”

“噢，原来是贵公子，欢迎，欢迎，请进，请进!”翌皇说着，领他们踏过卵石小径，来到客厅。

在厅中的原先来客见李旦已脱下布靴走进厅来，急忙趋前鞠躬，操日本语拜道：“李旦大人洪福!”

李旦抱拳还礼后，也用日语转问翁翌皇：“这位是……”

“我的一个远亲，”翁翌皇介绍说，“名叫毛利吉冈。”

“在下毛利吉冈，”吉冈接上话头，恭谨地说，“久闻大人英名，今天能有机会相见，真是十分荣幸。”

“不敢当，不敢当。”李旦边谦辞边打量此人，见他腰圆膀粗，身材魁伟，在个头普遍较矮的日本人当中，可谓凤毛麟角，便开口问道，“敢问吉冈君从事何业?”

“我是个生意人，在平户开了一家小牙行。”吉冈答说。

李旦问：“哪家牙行?”

吉冈应答：“武德牙行。”

“武德牙行……”李旦沉吟，“我怎么没听说过?”

“开设没几年，地点很偏僻，生意又做得不好，大人自然不知道。”吉冈解释说。

李旦关心地问：“吉冈君应该想办法把生意做出起色才对。”

“是，是，在下是想过办法，可一直没什么效果。”吉冈乘机求道，“要是李旦大人肯关照，我这小生意就一定能做好。”

“好吧，”李旦慨然允诺，“你明天就到金阳找颜总管，我会交代他给你一些帮助。”

吉冈深深鞠躬：“多谢李旦大人！”

李旦摆摆手：“不必多礼。”

吉冈再次鞠躬：“在下先告辞了。”说着，转身退出客厅。

吉冈走后，时已近午，翁翌皇延请李旦和郑芝龙进厅，说：“快到午餐时间了，李大人和郑公子就在寒舍用餐吧。”

“好啊，那就打搅翌皇兄了。”李旦爽朗地应道。

三人围着几桌盘腿坐定，翁翌皇唤来慧子，吩咐她先泡茶待客，再准备中午饭菜。

慧子一听喜上眉梢，赶紧把已经用过的茶壶、茶碗收走，然后从内厅捧出一套福建德化名瓷茶具，烧水烫碗，装茶冲泡，将泡好的茶端给客人……

芝龙接过茶碗，无意中看到慧子白嫩的手背上一个个小指窝，煞是可爱……

慧子送过茶碗，发现芝龙两眼盯着她的纤手，霎时心摇神荡，又喜又羞……

李旦看他们两人那样相，给翌皇递了一下眼色。

翌皇顿时领悟，当即开口唤道：“慧子！”

“哎！”慧子娇声应说。

翌皇说道：“郑公子初到我们家，你先带他四处走走，然后再下厨房；李大人这边，由我来侍候，你就不必过来了。”

“好啊！”慧子高兴地应着，随即领芝龙离开客厅。

厅里，李旦和翌皇继续品茗叙谊……

“李大人这义子真是出类拔萃啊！”翁翌皇夸赞道。

“翌皇兄过誉了，”李旦应道，“当然，这孩子忠诚可靠，禀赋甚高。我在三宝垄收留了他，一路上仔细观察，确实是个人才。”

翌皇问道：“听说他还冒死下海救你，果有此事？”

“是的，”李旦答说，“正因如此，我才决意收他为义子。”

翌皇抱拳作揖："真该给大人恭喜道贺啊！"

李旦笑道："回到平户，我任命他为金阳总部协理，先让他熟悉商行内外的情况，考察后如果他真能挑起担子，往后有些重要的行务就要让他掌管。"

"李大人真是慧眼识英才，"翌皇应道，"不过，金阳的基业在日本，你这义子初来乍到，语言又不通，不知能否适应。"

"所以我准备要芝龙长期住在平户。"李旦说。

"这就对了，这就对了。"翌皇频频点头。

"为了让芝龙能够安心长住平户，"李旦又说，"我想为他在当地娶一门亲，先成家再立业，不知翌皇兄意下如何？"

翁翌皇这下子明白了大半，他绕了个弯子，试探地说："如此安排，当然很好，不过，在当地娶亲，找个唐人闺女，谈何容易；找个日本闺女，又习俗不同。这……"

"这就要看翌皇兄肯不肯帮忙啰。"李旦也卖了个关子。

"大人有事相托，我怎敢不尽力？"翌皇应道。

"好，我就是在等翌皇兄这句话。"李旦说。

"此话怎讲？"翌皇问。

李旦说："翌皇兄乃平户的土地公，肯帮忙的话，这事就准能办成。"

翌皇摇摇头："那也未必。"

李旦："依我看，翌皇兄心中已有一位很合适的人选。"

翌皇："我心中已有合适的人选，大人怎么会知道？"

李旦："我就是有这个本事。"

翌皇："那就请说吧。"

李旦："翌皇兄心里所想的最合适的人选，就是贵府的闺女慧子。"

"哦?!"翌皇故作惊讶，"原来李大人今天是来提亲的啊！"

"哈哈哈哈！"两人相互指着对方，开怀大笑……

"好啦，好啦，"李旦先刹住笑，说，"要芝龙在平户娶亲这桩事，我还没跟他提起呢，只是一直挂在心里。前两天我带他到樱树林赏花，碰巧遇到慧子，两个年轻人像是着了电似的，都被吸住了。我站在一旁仔细再打量一番，看他们两人不论哪一方面都很匹配，简直是天生的一对啊……"

"所以今日就喜冲冲地前来提亲。"翌皇接上他的话头。

“不知翌皇兄同不同意？”李旦郑重地问道。

“天赐良缘啊！”翌皇掩饰不住内心的激动，“有谁敢不同意？”

李旦笑道：“那我这就择吉下聘啰。”

翌皇应道：“我自当在此恭候佳音。”

两位家长谈定之后，慧子为了下厨做菜，把芝龙送回客厅。不论谁都能看出来，这对年轻人脸上的喜色，比他们的家长还更浓郁呢！

饭菜端上来了，四个人围着几桌坐下。

午餐是丰盛的……

气氛是温馨的……

李旦和翌皇嘴巴里好似有说不完的话……

芝龙和慧子眉目间更是有传不完的情……

果不出颜紫霜所料，郑芝龙既然是个美男子就难免花心。

澳门的陈玉桃对他可谓情深义重，为了和他结为夫妻作出了巨大的牺牲。

受骗离开澳门之初，芝龙确实是日夜思念着心爱的阿桃姐；闯了爪哇直至为救李旦绝处逢生之后，对初婚的爱妻也未曾或忘。可过了这么些年，当遇到这位比玉桃更年轻、更美丽的窈窕淑女，他对妻子还能忠贞不渝吗？

当然，澳门远在数千里之外，将玉桃接来平户，根本不可能；他精力如此炽盛，身边也该有个女人，何况现在又和慧子一见钟情。因此，当义父跟他提起定亲的事，他只是谦辞几句，便欣然答应。

李旦当即按照闽南定亲礼俗，嘱令刘奔备红帖两份，一份报男方生辰八字，一份开列下聘的礼品，连同聘金纹银千两、珠玉首饰一盒、绸缎糕饼四担，择吉送到田川府上；翁翌皇则依俗回帖，回礼；并按闽南七、九不宜婚嫁的习俗，约定当年八月迎娶完婚。

第三十六章 中元戏水中秋完婚

时光流转，春去夏临。

艳丽似锦的樱花早已被暖风吹走，美景如画的平户又迎来了耀眼的骄阳。

盛暑的到来，使得芝龙和慧子之间的爱情更其炽热。他们想方设法找机会，三天两头作一堆，初恋的少女遇到这多情的俊男，肌肤相挨，耳鬓厮磨，怎能不如醉如痴?!

七月十五中元节那一天，郑芝龙把当日的事务打理完毕，傍晚来到慧子家中。翁翌皇一见到这位金阳商行总部协理，高兴得喜笑颜开，又是延请入座，又是泡茶敬客，并交代女儿提早做好晚餐，好好招待他这未来的女婿。

餐毕，慧子半带羞涩地向父亲请求，说要陪伴芝龙到海边散心。翌皇知晓女儿的心思，当然照准。

于是，这对热恋中的未婚夫妻便自由自在地走出慧子的家门，来到金阳商行附近一处僻静的海滩——千里滨。

晚霞尚未褪尽，月娘却已东升，暮色苍苍茫茫，细沙白白净净。

巨大的礁石镇在沙和水的交接处，临海的一面是四五丈高的峭壁，朝内的一面是高低不平的斜坡；一只小舢板平卧在斜坡底处的沙滩上，一棵大松树则耸立在礁石旁。

芝龙和慧子手牵着手，踩着白净的细沙，悠啊悠，晃呀晃，渐渐靠近那巨大的礁石……

“哎，”慧子指着礁石底处，“那里有一只舢板。”

郑芝龙定睛一看，那大礁石的斜坡下果然有一只小船。“真好，真好，”他用闽南话高兴地说，“这‘月夜泛舟’是人生一大乐事啊！”

“什么‘番椒’?”慧子用闽南语问道,“跟这只小船有什么关系?”

“不是‘番椒’,是‘泛舟’。”郑芝龙特别强调“泛舟”二字。

“‘泛舟’……”慧子还是不清楚,“‘泛舟’是什么意思?”

“‘泛’是漂浮的意思,‘舟’就是小船,”郑芝龙仔细解释道,“我刚才讲的‘月夜泛舟’是中国的一句成语,意思是说‘在月光光的晚上,划一只小船在水面上漂啊漂,摇呀摇’……”

“哦,原来是这样。”慧子听明白了,“那你的意思是说,趁着这月光暝,咱两人一起去划船。”

“对,你讲这样有多爽啊!”郑芝龙应道。

于是,两人手牵手来到小船旁,仔细一瞧,这舢板虽然很旧,但船舷、船板都还干净,可惜船头裂了一条大缝,船底破了好几个洞,根本就不能下海。

“唉!”芝龙叹了口气,“运气不好。”

“什么运气不好,这是理所当然,”慧子说,“要是一条好好的船,人家会丢在这里不管?”

“这‘月夜泛舟’泛不成了。”芝龙有点丧气。

“泛不成就不要泛,”慧子建议说,“我们可以‘月夜戏水’嘛。”

“月夜戏水?”芝龙摇了摇头,“没带游水衣靠怎么戏水?”

“那么?……连戏水都戏不成啰!……”慧子边扭着身子边卖了个关子。

芝龙看她那样子,用手指点了一下她的鼻子:“我看你呀,准定是有备而来。”

“真是个聪明的孩子,猜得没错呀。”慧子笑了笑说,“我出门之前已经穿好游水衣靠,还给你带来一条游水裤。”说着,从宽敞的和服内掏出一条游水裤,递给芝龙。

芝龙接过游水裤,赶忙跳出小船,跑到滨海的一块大礁石后面换穿。

可当他返回到小船时,已经见不到慧子的踪影。

“她到哪里去了?”芝龙边叨念着边放好原穿的衣服和鞋子,然后举目搜寻,终于发现慧子身穿游水衣靠,正站在千里滨那片连体礁石群的顶峰。

这顶峰有四五丈高,虽然下边是深水的海面,但跌落下去还是会受伤的。他急忙朝着那片礁石群跑去,躬着身沿着那顶峰下的石坡一步步往上爬。已经快到峰顶了，忽听到一声猛喝："芝龙，站住！"

郑芝龙急忙刹住脚步，朝上一看，穿着游水衣靠的慧子站立在礁石峰顶，犹如一尊白玉琢成的雕像。月光为她罩上一袭银纱，浮云为她披上一领彩裳，清风为她濯身洗尘，海浪为她低吟高唱……

芝龙顿时呆住了，两只眼睛一直盯着她，心中涌起阵阵波澜……少顷，才嗫嚅地说："别站在那里，慧子，快下来吧！"

"我不下去。"慧子应说。

芝龙急切地说："站在那里太危险了。"

"有什么危险？"慧子笑了。

"掉下去就是大海啊。"郑芝龙劝道。

"大海是我的至爱，掉进去才好呢。怎么啦，你害怕大海？"慧子故意逗他。

"哼，我害怕大海?!"芝龙不屑置辩。

"那好，我们就在大海里见个高低吧。"慧子说着，纵身一跃，从四五丈高的礁石顶跳进海中。

郑芝龙没料到她说跳就跳，赶紧冲到坡顶，朝下一看，朦胧的月色里慧子就像一条美人鱼，在海中游荡……

"哦，原来她的水性如此之好！"郑芝龙嘴里叨念着，身子随即像飞燕展翅，凌空而起，在夜空里划出一道弧线，然后头部朝下，"唰"的一声钻入水中，睁开眼睛，寻觅那条"美人鱼"。

慧子早已料定他是个强手，见他飞身下来，便加快速度游开，游着游着，游着游着，忽然那两只踢动的脚丫子像是被绳子捆住一般，全身随之沉了下去。

"哇，这么厉害！"慧子心里想着，却不挣扎，顺着郑芝龙，让他一直往下拖到水底，双脚才猛力一蹬，甩脱那双缠人的手，滑溜溜地躲到一边，而后悄悄地钻出海面。

"哈哈哈哈！"已经在海面等着她的郑芝龙开怀大笑。

慧子又羞又恼，朝着郑芝龙挥手击水，把一股海水准准地打进他的嘴巴。

郑芝龙被海水呛着了，依然笑嘻嘻的："来吧，再来一下，再来一下。"

慧子气呼呼地挥起手，接连击水。郑芝龙也张开手掌，拍水还击……两人就像孩童一般，闹起“水战”。渐渐地芝龙占了上风……

正当慧子被击来的水花打得睁不开眼之时，郑芝龙腾身一跃，扑将过去，把她擒将过来，两腿夹住她的双脚。

一被捉住，慧子满腔的气脑顿时烟消云散，她娇躯酥麻，星眼蒙眬，依偎在郑芝龙怀中，莫名其妙地努起嘴唇向他讨吃。

芝龙连忙俯首凑了过去，将舌尖伸进慧子的嘴里。

渴盼了几多时日啊，慧子像饿极了的婴儿盼到母亲喂奶，一口把那舌尖咬住，拼命地咂着咂着，吮吸着那香甜无比的甘霖……

郑芝龙周身血脉贲张，他双手抱着慧子，双腿用力踩水，直踩到岸边，才把她拦腰托起，走向礁石坡下那条小船。

小船内还是那样干干净净，留在船板上的衣服还铺在那里。郑芝龙将慧子平放在那些衣衫上面，自己随之跨进船内，伏下身去……

几片浓云缓缓飘了过来，停在小船上空。

一直盯着他们在海中戏耍的月亮不好意思再看下去，悄悄躲到浓云后面……

到平户半年多来，这一晚郑芝龙睡得最香最甜。

第二天他精神更其饱满，一个上午就把岷里拉商馆前日运来的货物清点完毕。

吃过午饭，正当他在账房里和司账埋头核对账目时，听到有人在敲门，紧接着从门外传来刘奔的唤声：“郑公子，郑公子！”

郑芝龙连忙放下账簿，打开房门一看，刘奔双手叉腰，一本正经地问道：“有个人想见你，你要不要见他？”

“谁人想见我？”郑芝龙感到有点奇怪。

刘奔答道：“你先说，要不要接见这个人。要，我就带来；不要，我就打发他回去。”

郑芝龙问道：“这个人是谁，能不能告诉我？”

刘奔故作神秘：“反正是商行里的伙计。”

郑芝龙有些不悦：“如果是行里的伙计，就另找个时间吧，我现在正忙着。”

“毕竟是总部的协理，”刘奔半带讥讽地说，“伙计们想见都不容易。”

“刘爷不要这样说，”芝龙忙解释道，“你看，我现在正跟司账核对账目。”

“好啦，”刘奔朝身后挥了挥手，“郑公子忙得很，咱们回去吧！”转过身就要走开。

忽然从过道柱子后面钻出一个人来，奔向郑芝龙，边跑边喊道：“阿兄，是我呀！是我呀，阿兄！”

郑芝龙定睛一看，原来是三弟芝凤，他喜出望外，赶紧迎了上去，出拳捶着芝凤的胸膛：“你，你怎么来的？”

芝凤自豪地说：“二总管差遣我来的。”

芝龙笑道：“哦，你在厦门商馆干得不错啊！”

芝凤有些自豪：“遵照大哥教示，尽职尽责，敢打敢拼。”

“就该这样，”芝龙应说，接着问道，“那你这趟到平户来是……”

芝凤应道：“押运两大船德化瓷器，同时送一份报喜的呈函给李旦大人。”

芝龙问：“报喜?！报什么喜？”

芝凤回答：“上回二总管带领我们打退红毛海贼，这回又跟随俞咨皋将军到澎湖剿夷，立了大功，现在当上把总啰。”

芝龙甚感意外：“真的？”

在一旁的刘奔笑了笑：“芝凤会说假话吗？”

“好啊，刘爷，”芝龙十分高兴，“我们这就带芝凤去见李大人。”

“走！”刘奔挥了挥手。

三人转身离开账房，相偕来到李旦居室门前，芝龙轻轻敲门。

李旦歇午刚醒，坐在躺椅上，听到敲门声，开声问道：“谁人？”

“义父大人，厦门商馆郑芝凤求见。”芝龙应说。

李旦唤道：“进来吧。”

芝凤一进房便急步趋前，下跪磕首：“小伙计芝凤叩见李旦大人！”

李旦挥了挥手：“起来吧。”

芝凤随即站起身。

李旦将他端详了一番，面带笑容：“像个男子汉啰！怎么样，在厦门商馆过得好吗？”

“过得很好，多谢李大人栽培！”芝凤谦恭地答说，

“你有什么事要当面见我？”李旦再问。

芝凤从怀里取出一封函件：“杨二总管交代我，将这封报喜的呈函当面呈交给李大人。”

李旦有些疑惑：“报喜？”

“是的，大人。”芝凤边应着边跨前一步，双手将那函件呈交给李旦。

李旦接过呈函，打开信封，抽出信笺，浏览之后，脸带笑容问道：“杨陆二总管当上了朝廷的把总？”

芝凤回答：“是的，这回他随剿夷大军到澎湖，为俞咨皋将军谕退荷夷立了大功。”

“适才芝凤在路上还跟我谈起，”刘奔紧接着补充道，“杨二总管随军剿夷立功，使金阳商行名声大振，不但厦门的商家争相前来攀附，就连澳门的葡萄牙人也纷纷前来洽谈生意。”

“哦，果真是这样？”李旦转问芝凤。

芝凤应道：“确实是这样，李大人，自杨二总管凯旋，我们商馆的生意真是好上加好啊！”

“芝凤还讲，”刘奔接着又说，“杨二总管当上朝廷把总，红毛荷夷就不敢再欺负我们，北港、厦门两地商馆的安全，可确保无虑。”

“哎，这话从何说起？”李旦有点不解，“荷夷既然已经撤走，对我厦门、北港两处商馆还能构成什么威胁？”

“情况是这样，大人，”芝凤恭谨应道，“荷夷退出澎湖之后，就近撤到了台湾南部的大员。”

“哦？”李旦大出意外，“撤到大员？！”

芝凤应道：“是的，听二总管说，他们保证不再进行抢掠，并希望能继续跟中国通商，所以朝廷将大员借给他们暂住。”

“原来如此？！”李旦跌足慨叹，“朝廷五十年前将澳门租给葡萄牙人还情有可原，现在竟把大员借给红毛荷夷，将来必定要惹出大麻烦。”

“将来要惹出大麻烦？！”芝龙等人甚感新奇。

“是啊，你们等着瞧吧。”李旦说着，转对芝凤，“你回去告诉杨二总管，既然朝廷已经把大员借给荷夷，那就可以和他们做点生意。”

“遵命。”芝凤躬身应说。

李旦随即交代芝龙："你抽点时间，带芝凤到平户各处走走看看，然后再安排他回厦门。"

芝龙抱拳鞠躬："多谢大人！"

送走了三弟芝凤，转眼又过了十来天，芝龙和慧子成亲的婚期越来越近了。

为了将义子这场婚礼办得风风光光，李旦是喜冲冲地大事张罗。

他先交代刘奔在商行邻近滨海处，给芝龙建起一间新厝，备齐全套家具用品；并亲自聘请一位闽南籍的俏媒婆为"送嫁姆"，选定颜思齐未出嫁的女儿紫霜为"伴娘"。一切准备妥帖，才给亲朋好友发喜帖。

翁翌皇为嫁女儿，更是忙得不亦乐乎……

到了八月十五这日，正是中秋佳节，大清早，在男家新厝内，身着官服的李旦端坐在厅中的太师椅上，手里拿着一顶戴红缨穗的毡帽；颜思齐满面笑容站在他身旁。

郑芝龙身穿新郎服、胸结红绸花，正步走到李旦跟前，双膝下跪，磕头拜谢："义父大恩大德，儿男永世铭记！"

李旦郑重地说："祝愿你婚后更快长进，早生贵子！"说着，将手中的红缨毡帽戴到芝龙头上。

颜思齐随即唱道："起身迎亲！"

郑芝龙站起身，走到门前，骑上一匹高头大马，领着一队"鼓吹阵"和一顶四人抬的"红灯花轿"，从新厝出发，一路吹吹打打，前往翁府……

与此同时，翁府已经作好"送亲"的一切准备：府内厅堂正中，摆着一把红木交椅；交椅前是一台梳妆桌；桌上放着一面铜镜、一支金梳、一支木梳、一支银篦、一支撒篦、一条红缎巾和一碗乌麻油。高髻簪玉、盛装艳服的慧子经已拜别过父亲，和伴娘、送嫁姆在房中，静等吉时来临。

吉时一到，翁府送亲的头一项仪式"梳头"开始。

送嫁姆先进厅堂，用闽南语高声唱道："请出厅，请出厅，新娘好名声！"

伴娘颜紫霜随即手牵羞人答答的慧子进厅，扶她坐上交椅。

送嫁姆用闽南语再唱："宝镜拭依光，新娘好梳妆！"

紫霜拿起铜镜，用袖口擦拭后放到慧子面前。

送嫁姆唱：“麻油滑，麻油乌，明年生‘达埔’（男孩）！”

紫霜用手指沾取麻油在掌心匀开，抹在慧子的发髻上。

送嫁姆唱：“金梳银篦，早通吃，晚通剩！”

紫霜拿起金梳、银篦，象征性地在慧子的发髻上各梳一下。

送嫁姆唱：“三下木梳，两下撒篦，生团好人品！”

紫霜拿起木梳，在慧子发髻上梳三下，拿起撒篦，在慧子发髻上梳两下。

“梳头”仪式至此完毕。接下来是“上轿”仪式：

送嫁姆唱：“红巾罩上头，娘子贤惠郎君翱（贤能）！”

紫霜将红头巾罩在慧子头上。

这时，新郎官郑芝龙和花轿、鼓吹队已来到门前。

送嫁姆走到大门外花轿旁，朝门内高声唱道：“请新娘上轿！”

芝龙当即下马，在一旁恭候。

紫霜随即手牵着头罩红缎巾的慧子来到花轿旁。

送嫁姆再唱：“坐依正，坐依正，新娘得人疼！”

紫霜扶着慧子坐上花轿，放下轿帘。

“上轿”仪式至此完毕。接下去是“起行”：

送嫁姆高唱：“新郎亲迎，鼓吹先行！”

鼓吹队立即奏起喜庆鼓乐，领头先走。

送嫁姆再唱：“起轿！”

紫霜在花轿前举起一只红灯笼，四名轿夫抬起花轿，芝龙随之骑上大马，一起跟在鼓吹队后面，缓缓前进。

送嫁姆又唱：“盘担随行！”

屋内已经备好八个描龙画凤的五彩盘担，装着丝枕缎被、绫罗布匹、全猪全羊、发糕甜饼等嫁妆，各由两名挑夫担起，跟在花轿、马匹之后，浩浩荡荡朝着男家走去。

这支迎亲队伍来到新宅，颜思齐已经在门外迎候；芝龙先行下马，花轿随之停下。

送嫁姆高唱：“请出轿！”

伴娘紫霜引着新郎官郑芝龙来到花轿前。

送嫁姆唱："今要轿门两边开，金银财宝做一堆！"

郑芝龙掀起轿帘，将罩着红头巾的新娘牵出花轿。

送嫁姆唱："新娘新婿入厝内，生子生孙大进财！"

郑芝龙和慧子手牵着手，步入厅堂，站在两只蒲团前。

送嫁姆唱："新娘头巾揭一起，新婿心中真欢喜！"

郑芝龙浓情蜜意地将红头巾揭起，慧子娇羞万状地低下了头。

"哇！哇！哇！"两旁围观的宾客因新娘的美貌发出阵阵惊叹。

送嫁姆待惊叹声歇下后再唱："拜天公，富隆隆！"

郑芝龙和慧子并肩跪在两只蒲团上，面朝门外的天空，合掌拜了三拜。

送嫁姆唱："拜土地，官人娘子吃到两百二！"

郑芝龙和慧子转身朝内，双手按在地面上，头额磕地，连磕两下。

最后，送嫁姆高唱："新婿伴新人，牵手入洞房！"

郑芝龙先站起身，款款地牵起慧子柔嫩的手，两人相依相偎，步入新娘房歇息。

成亲仪式，至此宣告完成。

当晚，中秋月圆明如镜，照得四界光映映。主婚人李旦、翁翌皇在新宅门前庭中大摆婚宴。宾客们在明月银辉照映下，频频举杯，祝贺这对人间少有的俊男美女百年合好，大吉大福！

是夜，芝龙和慧子虽不及一个月前在千里滨海边那样火辣刺激，但在中秋金风的熏拂下，在锦被绣枕的牙床上，那温柔软款、如胶似漆的滋味，则比鸳鸯戏海时更胜一筹。

第三十七章 嫡长子郑森诞生

中秋佳节过没几天，东北季风便呼呼地吹了过来，金阳商行的主船队又要出航了！

这一天晚上，商行大厝第四院落那间独处一隅的房中，透出明亮的烛光……

李旦独自一人漫步来到门前，径自推门而入。

正在房里伏案草拟航行计划的颜思齐蓦然回首，见是李旦，连忙搁笔起立鞠躬："李大人！"

李旦挥了挥手："坐下，坐下。"

"大人请先坐！"颜思齐应着，退到一旁，让出酸枝交椅。

李旦不再客气，先行落座，亲热地说："思齐兄弟，这次出航我还是很想亲自去走一走啊。"

"大人要调养身体，千万不能再远航了。"颜思齐边说边拉过一只圆凳，坐到他身边。

"唉，"李旦叹了口气，"我是老啰！"

"大人并非年老，"思齐说，"只因上回遭遇风暴落海，现在要紧的是调养身体。"

李旦道："是啊，那这趟远航我就托付给你了。"

思齐应道："大人请放心，我一定带好船队，平安归来；只是我一离开平户，你又要多方操劳了。"

李旦笑道："别挂心，有芝龙在我身边呢。"

思齐疑虑未减："大人说的也是，不过他毕竟还年轻。"

李旦笑道:“你信他不过?”

思齐摇摇头:“芝龙忠心耿耿，敢打敢拼，手脚勤快，脑子又灵，暂代商行总管，当可胜任……”

“那你还担心什么?”李旦打断他的话。

思齐叹道:“我只担心他应对不了突发事变。”

“会有什么突发事变?”李旦笑道，“现在平户五业兴旺，社会安定，我们这么多年来公平买卖，礼让待人，跟当地官府和百姓相处都很融洽，还能有什么事?”

“在平户我们是已经扎下了根，只是……”思齐欲言又止。

李旦看他那神态，已经猜中几分:“你是不是对杨陆当上朝廷把总还耿耿于怀?”

“是的，”思齐低头应说，“对这件事我心中一直不安。”

李旦说:“我不是跟你剖析过了吗?杨陆当上把总对我们金阳是利大于弊。”

思齐叹道:“对商行有利我同意，但对杨陆这个人我总是放心不下。”

“你真是多虑了，思齐兄弟，”李旦谆谆道来，“杨陆、刘奔投到我们门下都快十年了，虽说有昭胜帮这层关系，起先我也不大放心;后来经过你一年多暗中考察，并未发现有什么可疑之处，我才授予职位。这些年来，他们师兄弟表现确实不错，特别是杨陆，把那厦门商馆办得像模像样，业绩堪称全行第一;去年他在厦门抗击红毛贼寇，今年又随俞将军到澎湖剿夷，其志可嘉，有功该赏，当上把总也只是个空名，只要不损及金阳的利益，我看就随他去吧。”

“大人讲得在理，不过……”思齐仍然存有疑虑。

李旦鼓励他:“你尽管讲，今晚就我们两人在这里。”

思齐低声说:“我是这样想，他本身只是个商人，就凭这两次抗夷有功就当上朝廷把总，似乎也太过头了。”

李旦听后，点了点头:“那你说说看，他还凭借什么。”

思齐接着说:“我看他是花了一大笔银子。”

李旦若有所思:“你是怀疑他用商馆的银钱去买官?”

思齐点点头:“是的，大人。”

李旦沉吟片刻:“好吧，这趟出洋你就先到厦门，暗中仔细探察。记住，不论有没查到问题，都不能让他察觉。明年秋天总部要召开年会，你返航时将情况带回来，没事就算了，有问题我们就在年会上加以解决，千万不要节外生枝。”

思齐郑重地说:“大人说得对，我都记住了。”

当晚，就在李旦探访颜思齐的同时，刘奔却悄悄来到武德牙行。

吉冈把他迎进厅中坐定，提起水壶就要烧水泡茶。

刘奔摆手:“不必泡茶了，快把那妙药给我。”

“怎么如此着急?”吉冈将水壶搁回几桌上。

刘奔道:“过两天就要起航，明后日我都脱不开身，快拿给我吧。”

“好，好。”吉冈应着，站起身走进内室，拿出一只鹿皮袋，从袋里掏出一个帆布裹着的扁鼓形小瓷瓶，“这是对时追魂散。”再取出两个绸布包着的橄榄形瓷瓶，“这是旬日招魂丹。”

刘奔站起身，一手接过追魂散，一手接过招魂丹，关切地问道:“有没有解药?”

“解药?!”吉冈甚感意外，“刘爷你没交代呀。”

刘奔:“我是昨天才想起，要是有解药就更好。”

吉冈:“有解药当然更好，但我从未经手卖过。不过那招魂丹药性较温，吃下少量不会发作;只是那追魂散药性甚烈，没有解药不行。”

刘奔:“不管它们药性如何，两种解药你都帮我弄一点。”

吉冈:“恐怕很难。”

刘奔:“那位隐居的药师应该会有吧。”

吉冈:“照理应该会有。”

“吉冈君，”刘奔恳切地说，“那就拜托你向他各买一份，价钱好说。”

吉冈摇头:“这药师脾气很古怪，不知他肯不肯卖。”

刘奔:“你求求他嘛，多少卖给一点。”

“好吧，”吉冈应道，“不过这两天肯定来不及。我会尽力去办，拿到手一定留给你。”

刘奔:“那就多谢你啰，吉冈君。”

吉冈:“不用客气。”说着，将瓷瓶重新裹好，装进鹿皮袋，交给刘奔。

刘奔提着鹿皮袋:“今晚商行里还有事，我这就告辞了。”

吉冈送他到大门外，深深鞠躬:“刘爷走好!”

金阳的主船队乘着东北季风起航离开平户，商行里少了思齐、刘奔、衷纪、魁奇等一大帮人，顿时清静了许多；但那位暂时代理金阳总管的郑芝龙，却更其忙碌了。

新婚伊始的他，既要照顾好妻子，又要照顾好义父，对金阳店务更是不敢丝毫懈怠。他每日早早来到商行，查核账目，接送货物，收付款项，料理杂务，时常要忙到天黑下来才能歇得住手。

这一天，郑芝龙又是到了酉时三刻才理完商务，当他提着灯笼回到家屋，哎……怎么厝内暗摸摸的。他把灯笼挂起，往厨房里探了探头，依然没见到慧子的身影。

“她去哪里啦?”芝龙心中有些犯疑。这一个多月来，不论回来得早还是回来得晚，慧子总是在家，而且都是煮好饭菜等着他一起吃；今天怎么不见人影呢?难道她回娘家去了，为何不先告知一声?

郑芝龙坐在厅堂椅子上呆呆地想着，想着，忽然站起身摘下灯笼，转入寝室一瞧，原来慧子和衣躺在床上睡着了。他轻轻地将灯笼挂在窗下，移步坐到床沿，俯首看到慧子那张娇丽的脸上透露出幸福的光彩，不禁又怜又爱……

正当芝龙伸出手想抚摩那脸庞时，慧子已经醒将过来，她睁开眼睛，娇嗔道:“你怎么到现在才回家呢?”说着，撑坐起身子，扑进芝龙的怀中。

芝龙紧紧把她搂住:“我不该，我不该，明日起我要天天早回来!”

“别这样说，商行里有事该做还要照做，”慧子应道，叹了口气，“唉!也怪我，不知怎么的这两天老是犯困。”

芝龙忙问:“怎么啦，你身子不舒服?”

慧子摇摇头:“也不是，只是天一黑下来就想睡，昨天你回来得早还好，今天煮好饭菜后你一直没回来，我就上床躺了躺，没想到竟睡着了。”

芝龙愧疚地说:“都是我不好，让你累了。”

“我整天在家里没什么事，怎么会累呢。”慧子应着，推开芝龙，“你肚子一定很饿了，饭菜在蒸笼里还热着呢，你快到厅里去。”

芝龙转到厅堂，点亮烛台上的蜡烛，在饭桌旁刚坐定，慧子就从厨房里端出一盘“鱼片寿司”，一盘“蒲烧鳗鱼”，一钵“砂锅素鸡”，还有一壶“刘樱清酒”。

“哇，这么多啊！”芝龙夸道。

“不多，不多。”慧子边应着边坐下，说，“那鱼片寿司一蒸熟我就吃掉两个，剩下这六个，四个归你，两个归我。”

芝龙仔细一看，通常一盘是八个寿司，今天果然只有六个，便笑着问道：“你怎么变得嘴馋了？”

慧子有点不好意思：“是啊，不知为什么这两天有些馋嘴，你明天要是有空，上街给我买点花生糖啦，‘咸酸甜’（蜜饯）啦，或者香水梨啦，我在家里想吃就可以吃。”

“好啊，好啊！”芝龙满口答应。

翌日，糕点、水果、蜜饯全都买回来了，慧子高兴地吃着吃着；可是没过几天，人又感到不舒服，经常打嗝咽酸气，有时直想要呕吐。

郑芝龙回想起当年玉桃怀上身孕的情景，立即意识到慧子该是有喜了，便腾出半天时间，带上礼品陪着她来到岳父家中。

翁翌皇看到女儿、女婿相偕前来，高兴得合不拢嘴，赶紧把他们迎进厅堂。

双方坐定后，芝龙奉上特意带来的两个木匣，拜道：“岳父大人，两件薄礼敬请笑纳。”

翁翌皇打开那正方形的匣子，里面是一套日本式的青瓷茶具，茶壶和茶碗的外侧都绘有松、竹，制作十分精致；他接着打开那长方形的木匣，一股檀香香味扑鼻而来，俯首一看，原来是一副围棋，棋盘乃由檀木制成，不禁拍手赞道：“真好，真好！”

芝龙随即帮他掀开两个棋子盒盖，取出黑、白棋子各一枚递上，笑问：“岳父，请看这棋子是用什么材料做的？”

翌皇接过棋子，在手中仔细把玩，感到其质地温润、色泽晶莹，且分量颇重，一时竟答不上来。

芝龙当即介绍说："这棋子是用蓝田玉石琢成的。"

"哦，玉石琢成的棋子！"翌皇惊喜交加却又深感不安，"这样的珍品我怎么好收受呢，芝龙？"

芝龙谦恭地说："岳父喜好弈棋，小婿只是尽点心意。"

"阿爹，芝龙好意，你就收下吧！"慧子也在一旁相劝。

"好，好，我收，我收。"翌皇笑逐颜开，对着芝龙，关切地问，"颜总管率船队出洋，你的担子更重啰。"

芝龙回道："是的，岳父。"

翌皇关切地问："怎么样，近来一定很忙吧？"

芝龙点点头："忙是忙，但一切都还顺利。"

"他时常要忙到天黑以后才回家。"慧子又在一旁插嘴。

翌皇转对慧子："那你就要把家务理好。"

"她家务事做得很好，"芝龙替慧子答说，"只是……"

翌皇不解："只是什么？"

芝龙说："只是近来身子有点不适。"

翌皇忙问："怎么不适的？"

芝龙瞥了慧子一眼，慧子给他使了个眼色……

翌皇看他们俩那神态，感到有点奇怪，催问道："说呀，是怎么不适的？"

"慧子近些天和前些日不大一样，"芝龙应说，"犯困爱睡嘴又馋，还三不五时咽酸水。"

"哦?!"翌皇把慧子端详一番，脸现喜色，"慧子，你坐过来。"

慧子领会其意，便挪了挪位子，坐到父亲身旁，让父亲为她诊脉……

翌皇全神贯注地给慧子把过左手的脉，再号过右手的脉，顿时笑容满面，一字字地说："慧子有喜啦！"

"慧子果真有喜了?!"芝龙欢叫起来。

慧子却羞得埋下了头……

慧子有喜这事，很快就传遍金阳商行，李旦、秋花、紫霜等人格外高兴，自不待言；那些大伙计们的女眷也都欢天喜地，就像是自己有了喜一般。

金风送秋，白雪迎冬，和风报春，艳阳催夏，慧子腹中的胎儿一天天在长大，自身也无病无恙、康健安好。

盛暑季节的来临，勾起了慧子最最甜蜜的回忆……

去年中元节晚上，就在家屋北边那千里滨，头一回和他搂抱依偎，头一回和他热狂亲嘴，头一回像鸳鸯交颈戏水……

今天又是七月十五，芝龙他还记不记得此情此景?

时近黄昏，乌云蔽日。

天色虽然阴沉，慧子还是捧着腹肚走出家门，坐在门前的石凳上，望着两三里外那片海滩，一遍遍地想着，想着……

正当她想得发呆之时，眼睛忽然被人从背后用手蒙住。

是他!

慧子一下子就嗅出那股迷人的气味，整颗心都醉了，她晕乎乎地躺到身后那个人的怀中，轻声唤道："大龙仔!"

芝龙把双手放开，移到慧子的腰部，轻轻地搂着她的腰肢，俯下首亲了一下她的脸颊："小慧子!"

慧子转过身把他抱住，仰起头问道："你今天怎么啦?"

"我怎么啦?"芝龙应说，"我不是好好的嘛。"

慧子："我是问你怎么这么早就回来。"

芝龙："事情办完了我当然就回家。"

慧子惊奇："这么早事情就全办完了?"

"是啊，"芝龙蹲下身，讨好地说，"心里老挂念着你，做起事来就很顺。"

慧子欣喜地问："真的?"

芝龙点头："当然是真的。"

慧子高兴地问："好，那我问你，今天是什么日子?"

"什么日子?"芝龙一时没听明白她的话意。

"是啊，我问你呢，"慧子特别强调，"今天是什么日子?"

"今天，今天……"芝龙挠了挠头壳，"今天是当朝天启四年七月十五嘛。"

"对，七月十五，"慧子满怀希望地提醒道，"七月十五是什么日子?"

"七月十五,七月十五，什么日子……"芝龙一时竟答不出来。

慧子大失所望，一把将他推开，气愤地说："你全忘了，你全忘了!"

“我忘了，我忘了什么呢?”芝龙莫名其妙。

“去年七月十五，”慧子气得流下了眼泪，“你一点都记不起来了?”

“哦，你问的是去年七月十五，”芝龙恍然大悟，“我当然全都记得。那天晚上我们在千里滨，玩得真爽，真爽，都爽到骨髓里面啰!”

慧子一听，破涕为笑，用手指戳了戳芝龙的头壳：“亏得你说得出口。”

芝龙紧紧把她搂住，用脸颊擦着她的脸颊，喃喃而语：“那天晚上的情景我是铭刻在心啊!”

慧子双手环抱着芝龙的脖子，娇嗔地说：“你没忘就好。”

芝龙郑重地说：“我不会忘的，我永远忘不了。”

“那好，今天又是七月十五，”慧子指着北边那片海滩，说，“我们今晚再到那千里滨玩去。”

芝龙抬头一看，天边乌云似在翻滚；侧耳一听，远处雷声隐约可闻；不禁皱起眉头，说：“今天天气不好，恐怕很快就要下雨。”

慧子执拗地说：“不会的，不会这么快就下雨，我们还是去走走吧。”

芝龙有些为难：“这样的天气很难说，况且你就要分娩了，到那千里滨来回七八里路，一旦有事就很麻烦。”

慧子噘起嘴：“有什么麻烦，你就是不懂人家的心。”

“我怎么会不懂你的心，”芝龙应说，“只是今天天气实在不好，我们可以在家里……”

“不，”慧子打断他的话，执拗地说，“我就是要到千里滨。”

芝龙摇摇头：“这……”

“还‘这’什么，”慧子扶着芝龙的双肩站起身，“快进屋去，饭菜都煮好了，吃过晚饭我们就上千里滨。”

郑芝龙拗不过她，只好顺从。

晚饭吃过，芝龙牵起慧子的手，漫步走向千里滨。

月亮被层云遮住，仅透露出些许微光；海面上风停了，海里的浪涛却在涌动；海水显得有些混浊，只有那片沙滩依然白白净净。

两人一起来到去年戏海的礁石旁，破旧的小舢板已经不见踪影，那棵大松树仍旧郁郁葱葱。芝龙用手扶着慧子的腰肢，沿着缓缓的斜坡走上礁石，面对大海背靠松树坐了下来。

慧子紧挨着芝龙，轻轻地叹了口气："唉，真好，真好！"

"是啊，真好！"芝龙亲昵地应道。

慧子笑道："原先你想要'月夜泛舟'，还记得吗？"

芝龙点头："当然记得。"

慧子有些羞涩地说："可是那只小船破了好几个洞，不能下海，'月夜泛舟'泛不成我们就'月夜戏水'，戏完水你在小船上就胡来……"

"胡来？"芝龙打断她的话，反问，"你没逗我，我敢胡来？"

"我哪有逗你？"慧子撒起娇，"是你坏，坏，坏！"

芝龙嬉皮笑脸："我不坏，你还不爱呢！"

慧子满脸涨红，握起两只粉拳，娇声威吓："你再敢说，我就揍你。"

"我不敢，我不敢。"芝龙赶紧举起双手，等慧子收起拳头，禁不住又蹦出那句话，"我不坏，你不爱！"

慧子真的生气了。

她捏起拳头正要出手，芝龙已经紧紧把她抱住，不停地求饶："我不敢了，我再也不敢了，饶了我吧，饶了我吧！"

慧子被芝龙这一抱，怒气全消，她反过手抱住芝龙，两人就这样相依相偎……

不知道过了多长时间，芝龙抚摩起慧子鼓胀的腹肚，轻声念叨："我们的小龙仔啊，我们的小龙仔，爸爸真想抱抱你噢，真想抱抱你噢！"

"快了，快了！"慧子喃喃应着……

忽然，一道耀眼的闪电照射在他们的身上；紧接着，一阵响雷滚过海空。

沉醉在恩爱中的这对少年夫妻蓦然惊醒。

"不好了，快下雨了。"芝龙倏地站起身。

慧子抬头望了望天空："是啊，快下雨了。"

芝龙急切地说："我们快回去吧。"

慧子应道："好啊。"

芝龙双手抱着慧子的腰臀，将她扶起。

"哎哟！"慧子叫了一声。

"怎么啦？"芝龙忙问道。

“肚子好痛。”慧子应说。

“这……”芝龙顿时紧张起来。

“哎哟，哎哟！……”慧子忍着痛呻吟。

芝龙：“我抱你回家。”

慧子：“来不及了，这小龙仔像是硬要钻出来。”

“那怎么办？”芝龙一时手足无措。

慧子无奈地说：“就让他出来吧。”

芝龙：“这怎么行呢？”

“哎哟，哎哟！……怎么办呀怎么办？……”慧子边呻吟边想着，突然朝着芝龙嚷道：“快，快脱下你的上衣。”

郑芝龙慌忙脱下上衣。

慧子撩开裙裾，撑开双腿，指着身下，气喘吁吁：“把你的上衣铺在这里。”

郑芝龙明白过来了，赶紧将衣裳铺在那处礁石上，撑扶着慧子让她半蹲下身……

一声霹雳在头顶炸响，余音还在海面飘荡……

“呜哇，呜哇，呜哇，呜哇！”礁石上却传出婴儿洪亮的啼声。

跪在慧子身下的郑芝龙欣喜万状地喊道：“‘达埔’（男）的！‘达埔’（男）的！”

紧随着这男婴的诞生，四周夜空现出无数火光，久久不灭……

这名诞生在平户千里滨礁石上的男婴，就是日后成长为民族英雄的郑成功。

第三十八章 十全补酒醇又香

初生的儿子刚做过“满月”，郑芝龙又大忙起来。

因颜思齐率主船队远航未归，定在八月下旬召开的年会会期又一天天逼近，会议准备工作的担子自然就落在他的肩上。幸好有个热心肠的颜紫霜，主动住进他家，帮助照顾慧子和婴儿，使他万分感激。

这一天下午，芝龙和总部庶务正在二院落的客房里检查，忽接卫丁报告称，厦门商馆两艘货船已经抵达平户，领船的二总管杨陆正从码头朝着商行走来。

芝龙连忙放下手中的杂务，沿着廊道，穿过主厅，走出大门，但见杨陆身穿劳作盘领衣，脚踏帆布防水靴，一副船上大伙计的装扮；跟在他身后的厦门商馆卫丁队长杨宗，手里捧着一个葫芦形的小酒坛，已经快到商行了。他急步迎上，抱拳躬身：“不知二总管来得这么快，没到码头迎接，请多包涵。”

杨陆赶紧趋前，两手抱着芝龙双肩，亲热地说：“郑协理乃李大人的义子，杨某哪敢打搅。”

“二总管原是李大人的师弟，”芝龙谦恭应道，“论辈分还是在下的师叔呢。”

杨陆摇摇头：“惭愧，惭愧。怎么样，近来忙吗？”

芝龙应道：“还好，还好。”

杨陆问道：“颜总管回来了没有？”

芝龙应道：“还没呢，据他发来的快帖估算，两三天后也该到了。”

他们两人说着说着，不觉已到大门前。

芝龙恭谨地说："二总管请进！"

门前分列在两旁的四名卫丁，立即竖起手中大刀，左掌拍胸行礼。

杨陆也不客气，率先走进大厅，边走边问道："李大人福体安康否？"

"比在厦门时好多了，只是受伤部位遇到天气变化就隐隐作痛。"芝龙应说。

杨陆叹道："我真想现在就去向他请安，不知方便不方便？"

芝龙应道："义父歇过午已经起身，现在应该还在房中。"

"那你就带我过去，好吗？"杨陆热切地求道。

芝龙回道："好啊。"说着，领着杨陆朝着三院落走去。

杨陆招呼手捧酒坛的杨宗："快跟上。"

转瞬之间，三人一起来到李旦的居室门前，芝龙轻轻敲了敲门，室内传来了一个女人的声音："谁人？"

"是我啊，姨娘。"芝龙应说。

杨陆心中一热："哦，是秋花！"

这时，"呀"的一声，秋花打开室门，看到芝龙带来一个中年伙计和一个少年水手，感到有点奇怪。仔细再一瞧，那身穿伙计服的男子正是她的堂叔杨陆，不禁一愣，随即客气地问："阿叔，你怎么来啦！"

杨陆回道："再过几天就要开年会，我先来给李大人请安。"

秋花赶紧说："快请进，快请进！"

杨陆从杨宗的手中接过那小酒坛，交代说："你在门外等我。"

秋花瞥了一眼那葫芦形的瓷坛，问道："这是什么？"

"这是一坛酒，是要孝敬李大人的。"杨陆应说。

"那我帮你拿，你快进去吧。"说着，将酒坛捧将过来。

杨陆进入房中，见李旦神态安详地坐在太师椅上，急忙趋前，单膝下跪，抱拳拜道："在下叩见李大人！"

李旦脸展笑容："快请起，快请起。"

杨陆一站起身，秋花捧着小酒坛就凑了过来，说："李大人，这坛酒是杨二总管要孝敬你的。"说着，将坛子放到太师椅旁的几桌上。

李旦看那酒坛呈橘红色，釉面润泽，光彩照人，欣喜问说："这么精致的酒坛子装的是什么酒啊？"

“这里面装的是虎骨十全大补酒。”杨陆恭谨应道。

李旦问道：“哪来的虎骨十全大补酒？”

“这是戴云山麓一位老药师精心秘制出的药酒，”杨陆娓娓道来，“以往我也不知道，今年元宵过后，我到德化选购一批销往欧罗巴的瓷器才听当地的师傅说起，立即前去拜访，只喝上一口就给迷住了……”

“嘿，嘿，”李旦笑了笑，“你这个酒仙也会给迷住？”

杨陆叹道：“是啊，我这个酒鬼，国酒、洋酒、米酒、番薯酒……什么酒都喝过，就没喝过如此美味的酒，那是又香，又甜，又醇，又有点辣，一口酒下肚，浑身暖洋洋。”

“哦，果真如此？”李旦大感兴趣。

杨陆应道：“是的，大人，我经一番套问，老药师才透露说，这是用虎脊骨配上三参、三鞭、三香共十味，在金门高粱的酒瓮里浸泡十年制成的。”

“那搭配虎骨的九味药材是什么，他有没有告诉你？”李旦再问。

杨陆回道：“有。三香是丁香、乳香、麝香；三参是丹参、人参、高丽参；三鞭是鹿鞭、驴鞭、雄猪鞭。正因用了十味名贵药材在高粱酒瓮里浸泡十年，所以对人体就不单是强筋健骨、益精壮阳，而是五官四肢、五脏六腑全面补养。我一想大人福体虽已康复，总还需要进补；再一看老药师瓮里的药酒所剩无几，立刻买下这一小坛。”

李旦听后叹道：“杨陆兄弟，多亏你有这份心啊！”

杨陆当即把酒坛盖子打开，一股酒香就散发出来……

秋花深深吸了一口：“哇，好香噢！”

“大人要不要先尝一尝？”杨陆恭谨叩问。

“要尝大家都来尝。”李旦豪兴大发。

“好啊，好啊！”秋花首先响应。

李旦笑道：“那你快去拿酒杯嘛。”

秋花赶紧到小厅酒柜里取来四只彩瓷牡丹杯，放在几桌上。杨陆随即捧起小酒坛，在杯子里各斟上小半杯酒。

李旦先举起酒杯：“这酒好不好，大家评一评。”说着，将杯子端到鼻子下，晃了晃，嗅了嗅，然后啜上一口。

杨陆、芝龙、秋花也都跟着啜了一口。

李旦把嘴里的酒品过之后，缓缓咽下，不禁连声赞叹：“好酒，好酒，真是好酒！”

“真好，真好！”芝龙、秋花接着赞道。

杨陆举杯，招呼芝龙、秋花：“今天我们就用这虎骨十全大补酒来敬李大人……”

“好啊，好啊！”芝龙、秋花随之举起手中的牡丹杯。

“呵，呵，呵！”李旦边笑着边端起杯子。

杨陆朗声诵道：“祝愿李大人福如东海，寿比南山！”

李旦喜笑颜开：“多谢，多谢！”逐一和杨陆、芝龙、秋花碰杯后，仰起头一饮而尽。

杨陆等人随着干杯。

辞别了李旦，杨陆交代秋花每晚侍候李大人喝上一杯大补酒，并一再叮嘱她，丝毫不得贪嘴，否则必受重罚。秋花自是唯唯诺诺。

当晚，芝龙在商行小厅设便宴招待杨陆及货船上的弟兄。杨陆和他带来的贴身卫丁杨宗、刘青及五六名主事船员，欣然赴宴。

席间，芝龙对杨陆盛情献酒孝敬义父表示感谢，对货船上的兄弟远道而来表示欢迎。杨陆则盛赞芝龙智仁忠勇，武艺出众；今日身居高位，襄助义父，来日宏图大展，鹏程万里。

当芝龙获悉那些船员大多是头回前来平户，立即建议杨陆明日带他们四处走走看看。

这席话正中杨陆下怀，翌日，他便带着手下这帮人，先访遍商行内外、栈房码头，再前往市街转了一圈，在酒楼里喝过两杯、吃过午饭，然后沿着那条小巷，来到武德牙行。

正在账房里核算账目的吉冈接到伙计报告，说金阳商行二总管杨陆来访，赶紧出迎，一见到面便深深鞠躬：“不知二总管亲临敝行，有失远迓，请多恕罪！”

杨陆抱拳回礼：“吉冈掌柜多礼了，杨某担当不起啊。”

吉冈热情地说：“快请进，快请进！”将杨陆等一帮人迎进客厅，随即交代伙计：“备酒。”

“不必了，吉冈掌柜，”杨陆谦辞，“我们刚刚在街上喝过。”

“不管喝过没喝过，到我这里一定要喝。”吉冈应说，再次朝厅内喊道，“快备酒。”

客人入席后，酒菜随着也就上席。菜肴只“虾仁寿司”和“花生豆腐”两道，美酒却是著名的“白鹿清酒”。

头巡过后，吉冈看杨陆带来的这十几人，一个个精悍强健，不禁问道：“这些兄弟都是从厦门来的吗？”

“没错。我来介绍一下吧，”杨陆先指着为首的两人，“这两位名叫杨宗、刘青，是我的贴身小弟；其他也都是自己人。”

“哦，”吉冈似有所悟，“二总管此番带来的都是以往的小兄弟?!”

杨陆瞪他一眼，笑而不答。

吉冈连忙岔开：“无须多说了，我敬各位一杯就是。”说着，举杯向来客一一致意后，仰首饮尽杯中酒。

十几位来客随之举杯，干杯。

杨陆这才开言道：“这回可谓弟兄们再聚首啊！”

吉冈应道：“是啊，是啊。”

杨陆笑道：“好啦，今天下午还有时间，吉冈君你就陪我们到海边走一走吧。”

“行啊，行啊。”吉冈应说。

步出武德牙行，吉冈领着杨陆等人沿着滨海小道朝南走去，不出半个时辰，来到了海边。

杨陆走到一块小礁石旁，停下脚步，将带来的弟兄们打发回船，独自抬起头凝望着不远处的金阳商行……

吉冈看他那神态，试着唤道：“杨少堂主！”

“哎，”杨陆一凛，“你怎么不称我二总管？”

吉冈笑道：“现在再称你二总管，那就有点见外了。”

杨陆惊问：“此话怎讲？”

吉冈不动声色：“依我看，这回不论是少堂主还是二总管，都要变成‘杨大人’啰！”

“哈，哈，哈，哈！”杨陆仰天大笑，“吉冈君真是乱开玩笑。”

吉冈听那口气，顿生疑窦：“难道少堂主至今还不出手？”

“出手不出手跟你有什么关系？”杨陆反问。

“两年前我已经向少堂主表明过心迹，”吉冈郑重应说，“若有大笔买卖要做，吉冈我愿听从差遣。”

“听从差遣?！吉冈君，”杨陆再问，“你知不知道昭胜帮的规矩？”

吉冈明白过来了，当即应道：“少堂主是要我起誓？”

杨陆点点头：“你知道就好。”

吉冈毫不犹豫：“好，我起誓，敬请少堂主上座。”

杨陆双脚一蹬，蹦上小礁石，面朝吉冈盘腿端坐，左手扪心，右手出掌。

吉冈就地下跪，抱拳朝天，朗朗誓曰：“皇天昊昊，日月昭昭，吉冈誓愿听从昭胜帮杨陆少堂主差遣，为做成买卖，赴汤蹈火，在所不辞！如违誓言，任凭处罚，皇天后土，在此共监。”誓毕，拔出腰间的倭刀，割破左手中指指尖。

杨陆随即跳下小礁石，抽出腰间匕首，割破右手中指指尖。

两只手掌五指对五指紧紧相贴，中指指尖流出的鲜血交混在一起。

盟誓后，杨陆蹲下身，用食指在沙滩上画出金阳商行、郑芝龙新屋及其周近的地图，和吉冈共同制订了出手的行动计划……

接下来的两三天内，各地商馆掌柜都相继到来，金阳商行又热闹起来了。

到了第四天下午，颜思齐和他率领的主船队才返抵平户。

当晚，李旦在商行大厅设宴，招待各地掌柜和总部管事的大伙计，并宣布年会于后日上午正式举行。

宴毕散场，李旦在芝龙陪侍下来到颜思齐房中，三人坐定后，李旦先关切问道：“这趟远航还顺利吧，思齐兄弟。”

“顺利嘛还算顺利，”思齐应说，“只是近两年来出洋经商的人多了，竞争激烈，生意比较难做，这趟虽然做了一些努力，实际赢利还是大不如前。”

李旦：“依你估算能赚多少？”

思齐：“恐怕还不上五万两。”

李旦：“这就很好啰！”

思齐："准确数额等账目结算后就清楚，也可能有五万两或稍多一点。"

"你不必急于结账，"李旦说，"后天就要举行年会，有些事我们还得商量商量。"

思齐："大人有什么事，尽管吩咐就是。"

李旦："我想先问你，这回到厦门商馆探察的情况如何？"

"钱款方面没查出什么可疑之处，"思齐应道，"捐助官府剿夷粮饷单据齐全，账目清楚；货款往来全都通过账房，没发现被挪用；看来杨陆在这点上还是老实的。"

李旦舒了一口气："这样我们就可以放心了。"

"不过据几位老伙计反映，"思齐说，"杨陆近些年录用的卫丁当中，有几个跟他特别亲密，如现任的卫丁队长和副队长杨宗、刘青，和他简直是形影不离。这回开年会就是带着这些人驾船前来平户，不知他们之间是什么关系？"

李旦顿时警觉："哦?！你见过这些人吗？"

思齐神色凝重："见过。长得相当强壮剽悍，看来武艺也不差。"

李旦若有所思："担任卫丁当然要这种人。"

思齐应道："只是他们之间过于亲密，老伙计们都看不惯。"

李旦沉吟片刻："也许是他的老同乡吧。"

"是啊，"思齐勉强应道，"也许是老同乡。"

"这趟远航，衷纪、刘奔、魁奇他们表现怎么样？"李旦再问。

思齐应道："表现都很好，特别是衷纪，把整支船队带得生气勃勃。"

"衷纪真是不负重托，"李旦说，"这次年会，除了商讨如何应对新挑战、新机遇之外，我想在人事上作些调整，你全面考虑一下，明晚我们再把方案定下来。这趟远航你够辛苦了，今晚该好好歇息歇息。"

思齐恭谨地说："多谢大人关心！"

李旦随即站起身，由芝龙陪送他回到居室。

当晚，在李旦和芝龙进入思齐房间之后，暗中盯着他们的杨陆才悄悄来到刘奔的房中，反手闩上房门。

"怎么样，大师兄？"刘奔急切地问道。

杨陆用右手食指贴着嘴唇，瞪了他一眼。

“我小声点，小声点。”刘奔即刻压低声音，“大师兄，怎么样，得手了吗?”

杨陆走到他跟前，凑在他耳旁，用手掌遮脸，一阵耳语……

刘奔听后，脸现惊喜神色，悄声问:“接下去该怎么做?”

杨陆又是一阵耳语。

刘奔频频点头，继而再问:“师祖那些财宝呢?”

杨陆说道:“看来是藏在李旦房间里的地下密室，秋花应该知道……”

刘奔会意地说:“好，我会派人把秋花先救出来，再从后门攻进去。”

“出手一定要利索干净，”杨陆声音虽小但语气严厉，“绝不能留下丝毫痕迹……”

“知道了，”刘奔应说，“请大师兄放心。”

杨陆:“我在这里不宜久留，现在就得走。”

刘奔:“我送你吧。”

杨陆:“不用了。”说着，转身回到门边，侧耳谛听片刻，而后拉开门闩，走出门外。

刘奔随即将房门关上。

金阳商行两年一度的年会如期举行。

会上，各地商馆掌柜报告了这两年形势的变化和经营的业绩，特别是龚玉娘介绍了荷夷转移到大员后建城堡、筑码头的情况，引起与会者的极大关注。

她还报告说，荷夷上个月特地派员到北港，提出要和我们金阳多做生意，互惠互利，表示出很大善意。她认为大员的荷夷可以作为开拓欧罗巴市场的桥梁，这意见获得李旦和颜思齐的赞同。

两天的年会着重研究了如何抓住新的机遇，调整商务重点，强调各商馆要加强联络，以促进金阳全面发展。

最后李旦宣布:

一、为应对日益激烈的竞争，总部给每个商馆增资现银三万两，即日拨付。

二、为大力拓展北港商务，特给北港商馆增资现银五万两。

三、主船队由五艘增至八艘，新添三艘大船先从长崎船队调入；任命陈衷纪为新编主船队统领，刘奔续任主船队买办，钟斌升任“新洋号”火长。

四、在北港商馆设立“洋文传授班”，由何斌担任“教习”，先开“荷兰语”“马来语”两门课，其他各商馆均须选派两名年轻伙计赴北港参加学习。

这四项决定赢得了与会者的一致拥护。

年会就这样在热烈的气氛中圆满结束，领到增资现银的各商馆掌柜纷纷起程返回各地；刘奔则被派往长崎调船；杨陆随之也拜别了李旦，带着手下的伙计，驾起已装妥货物的货船，离开平户。

第三十九章 李大人溘然归天

就在杨陆离开平户的第四天早晨，搂着李旦脖子睡了一夜的杨秋花从甜蜜的梦中醒将过来，她睁开眼睛一看，几缕阳光已经透过窗户射进了丝帐。

“时候不早了。”她喃喃说着，伸出一只手推了推怀里的李旦。

李旦却没有反应。

“该起床啰，大人！”秋花把另一只手从李旦的枕头旁抽出来，用双手再推他两下。

李旦依然没有反应。

秋花感到奇怪，坐起身仔细一看，但见李旦双眼微闭，脸色苍白；伸手摸他脸颊，只觉冰冰凉凉；移手探他鼻孔，竟然毫无气息；急忙大声喊道：“李大人，李大人！……”

李旦仍然平卧在床上，手脚挺直，一动不动。

“李大人，李大人……”秋花吓得魂都快丢了，她慌忙翻身下床，顾不得结好衣襟，半裸着上身冲出居室，连奔带跳跑到颜思齐房间，浑身发颤，“不好了，颜总管，不好了……”

“什么事慌里慌张的？”正在房里跟思齐议事的郑芝龙问道。

秋花上气不接下气：“李大人他……他……”

“李大人怎么啦？”颜思齐倏地站起身。

秋花哭道：“李大人他……他……不好了！”

思齐、芝龙急切地问：“他怎么不好？”

秋花急道：“你们快去看看吧！”

“走！”思齐大喊一声，朝着李旦的居室直奔而去；芝龙、秋花紧随在他

后面……

三人来到李旦床前，掀开丝帐一看，思齐顿时愣住了。

芝龙慌忙伸出手，一遍又一遍把李旦全身从头摸到脚，两串悲泪禁不住涌出眼眶，滴落在丝绒床单上……他猛然转过身，揪起秋花的头发，厉声喝问："我义父怎么会这样？"

秋花颤抖抖地说："我……我不知道……"

"你不知道，"芝龙一巴掌甩了过去，"你跟我义父睡在一起，你会不知道？"

秋花的眼泪即刻掉了下来，手掩着脸边哭边应说："我，我真的不知道……"

"不要打她，芝龙，"颜思齐眼含泪水，"快，快去把你岳父请来。"

"是，是，我这就去。"芝龙用袖口抹去脸上的泪痕，转身欲走……

"且慢，"思齐又把他拉住，叮嘱道，"这事暂时不要声张出去。"

"知道了。"芝龙甩开他的手，匆匆奔出门外……

手提药箱的翁翌皇被请来了。

芝龙端过一把椅子让他坐在床前诊察。

翌皇先用手指撑开李旦的眼皮，见两颗眼珠的形态并无明显变化；接着掰开李旦的嘴巴，口中的牙齿、舌头也没什么异样……

"还有救吗？"芝龙急切地问。

翌皇道："我再看看。"说着，解开李旦上衣的纽扣，掀开一看，从胸膛到腹部的皮肉，略呈红润，与常人并无太大差别。

"啊?！还有血色呢！"思齐、芝龙、秋花又惊又喜……

翌皇却紧皱起眉头，仔细察看，但见那貌似红润的皮肉原来是一块块浅红色的瘀血斑，不禁心中一凛。

"快想办法把他救活！"芝龙拉着翌皇的手臂，"岳父，求求你了，小婿求求你了！"

"芝龙，"翌皇轻轻拨开他的手，问道，"昨晚是谁陪侍李旦大人的？"

郑芝龙指着秋花，气愤地说："是她。"

翁翌皇转问秋花："你一整夜都和李大人睡在一起？"

秋花:“是的。”

翌皇:“李大人什么时候上床睡觉?”

秋花:“大人吃过晚饭就说人很困,想睡,我就服侍他上床睡觉。”

翌皇:“李大人有没有和你行房?”

秋花:“没有。”

翌皇:“半夜李大人有没有起来过?”

秋花:“没有,昨晚他睡得特别甜。”

翌皇:“夜里有没有发现外人进入这房间?”

秋花:“没有。睡觉前我都把门窗关好,而且居室外一向有卫丁值夜巡更,不会有外人进来。”

翌皇:“李大人这情况,你是什么时候发现的?”

秋花:“就是刚才发现的,我一发现就立即报告颜总管。”

翌皇:“李大人睡觉前还有没有吃过什么,或者喝过什么?”

秋花:“有,喝了一杯虎骨十全大补酒。”

“虎骨十全大补酒?!”翌皇再次紧皱起眉头,“拿过来给我看看。”

秋花即刻到酒柜前,把那葫芦酒坛捧到翌皇面前。

翌皇打开酒坛盖子,一股酒香随之扑鼻而来……

“这是杨二总管送给大人补养身体的。”秋花介绍说。

“哦!?”翌皇有点惊愕,转问芝龙,“这是杨二总管送的,你知不知道?”

“知道,”芝龙应说,“大约是十天前吧,二总管特地从厦门带来敬献给李大人,当时我们都陪李大人喝了一杯。”

翌皇转对秋花:“过后是不是李大人自己一个人喝?”

秋花点头:“是的,李大人每晚临睡前都喝上一杯,身体是比以前好了一些。”

“十天了,已经十天了!”翌皇捏拳击掌,“唉!”

“李大人还有救吗?”站在一旁的颜思齐抱着一线希望,再次叩问。

“李大人已断气多时,实在无法救活,”翌皇耷拉着脑袋应说,接着郑重交代,“你们要尽快将他入殓下葬,不能依照礼俗迁延时日。”

“为什么?”思齐、芝龙同声叩问。

“告辞了,”翁翌皇不予正面回答,只说,“你们送我一程吧。”

颜思齐、郑芝龙陪送翁翌皇出了商行大门，一路走去……

“岳父，李大人到底怎么啦？昨晚我离开他的时候还好好的呀！”芝龙忍着悲痛问道。

“李大人是中了邪毒。”翌皇沉痛答说。

芝龙震惊：“怎么会呢？”

翌皇叹息道：“这邪毒看来是一种叫作‘旬日招魂丹’的毒药，十日积毒，一夜发作，毙命时没有明显症状……”

“十日积毒，一夜发作……”思齐惊问，“是不是那虎骨酒里给下了毒？”

翌皇凝重地说：“正是。这‘招魂丹’中毒，十多年前平户曾发生过一起，受害者是一个黑道上的大头目，也是被人在酒里下了毒。”

“怎么可能？”芝龙深感疑惑，“那虎骨酒我也喝过一杯啊。”

“只喝一杯不碍大事，那些毒素会被体内的元气逐渐消解。”翌皇剖析说，“连喝十天就无药可救了，这显然……”

思齐看他欲言又止，催道：“翌皇先生但说无妨。”

翌皇道：“这显然与献酒人杨二总管有关。”

“杨二总管？”芝龙大吃一惊，“他怎么会下毒呢？”

“下毒的人如果不是他，”翌皇答说，“那唯有大人的爱妾杨秋花。”

“这……”郑芝龙惊呆了。

“翌皇先生说得有理，”思齐心中已经有数，他咬着牙，“我绝不会放过这下毒者。”

“不过，你们千万不要打草惊蛇，”翌皇应道，“对外就说李大人是因心脉堵塞而仙逝的。”

思齐、芝龙赶紧道：“是。”

翌皇接着说：“还有，你们必须尽快将李大人入殓下葬，不能拖延。”

“为什么？”思齐疑惑不解。

“尽快入殓为的是‘防腐’，因为中此邪毒遗体极易腐烂。”翌皇答说，接着加重语气，“尽快下葬为的是‘防变’，因为这谋害事件看来蓄谋已久。”

“啊?!”涉世不深的郑芝龙这才猛醒过来。

“果然是这个恶贼……”颜思齐强压住满腔愤恨，紧抱双拳拜道，“多谢翌皇先生为思齐拨开迷雾！”

“愿金阳平安渡过这一难关！”翌皇殷切应说，接着转对芝龙，“李大人在平户就你这个义子，入殓出殡你就是唯一的孝男，慧子就是他的孝媳妇，你们事事都要尽礼尽孝；我会雇请一个可靠的奶妈子到你家管顾婴儿，让你们尽心尽力办好丧事。”

芝龙含悲鞠躬：“岳父恩深义重，小婿一定不负所望。”

翌皇挥手辞别：“我走了，你们赶紧回去吧！”

颜思齐和郑芝龙一踏进商行大门，就听到从李旦居室内传来杨秋花凄厉的哀哭声：“我的郎君啊我的人！……你怎么就这样走了！……你把我扔下，我可怎么活呀?!……我还是跟着你去吧，我的李大人啊！……”

他们急忙穿过大厅，连奔带跑来到三落，但见那居室门前已经站满了行里的伙计，有的皱眉叹息，有的泪流满面……

思齐、芝龙一出现，立即被大家团团围住。

“李大人怎么啦？李大人到底怎么啦？”伙计们呀呀嘈嘈地惊问。

颜思齐待惊问的声浪稍歇，郑重宣布：“李大人已经仙逝了！”

大家一听，更是惊愕万状：“怎么会呢？怎么会呢？”

“李大人自前年落海受伤，身体一直欠佳，”思齐解释说，“虽经治疗，仍然……”

这话还没说完，居室内忽然跑出一个汉子，冲着颜思齐嚷道：“你给我说清楚，颜总管，我大师兄怎么会平白无故仙逝！”

思齐一看是刘奔，不禁怒火中烧，一时竟不知如何回答。

“我四天前到长崎调船，大师兄还好好的，现在怎么会这样?”刘奔继续质问道。

思齐有点结舌：“这……这……”

刘奔看他涨红着脸，答不出话，便进而揪住他的衣襟，厉声喝问：“我大师兄久经风浪，福体强健，他落海受的伤已经治好了嘛，为何会突然仙逝?”

“你……”思齐出手将他推开，本想发作，忽又忍住，随口应道，“李大人是因心脉堵塞……”

“哼，心脉堵塞?”刘奔继续挑衅，“你能骗得过我吗?”

陷在悲愤中的郑芝龙再也看不下去了，他跨前一步，替思齐答说：“义父他确实是因心脉堵塞而仙逝的。”

“芝龙兄弟，”刘奔转过身，问，“你怎么知道李大人他是心脉堵塞呢?”

郑芝龙应道:“刚才我岳父来诊察过，是他告诉我的。”

“哼?!”刘奔还是缠住不放，“那我问你，昨天下午我大师兄还去察看过我从长崎调来的船只，怎么会一夜之间就突发心脉堵塞?”

“昨晚秋花姨娘一整夜陪侍着李大人，这事你该去问她才对。”芝龙给顶了回去。

刘奔被他这一顶，顿感心虚，不敢再纠缠下去。

颜思齐随即朝着众伙计，悲伤而又恳切地说:“李大人不幸仙逝，我们都很悲痛。在场的诸位，长的跟随李大人几十年，短的也有两三年，大家都受过他的恩典。现在大人已经仙逝，我们每个人更要恪守行规，尽职尽责，一切听从大人的义子郑协理和本总管的指挥，共同维护我们的金阳商行。总部今日先发给每人二两特别津贴，待李旦大人安葬后，再论绩行赏，并补发双倍薪金。”

在场伙计一听，群情激奋，纷纷表示要坚决听从调遣，护好商行。

颜思齐于是发出号令，全行百多号人立即带上自己的兵器，分头行动。

卫丁队长郭怀一将手下的三十余名队员分成三拨：一拨担任日间警卫，一拨负责夜间巡逻；还一拨专管火炮、火铳和弹药；自己则夜夜执勤，通宵达旦。

司库张添寿派出十余名伙计，分别住进各大栈房；自己则带领三名精悍的手下，镇守银库。

司账林忠明和四名簿记生受命书写一百份讣告，分送给当地官府和李旦生前的亲朋好友；而后将账本、账册重新整理，除现用者外，均藏进铁柜、铁箱，并轮流在夜间看守账房。

新近擢升为主船队统领的陈衷纪，受命带领全体船员驻守在船上，保护好船只和武器装备，并负责管理停泊在港面的四支商船队共二十艘商船。

新近擢升为福船火长的钟斌和李魁奇，受命为李旦的丧事尽快购好棺木，设好灵堂，备好寿衣、孝服和一切所需物品，并延请和尚前来念经超度，聘请地师在岛内选好风水地。

刘奔则自行去照看他从长崎调来的三艘大船。

此外，颜紫霜受命给住在后落的家眷分发护身兵器，并接获密令，以陪伴为名监视杨秋花。

第二天早晨，设在商行大厅里的灵堂已经布置停当。

一座丈把宽的祭台摆在大厅中央。祭台上方悬挂一幅黑丝绒，绒布上绣着“李旦大人灵堂”六个白色大字，两旁垂挂宽幅的苎麻布帘；布帘后的地面上铺满了稻草。祭台正中竖立着李旦的神主牌，牌前摆放着香炉和烛台。

随后，一副上等楠木灵柩由八个棺夫扛抬按时送到。郑芝龙和慧子、秋花披麻戴孝，跪在大门前接棺，送到祭台后面，停放在两只粗重的长凳上。

李旦的遗体经已换穿寿衣，口含明珠，胸带玉佩，由四名卫丁连同卧床抬到棺材旁。

入殓仪式在八位和尚的诵经声中进行，先由两名道士在棺内底部放上草丝，遍撒木灰，摆满纸钱，搁放桃枝；接着由身穿孝服的颜思齐将珍珠、玛瑙、翠玉、宝石各一小碟，放置在四个角落；而后芝龙在中间，秋花、慧子在两侧，三人一齐将李旦遗体托起，平放进灵柩内；最后合上棺盖，钉下棺钉。

当晚，芝龙和慧子、秋花等三人以稻草为铺，以砖块为枕，守宿在棺旁，开始七天的守灵。

翌日，接到讣告的官府官员和李旦生前亲朋好友，相继前来祭奠；守在棺旁的秋花、慧子均以哀哭陪祭。

“守七”期满，举行隆重的出殡仪式。

祭台上香火氤氲，烛光烨烨，一只海碗里的白酒散发出微微酒香；台前的一列方桌摆满三牲（牛、羊、猪），五谷（黍、稷、菽、麦、稻），和各式各样的供品。

金阳商行全体伙计的左臂衣袖上，佩戴着白苎孝圈，和前来送葬的亲朋，肃立在祭台和供桌两旁。

祭礼开始，鼓乐队奏起哀乐……

主祭人颜思齐拉开手中书卷，诵读祭文：“伟哉李公，勋誉斯扬；诞生泉府，一身书香；继承父业，携笔从商；近连八闽，远通五洋；寄寓日本，创

建金阳；名埠设馆，巨舶来往；唐人首领，万众钦仰；钦赐五品，泽荫八方；情系两国，永世流芳；兹尔仙逝，身厝异乡；呜呼痛哉，涕泪汪汪；临风祭奠，敬祈尚飨！”

祭文诵毕，思齐双手捧起祭台上的海碗，将碗中的白酒，洒在祭台前的地面上，而后唱道：“行跪拜礼！”

芝龙领着慧子、秋花和总部全体伙计下跪，三人在李旦灵前行三跪九拜之礼；伙计们则俯首默哀，待芝龙等三人礼毕，才一齐站起身。

接着，主祭人再唱：“绞棺上罩！”

八名棺夫将四根木棒放在棺盖顶，用粗麻绳把油漆好的棺材捆紧在木棒上，然后罩上绸缎锦绣制成的华丽“棺罩”。

最后，颜思齐举起双手招呼道：“出殡！”

于是，由丈把高的纸扎“开路神”和两名“纸钱手”领头，鼓乐队和彩旗队随后，领着送葬人群和抬棺的棺夫来到平户北山山麓，将李旦安葬在挖掘好的墓穴中。

安葬李旦，身为金阳商行总管的颜思齐才稍松了口气……

与此同时，四天前声称返回厦门的杨陆也完成了部署……

第四十章 惨经血战撤往台湾

入殓、守灵、祭奠、出殡，接连九天，芝龙和慧子都已十分疲惫。安葬李旦后，思齐一定要他们回家歇息，芝龙只得遵从。

当晚，夫妻俩在义父的灵位前上香磕拜后，回到自己的家中，两人迫不及待地将婴儿从奶妈子的手中接了过来，轮番亲个不停。

“我的小心肝啊，我的小宝贝，”慧子将婴儿紧紧搂在怀里，脸贴着脸唠着，“你阿母呀，你阿母真想死你啰!”

“哎，不要说什么‘想死’，这不吉利。”芝龙皱起眉头怪她。

“哦，哦，那该怎么说呢?”慧子仰起头问道。

芝龙认真地说:“应该说，你阿爹你阿母很想你。”

慧子点点头:“对，对，我的小龙子啊，我的小宝贝，你阿爹你阿母很想你噢；我的小龙子啊，我的小宝贝……”唠着唠着忽然想起，仰起头对着郑芝龙:“我们的小宝贝还没有起名字呢!”

沉浸在悲痛中的郑芝龙这才想起:“是啊，还没给小龙子号个名字。”

慧子有点责怪:“看你……”

“唉!”芝龙深深叹了口气，“义父不幸仙逝，我真顾不过来呀。”

慧子赶紧说:“好啦，好啦，不说你了；不过，我们这小龙子也该有个名字吧。”

芝龙道:“当然，当然。”

“起个什么名字好呢?”慧子问。

芝龙皱起眉头，想了想:“这孩子出生在三棵松树下……三木擎天，必成大材，就名‘郑森’吧……”

“郑森……”慧子跟着念道。

“对，就名叫‘郑森’，”芝龙应说，“还有，看这孩子天庭饱满、面色红润，将来定然很有福气……”

慧子笑道：“是啊，这孩子准定很有福气。”

芝龙接着说：“那就再给他起个小名叫‘福松’，你看怎么样？”

“好，好，这‘福松’名字也很好！”怀抱婴儿的慧子嘴里又唠个没完，“我的小森儿啊，我的小福松……”

“不早喽，慧子，”芝龙提醒她，“我们也该去收拾收拾了。”

“好吧。”慧子极不情愿地将小福松抱给奶妈子。

二更鼓已敲过，慧子和芝龙相继到浴室把多日来身上的积垢沐洗干净，回到房间，关上房门，恩爱一番之后，便甜甜蜜蜜地相拥进入梦乡……

李旦安葬后，杨秋花不宜住在原先那套居室。紫霜便领她到后落自己的房中。

刚一坐到绣榻上，秋花的两行眼泪又汩汩地涌出眼眶。

“哼，装得还真像呢！”紫霜站在一旁，两只眼睛紧紧地盯着她。

……据父亲说，李旦大人是这婆娘跟杨陆勾结下毒害死的，甚至就是她亲手下的毒。可是这七八天来，她却日夜哀哭，显然是想要博取人们的同情，好掩盖自己的罪行……好啦，今天她既然住到我这里，我可要好好地试探试探，要是能探出一些线索，接下去追查起来就会方便得多……

颜紫霜想定后，便装出一副关心的模样，紧挨着坐到秋花身旁，亲热地搂起她的腰肢，劝道：“别哭了，秋花姐，李大人都已安葬了，你也该节哀才对啊。”

秋花一听，伏到紫霜肩上，更是“呜呜呜”地大哭起来。

紫霜捧起她的脸，用手绢拭去她脸上的泪水：“不要这样，秋花姐，李大人已经仙逝了，你自己身体要顾及，不能这样哀伤呀。”

“我，我……”秋花边哭边应道，“我真想跟他一起走啊，妹子。”

“又在演戏了……”紫霜心里想着，嘴上却说，“讲什么傻话呢，秋花姐，你还年轻，今后的日子还长呢。”

“李大人走了，我留下来又有什么用啊?!”秋花继续悲伤地抽泣。

“你留下来当然有用……”紫霜语带双关。

秋花失神地摇了摇头：“你们还是让我跟李大人去吧。”

“别这样说了，秋花姐。”紫霜劝上这句话，便开始转入探问，“哎，秋花姐，我至今还不明白，李大人因何走得这么快？”

“我也不知道呀。”秋花应说。

紫霜探问道：“那天晚上你不是一直和他睡在一起吗？”

秋花点头：“是啊，他晚饭后喝了一杯虎骨酒，就说想睡，我就侍候他上床。那一夜他睡得很甜，我也一觉睡到天亮……”

紫霜追问：“那虎骨酒你有没有喝？”

“没有，”秋花应道，“那是杨二总管特地送给大人补养身体的，我怎么能随便喝。”

“李旦大人仙逝跟喝这虎骨酒是不是有点关系？”紫霜紧接问着，像是不经意地瞥了秋花一眼。

秋花摇头：“没有，没有。”

紫霜疑惑地问：“是吗？……”

秋花肯定地说：“杨二总管刚送来时，我和芝龙都陪着李大人喝过一杯。”

“哦……”因为这事思齐没跟她说过，紫霜感到有点意外。

秋花紧接着说：“据颜总管讲，李大人是因心脉堵塞才突然仙逝的。”

紫霜听她这一说，不好再探问下去，只得应道：“对，对。”

“唉！”秋花深深叹了口气，“李大人对我真好啊！”

“是啊，”紫霜顺势转过弯，“所以你更要好好保重，这些天来你真够累了，今晚在我这里就好好睡它一觉。”说着，开始收拾床铺。

秋花不敢拂逆她的好意，经过一番谦让，只得上床歇息。

紫霜自己则和衣半卧在躺椅上，招呼道：“睡吧！”

约莫过了一个时辰，辗转反侧难以入寐的秋花，听到门外像是有人在走动，正感诧异，那房门竟然被推开。她连忙坐起身，四个身穿黑衫、脸戴面罩的人已经来到她面前。

“啊……”秋花还没喊出声，嘴巴就被来人用布团塞住。

其中一高个子将秋花反绑起来，凑在她耳旁说：“我们是来救你的。”说着，把秋花挟在腋下，和其他三人迅捷地闪出房间……

虽然这四个歹徒手脚又轻又快，但刚刚入睡的紫霜还是给惊醒了。她跃身而起，一看房门大开，秋花又不在床上，急忙从躺椅下抽出双刀，冲出房门，高声喊道："捉贼啊，捉贼啊，快起来捉贼啊！"

后落的家眷们全被叫醒了，大家纷纷拿起护身兵器，跟在紫霜身后猛追。

快到后门时，紫霜定睛一看，不禁大吃一惊："啊?！商行后门的两扇门板怎么全开着？那些把门的卫丁都到哪里去了？"

"出事了，出大事了！"紫霜一判定，立即叫那个紧跟上来的家眷快去向颜总管报告，然后把大家拦住，高声喊道，"停下，停下，别再追了……"

她这话音未落，一群身穿黑衫、脸戴面罩的贼寇已经冲进后门，一个个手执闪亮的倭刀，奔杀过来。

平日里欢声笑语的金阳商行，顿时变成了溅血厮杀的战场……

与此同时，在家屋里和慧子同床安睡的郑芝龙，迷迷糊糊地闻到一股香味，似檀木，似金桂，似丁香，似蔷薇；他闻着闻着，整个人像是凌空而起，飘呀飘，飘呀飘，穿云破雾，越洋过海，好像又回到爪哇那幢洋楼，嗅到荷兰长官那瓶香药……

芝龙蓦然一惊，他想把眼睛睁开，那四片眼皮却不听使唤，经过一番挣扎，才隐约听到有人在窃窃私语……

"摸到了吗？"一个问。

"摸到了。"另一个答。

问者："可不要弄错，少堂主和吉冈大哥一再交代，千万不能伤到田川小姐。"

答者："知道了。"

问者："你再仔细摸一摸，到底是男是女。"

答者："好的，好的。"

随着这话音，郑芝龙感到有只手从他的脸庞一直摸到他的头壳，接着又听到那两人的对话。

问者："怎么样，摸准了吗？"

答者："摸准了，是男的。"

芝龙咬紧牙根猛使劲，终于撑开了眼睛，一把利斧已经悬在他头顶。

问者下令："那就下手！"

就在利斧砍下的瞬间，郑芝龙一招"卧佛飞天"跃起身，定睛一看，床前站着两个蒙面人，一个手握板斧，一个手持倭刀，在他们身后，还有四把锐利的兵器闪烁着寒光……芝龙借着落下之势再一招"浪子踘球"，踢向那两个蒙面人，顺手从枕头下抽出龙吟宝剑，猛喝一声："杀！"

中了迷魂香的慧子也被惊醒了。她一看到芝龙手执宝剑对着一伙蒙面人，立即明白贼寇已经闯进家里；她坚信只要芝龙在，贼寇就不可能得逞，她现在最最重要的是保护好初生的儿子小福松。于是，她惊而不慌地翻身下床，披上衣衫，带上匕首，跟在芝龙身后……

那伙杀手显然知道郑芝龙的厉害，现在又看到慧子已经醒过来，不敢再逗留，一边挥舞着手中的兵器，一边往后直退。

郑芝龙显然不愿在家里留下血迹，他逼着那伙蒙面人退到家屋门外，才挥起宝剑，首先刺向那手握板斧的贼寇。

那家伙挥起板斧挡开，紧接着朝芝龙连砍三斧，其余五个贼寇乘势一拥而上，把郑芝龙团团围住，倭刀、砍刀、板斧、利剑，雨点般劈将过来。

芝龙一人勇斗六贼，凭着高超的武艺，几个回合下来，就刺伤了三个；再几个回合，又一剑将那持斧的贼人连手带斧劈落在地。

贼寇们至此，不敢恋战，合力猛冲一阵之后，迅捷跳出圈子，分散逃窜。

郑芝龙正要追杀，忽见前方不远处蹿出几道火光，仔细一看，那正是金阳商行。他大吃一惊，立即抛开那伙贼寇，返回家中，跟慧子说了一声"商行出事了"，便穿上义父赠予的护身软甲，飞步奔向金阳。

商行的大门已经被砸开，两尊把门的火炮被丢弃在门外。

芝龙冲进前落大厅，七八名卫丁正和二十几个蒙面人拼死厮杀，他大喊一声："我来了！"挥起龙吟宝剑猛杀过去。

卫丁们一看是郑芝龙，个个勇气倍增，舞动起手中的朴刀，狠力劈向手执倭刀的贼寇。

一场恶斗在大厅里铺展开来，刀与刀撞击溅出点点火花。芝龙在格斗中看出这些贼寇全是倭人，而且身手不凡；再朝行内望去，二落、三落火光四起，阵阵杀声频频传来，心中十分惊讶。

正当他惊疑难解之时，忽见一大帮手持兵器的本行伙计，从二落边打边退，很快就要退到大厅。

厅中的蒙面贼寇立即分成两拨，一拨挡住面前的卫丁，另一拨转过身杀向后撤的商行伙计。

郑芝龙怒火中烧，大吼一声，挥剑开路，接连刺倒三四个挡道的贼寇，冲到二落，朝内一看，但见颜思齐浑身是血，由两名卫丁搀扶，混在八九个家眷当中，正往大厅转移；前方从三落到四落，黑压压尽是蒙面贼寇；挥舞双刀的颜紫霜和卫丁队长郭怀一，正领着十几名卫丁，与贼寇们决死拼杀，掩护着颜思齐和家眷们后撤。芝龙不禁一阵战栗，他高举宝剑，挤过人群，来到思齐面前，将他扶住，眼含悲泪："颜总管，你，你怎么啦？"

"芝龙，别管我，"思齐声音发颤，"快撤，快撤！"

"不，"芝龙紧咬着牙，"我跟他们拼了。"

"不能拼啊，"思齐喊道，"快撤啊！"

"撤?！"芝龙心急火燎，"往哪里撤？"

"撤到福船上。"思齐斩钉截铁。

郑芝龙这才意识到事态的严重，他猛转过身冲回大厅，挥舞起宝剑，领着厅中的卫丁和手执刀枪的伙计，雷霆般一阵猛劈猛砍，不上十个回合，就劈死了五六个贼寇。其余贼寇眼看抵挡不住，纷纷逃出商行大门。

撤往福船之路终于打通了。

船队统领陈衷纪不但安排好多项应急措施，而且七八天来高度戒备，夜夜亲自带班，镇守在福船上；但在李旦安葬之后，他和颜思齐一样松了口气。

当天晚上正值月暗之夜，秋风送来阵阵凉意，四周一片平静，劳累了多日的陈衷纪感到有些疲惫。他望了望周近海面，主船队和其他商船队都泊碇在原位，船上的桅灯和船首灯、船尾灯也已点亮。接着，他又带上几名水手到码头巡视一遍，没查出什么异象，回船后交代钟斌负责带班值更，便来到自己的舱房，上床睡觉。

不知过了多长时间，沉睡中的陈衷纪被一阵急促的敲门声叫醒。他刚一坐起身，两名值更的水手匆匆进房报告说："发现商行那边闪起一球球火光，还传来阵阵的厮杀声。”

衷纪急忙跑到舵楼顶仔细察看，商行大门前显然有两群人在厮打，那一球球火光显然是进攻一方点燃的火把……

“快，快。”衷纪从舵楼顶一跳跳到舱面，命令钟斌赶紧上岸探明情况。

钟斌立即挑选五名精壮的水手，带上朴刀与火铳，举着火把，踏过跳板，猛冲过去……“啊!?行里的伙计与家眷，怎么会跑出商行，步步后退?”

他插进这后撤的队伍，才看到颜思齐已经身受重伤，郑芝龙和颜紫霜正领着卫丁们和一大帮蒙面匪徒拼杀，显然是在掩护大伙朝着码头方向后撤。

钟斌挤到思齐身旁，急切问道:“颜总管，是不是要撤到福船?”

“是啊，钟斌。”颜思齐看到船队来人接应，忙说，“你快去叫衷纪作好准备。”

钟斌命令那五名水手急冲上前，自己则转过身，奔回福船。

挥舞宝剑杀退一批贼寇的郑芝龙，看到船上的五名水手来到自己身旁，其中有两名还带着火铳，显然都已装上了弹药，精神为之一振。

“快把火铳给我。”芝龙喝道。

一支火铳即刻交到他手中。

芝龙举起火铳，迅捷地将慢燃火绳插入火药盒，瞄准冲在最前面的一个蒙面匪徒，“砰”的一声，那匪徒应声而倒。

持铳水手连忙接过那击出弹丸的火铳，抓紧填充弹药。

另一支火铳紧接着又交到芝龙手中。

他顺手点燃火药，举铳瞄准，“砰”的一声，又一个匪徒应声倒地。

贼寇们不敢再逼近了。

芝龙转对紫霜道:“快领大家后撤。”

紫霜惊问:“你……”

芝龙镇定地说:“我来对付他们。”

紫霜喝问:“你和这几个水手怎么能行?”

“我说能行就能行。”芝龙喝道。

紫霜只好执行他的命令，和郭怀一领着大伙迅速往码头方向撤……

两支发过弹丸的火铳都重新填好了弹药，紧接着又一声铳响，再一个匪徒被击倒。

贼寇们像是接到首领的命令，开始稳步后退，迅捷分成左右两拨，准备包抄过来。

芝龙急忙举铳朝天，再发一枪，随即带着那五名水手飞步奔向码头……

在舵楼顶的衷纪，看到他们已经跑出一段距离，立即下令发炮。

“轰隆，轰隆，轰隆，轰隆！”福船上的四门火炮齐发，将准备追杀过来的匪徒们紧紧压住。

炮火声中，郭怀一搀扶着颜思齐，和家眷们、伙计们、卫丁们相继上到福船；负责殿后的郑芝龙、颜紫霜随之也上了福船。

水手们解开泊绳，收起跳板，挂起号灯，升起风帆，举起撑杆，摇起大橹，福船迅捷地离开码头，驶出港湾。

主船队的四艘货船和其他四支商船队共二十几艘大船随即起锚张帆，跟在福船后面，一起撤离平户，前往台湾……

第四十一章 得手后分道扬镳

眼看着二十几艘大船渐渐远去，贼寇们无可奈何，一个个揭下黑布面罩。杨陆、刘奔、吉冈三个首领和玲子、瑰子等人这时才露出真面目。

原来，杨陆参加年会随带的两艘货船，四天前年会结束后离开平户时说是要驶往厦门，其实却拐了一个大弯，转回到平户岛北，隐藏在一处偏僻的澳内。杨陆领着杨宗和刘奔、吉冈一起策划并实施了对金阳的猛袭。他们本想全歼颜思齐、郑芝龙和商行卫丁队，不留后患，却不料颜思齐、郑芝龙、陈衷纪、郭怀一等临危不惧，顽强抵抗，终于逃脱。

现在，唯一的选择就是赶紧抢夺银库和财宝。

“快回商行！”杨陆下令。

三帮人马全都听令，转过头奔回金阳商行，来到银库门前，砸开库门。

杨陆命众伙计在门外守候，自己领着刘奔和吉冈进入库房，只见中间通道两旁，摆放着五六十个清一色大小相同的厚木箱。

刘奔从怀里掏出一把早已配好的万能钥匙，捅开右边一只木箱的铜锁，揭开箱盖，里面装满光闪闪的银锭。

杨陆靠上前去细加点数，说：“这一箱一百锭，每锭三十两，共三千两。”

吉冈伸过头去一看，惊喜交加：“哇，一箱就三千两！”

“没错，”杨陆边应着边转向左边的木箱，命刘奔打开后仔细点数，说：“这头也是每箱一百锭，每锭三十两。”

吉冈凑过去仔细再点过：“是啊，是啊，每箱都是三千两！”

刘奔拉下箱盖重新锁上后，三个人全都瞪大着眼睛，细点起箱子的数目……

点过两遍之后，杨陆先开口："这库房里一共有六十二箱银子，总共十八万六千两。"

"对，六十二箱，共十八万六千两。"刘奔、吉冈随之点头应道。

杨陆面对他们两人，脸展笑容："这么多银子，你们看，怎么分？"

刘奔、吉冈心里七上八下，几番欲言又止……

"说嘛，没关系，大家都是好兄弟。"杨陆催道。

"这……"刘奔沉吟片刻，干脆地说，"大师兄你说了算。"

"对，对，"吉冈连忙跟上，"杨少堂主说了算。"

"好，你们听着，"杨陆慷慨地说，"我看大家平分吧，每人各得二十箱。多出来那两箱你们两人各得一箱，共二十一箱。怎么样？"

为首的头领如此慷慨，刘奔、吉冈真是喜出望外，两人连声道谢："多谢大师兄！""多谢杨大人！"

杨陆转对吉冈说："这笔生意你共得六万三千两白银，该满意了吧。"

吉冈连连鞠躬："满意，满意。"

杨陆笑道："那你可以叫手下来搬银子了。"

吉冈一听，眼珠一转："不过……"

杨陆盯着他："不过什么？"

"据说……"吉冈嗫嚅地应说，"李旦房间的密室里还藏有很多财宝。"

"哼，"杨陆即刻拉下脸，"那是我们祖师爷留下的，与这次买卖无关。"

吉冈心有不甘："这……"

"怎么啦，"杨陆厉声训斥道，"吉冈君，你可不要忘记在礁石上立下的誓言。"

吉冈一凛，不敢再提。

杨陆接着说："时候不早了，牙行的板车都在外面等着，快搬吧。"随即召来杨宗、刘青，交代他们带领手下按照刚才分配的份额，将装满银锭的木箱搬到各自的船上，而后偕同刘奔来到李旦的居室。

居室里，坐在床沿的秋花正哭得跟个泪人似的。

"秋花，别哭了，"杨陆劝道，"快讲吧，那藏匿财宝的密室在哪里？"

“呜，呜，呜，我不知道，不知道……”秋花依然哭个不停。

杨陆挨着她坐下，轻抚她的肩胛：“秋花，我的好侄女，到平户之前，阿叔不是交代过你吗？一定要多加留意那藏宝的地方，现在已经过去几年了，你该探明了吧？”

“我真的不知道，阿叔，”秋花止住哭声，咬着牙应说，“李大人只信颜总管，如果有藏宝，全金阳也只颜总管一人知道。”

“唔，”杨陆忽有所感，“那你仔细想想，颜思齐常来这里议事，你有没有听到过他们谈起藏宝的事？”

秋花埋下头想了想：“这，这……”

杨陆急道：“快说。”

秋花回忆道：“他们好像曾经说过，北港藏有财宝。”

“北港?!”杨陆、刘奔一下子都愣了……

忽听到门外传来吉冈的喊声：“不好了，杨大人，一队藩主的武士正急匆匆地朝商行开过来，定然是发现这里有情况。”

杨陆猛站起身，喝问：“探清楚没有？”

吉冈气喘吁吁地冲进房内：“我派出的哨丁送来的急报，有上百号人……”

“有上百号人？”杨陆急问。

“是啊，”吉冈颤抖抖地应道，“快撤吧，千万不要被缠住啊！”

杨陆这才感到不妙，他拉起秋花直奔银库，一看库里的银子业已搬完，咬牙挥手狂呼：“烧！烧！把这商行全给我烧了！”

守候在银库门前的二三十个人立即举起手中的火把，分头奔向前厅后院，燃起熊熊烈火……

“这事闹大了，闹大了……”吉冈显得惊慌失措，“我在平户无法待下去了……”

杨陆轻蔑地说：“怕什么呢，吉冈君，你可以跟我走嘛。”

“跟你走……”吉冈张大着嘴巴，“我，我那六万多两银子和六七十个兄弟怎么办？”

“就上我的船，”站在一旁的刘奔抢先答说，“我从长崎接来的三艘货船就停泊在这附近。”

“好，好，”吉冈连连点头，“我就上刘爷的船，上刘爷的船。”

杨陆瞥了刘奔一眼，说："好吧！上船后紧跟在我的后面，回到厦门你们就坐上二三把交椅，所有进账全按今日的规矩，三人平分。"

"多谢大师兄！"刘奔抱拳拜道，"那我们现在就先上船去。"说着，拍了拍吉冈的肩膀，"快走吧。"于是，两人一起拔腿冲出商行后门，很快便消失在暗夜之中。

杨陆也冒着浓烟烈火，拉着秋花快步跑到停泊两艘货船的水澳。

这时，杨宗等人已经把劫来的银子搬上了船；杨陆随即下令起航，两艘船同时张起大帆，驶出澳口。

安顿好秋花之后，杨陆回到舱面，攀上舵楼顶，仰望满天繁星，俯视蓝黑海面，正在谋划下一步棋的走法。

深秋夜间的日本海，冷风阵阵袭来，过了一刻来钟，陪侍在他身旁的杨宗忍不住提醒道："师父，这十几天你够辛苦了，还是早点回舱房歇息吧！"

身上还穿着那套黑衣的杨陆，这时才感到有些凉意，他再望了望海空，便沿着竖梯下到舱面，来到舱房。

舱房里，秋花紧锁眉头，呆呆地坐在卧榻上。

杨陆一看，顿生怜意。他支开杨宗，关上舱门，紧挨着秋花坐下，搂起她的腰肢，劝道："秋花，别多想了，快睡吧！"

秋花依然呆坐着，一动也不动。

"怎么啦，秋花？"杨陆轻轻抚摩她的脸颊，看她那失魂落魄的样子，开导说，"你刚才在商行里给吓着了，对吗？可你该知道，这一来你阿叔就成了大头家啰！"

秋花仍一言不发。

"你说话呀，"杨陆把她搂得更紧，亲热地唤道，"秋花，回到厦门，我会让你享尽荣华富贵！"

秋花听后，勉强地点了点头。

杨陆顺势将她放倒在卧榻上，顺手解开她的衣衫……

秋花拼命挣扎，最终还是无法摆脱杨陆的骚扰……

千里滨附近一处小海湾里，三艘大货船高悬桅灯，停泊在紧靠沙滩的海面上。船上的火长、水手长都是刘奔过去的同宗伙计，水手多数为当地的船员；每艘船配有四门火炮、十支火铳，而且都备好粮食和淡水。

夜已深，四周一片静谧，忽然阵阵叽嘎声从滨海的土坡下传来，转眼工夫，七八十个身穿黑衣的壮汉押着五辆载满沉重木箱的板车，碾过沙滩，停在水边。

领头的刘奔正要向船上喊话，跟在他身后的吉冈连忙将他拉住。

“怎么啦？”刘奔回过头瞪了他一眼。

吉冈深深鞠了个躬：“刘爷，我们先商量一下好吗？”

刘奔不解地问：“商量什么？”

吉冈应道：“商量我们究竟要到哪里。”

“这有什么好商量的？”刘奔有点不耐烦，“大师兄刚才不是说过了嘛，跟他一起到厦门。”

吉冈眨了眨眼：“刘爷果真决心永远跟随杨少堂主？”

“唔?!”刘奔一愣，旋而沉吟自语，“要是不再跟随大师兄……”

“要是不再跟随你大师兄……”吉冈接过他的话头，顿了一下，然后替他答说，“刘爷就可以另展宏图。”

“哦！”十几年来跟随杨陆每每点头哈腰的情景，霎时在刘奔的脑际显现。紧接着，一股傲气涌上刘奔的心头……他拍了拍吉冈的肩膀，反问道：“那你呢，吉冈君？”

吉冈挺起胸脯：“我愿跟随刘爷去打拼。”

“哼，”刘奔冷冷一笑，“你凭什么愿意跟我去打拼，吉冈君？”

吉冈郑重地说：“我信得过你。”

“你信得过我？”刘奔有点动心。

“是的，”吉冈应说，“这几年的交往，你讲信用，讲义气；答应给的，分毫不差。”

刘奔点了点头：“在江湖上就该这样。”

“但不是每个道上的人都能做到，”吉冈继续说，“况且刘爷你一身武艺，满脑计谋，如果再加上我手下的这帮伙计，那还有什么买卖做不成？”

“好，吉冈君，”刘奔被说动了，随即问道，“咱们这一去，上何处为好？”

“依我看，就到福建莆田平海湾外洋的坪山岛。”吉冈应说。

刘奔应道："哦，坪山岛！"

吉冈点点头："对！这坪山岛离莆田和惠安北部沿海大约有两百里，岸线平直，地势险要，孤悬海中，人迹罕至。我们一帮人曾跟随师父在那里住过半年，躲避官兵追剿，还做成几笔生意，想必刘爷也曾到过此地。"

刘奔低头一想，欣喜击掌："对，到坪山。"

第四十二章 贼刘奔另立山头

决定与杨陆分道扬镳，刘奔立即朝着货船喊话：“刘青……刘青！”

站在第一艘货船舵楼顶的刘青听到喊话，立即回应：“来了，这就来了！”

那艘货船即刻缒下两只舢板，很快就划到沙滩上。

“不够，不够，”刘奔没等刘青下舢板就把他拦住，“快，快叫另两艘货船也把舢板划过来。”

刘青一看岸上又是车，又是人，连忙朝着那两艘货船喊道：“阿固！……阿杰！……”

“什么事？”另两艘货船上的火长高声问道。

刘青撑开嗓门：“快把你们的舢板划过来！”

随着这喊声，又有四只舢板划到沙滩上。

吉冈一声招呼，手下的伙计立即将板车上沉重的木箱分头搬上六只舢板。

刘奔仔细查点，确认无误，交代刘青：“把这些木箱全数运到你船上，给我看好，有什么闪失当心你的脑袋。”

“是。”刘青领命，带着六只舢板划到他那货船下，自己先攀缘索梯上到舱面，叫水手们放下三道缒绳，一趟三个，稳稳实实地将全部木箱拉到船上，放进货舱。

与此同时，吉冈手下的伙计也分成三拨，待六只舢板划回沙滩，才分批上到三艘货船。

一切安顿就绪，刘青领着刘奔和吉冈，登上第一艘货船的舵楼顶，抱拳请道：“恭请二叔发令起航！”

刘奔举目扫视，在依稀的星光下可以看出三艘货船都已作好起航准备，当即高声发令："出海湾转丹申针取长江口外崇明岛……"

"取崇明岛？"刘青甚感惊讶。

"没错，先到崇明歇它两天，补充粮食、淡水，"刘奔傲然应道，"然后转赴福建莆田外洋的坪山岛。"

"坪山岛?!"刘青更感不解，"那什么时候到厦门？"

"我们不到厦门了，刘青，"刘奔郑重地说，"我们要在坪山岛扎下营寨，另展宏图。"

刘青顿时明白过来，振奋地再请："恭请二叔发令！"

刘奔高举右手，再次发令："三艘船……桅帆相望，首尾相连，先到崇明，转赴坪山……现在起航！"

于是，两人领着三艘货船在崇明岛补充了粮食、淡水，转向正南，乘着东北风，穿过舟山群岛，顺着浙江沿海，一路南下，擦过温州外洋进入福建。但见闽海沿岸，岛屿一个接着一个，便放慢航速，一路辨认，在掠过闽江口外和南日岛之后，转向东偏南，终于在那天中午看到前方有个墨绿色的小岛，端坐在碧蓝的海面上。

站在第一艘货船舵楼上的刘奔和吉冈兴奋得击掌欢呼："到了，到了！"

约莫过了一个时辰，三艘船相继抵达坪山岛南部海面，刘奔看那岸线平直，滨海礁石上长满海蛎，便指挥货船依岸线停泊在岸旁。

最熟悉坪山岛情的吉冈领着刘奔、刘青首先登岸，指着那山坡上层层叠叠的石屋遗址，说："当年我师父和我们百来号师兄弟在这里住过半年，做了几宗大笔生意……"说着，叹了口气，"现在成了这模样！……"

"吉冈君，别叹气，我们现在不是要重整旗鼓了吗？"刘奔反问道。

"是，"吉冈紧咬着牙，"我们一定要重整旗鼓，在这里打'大票'。"

刘奔笑道："不过，要重整旗鼓、要打'大票'也得一步步来啊。"

吉冈问："刘大哥有什么打算？"

刘奔应道："首先要把这些石屋修整好，还要重新打井取水，解决好吃、住，把弟兄们安顿下来，然后再练好本领，才能安排'打票'的事。"

"对，对。"吉冈频频点头。

刘奔接着说："我看这两三天要让弟兄们继续住在船上，明天我先到莆田买修屋、打井的工具和一些吃的、喝的，然后再组织大家干活。现在你还是先带我看看这坪山岛如今是怎么个模样。”

“是。”吉冈应道。

于是，吉冈在前刘奔在后，两人踏上石阶沿着陡峭的盘山小道往上走去……

刘奔边走边察看。但见满山都是花岗岩石，而山脚和山腰的土坡上却长满树木和翠竹，其间偶尔有一两口水井，还有几股山泉沿着石缝往下直流……两人走了半个多时辰，终于来到坪山顶。

“哇，真是个好地方！”刘奔禁不住发出由衷的赞叹。

原来这坪山的山顶是一片宽阔平坦的岩石，站在上面举目远眺，东面是一望无边的大海，西面是隐隐约约的大陆，南边和北边远处海上则有大大小小的十几个岛屿，和穿行在海面上的大小船只……

察看过全岛的刘奔和吉冈回到船上，天色已暗，两人草草吃过晚饭便上床就寝。

第二天一大早，刘奔带着刘青和十几个兄弟驾货船到莆田滨海的市镇，买了一大批铁锤、铁钻、铁凿、铁铲、锄头、镢头、畚箕、扁担、麻索、竹杠……还有几大箱高粱酒和十几笼活鸡、活鸭，隔天才回到坪山。

当天晚上，当上弦月刚刚露出海面，辛苦了半个多月的弟兄们就在岸边的石坪上，围着三堆篝火席地而坐。篝火旁摆满脱净毛绒的鸡鸭，每人面前则摆放着一碗高粱酒……

这时，刘奔和吉冈才缓缓走来，站到石阶上。

“弟兄们！”吉冈先打了个招呼，接着说，“昨天我们顺利抵达这坪山岛，大家都出了力。昨天，刘奔大哥特地到莆田买了吃的、喝的犒劳我们。我先代表弟兄们向刘大哥表示感谢！”说着，带头鼓起掌来……

大家随着热烈鼓掌……

吉冈待掌声稍减，拔高声调说：“现在请刘奔大哥训示。”

一辈子从未当过“大哥”的刘奔见到这场面，心情非常激动，他先挥了挥手，让大伙安静下来，然后挺直腰杆，朗声开言道：

“弟兄们，一路辛苦了！大家都知道，我们来这坪山岛，为的是要做大笔生意。但是，想做大笔生意首先要有坚固的营寨。大家也都看到了，前人在这坪山岛上给我们留下了几十间破损的石屋，目前还不宜居住。当前我们头一件事就是把这些石屋修整好；同时要打井取水，先解决住的、喝的；接着要设网捞鱼，铲礁取蚝，并在坡地上放养羊群、兔群，种植蔬菜。至于米粮，可就近到莆田沿海市镇上购买。这样，我们就能把坪山岛建成一座坚牢的营寨，出海'打票''做生意'就没有后顾之忧。大家说是不是？"

"是！"伙计们高声应道。

刘奔接着说："从明天开始，我们就将三艘货船的船员分成一队、二队、三队，分别由三艘货船的火长刘青、刘固、刘杰任队长；武德牙行的弟兄们由吉冈掌柜分派加入其中。第一队负责开山取石；第二队负责打井取水；第三队负责整修石屋；玲子和瑰子则负责炊事，给大伙做饭做菜。大家听明白了吗？"

"听明白了！"伙计们齐声应说。

刘奔随即高举吉冈端给他的一碗高粱酒："现在我向弟兄们敬酒！"说着，将整碗酒一口气喝光。

伙计们纷纷端起面前的酒碗，站起身跟着刘奔把酒喝光……

修整石屋和打井取水的活计全面铺开了。

第一队在刘青带领下首战告捷。他们先选好适合做成板材的山石，按山石的纹路用铁凿打出一列整齐划一的石孔，然后把两尺多长的铁钎插进一个个石孔，用大铁锤猛力向下敲打，直至那块山石按纹路裂开。就这样花了两个多月，切下了八大块山石，交给第三队制作石板，以整修石屋……

与此同时，第二队由刘固带领，在石屋附近的山坡上寻找水井位，接连打了三口废井，到了第四口才涌出泉水来，继而又打出五口水井……

第三队则由刘杰带领，先把旧石屋打扫干净，量出屋顶盖和屋墙中破损石板的长、宽、厚，好进行调换；同时把岸边所有礁石上的海蚝铲下，破壳取出的海蚝当成佐餐的菜肴；剩下的蚝壳洗净、晒干，在石臼里捣成白灰粉，以供修补石屋之用……

经过半个多月日夜赶工，修整石屋和打井取水的活计基本完成；伙计们全部住进石屋，并分组轮流上船值班；每天还按照潮水的消涨，安排水战、陆战的操练……从平户劫取到的银两，则藏入刘奔、吉冈居住的一座两房、两库坚牢大石屋的银库内。

冬去春来，看到安排的工作都已顺利进行，刘奔和吉冈甚感欣慰。到了清明时节，天气转好，这两个头目经过商议，决定走一趟省城福州。他们带上刘青的第一队人马和银两，驾着一号货船，经过莆田、福清海面，转入闽江口，溯江而上，先来到马尾造船厂，定造六艘两帆八桨的快船；然后上到南台登岸，从一家烟花爆竹店的老板口中，探知官办的弹药厂地址，多花了三成的价钱，购得一批火炮、火铳的弹药，藏入货船密舱。

当晚，货船就近停泊在南台江边，刘奔和吉冈相携到市街逛窑子；刘青则恪守职责，留守在货船上。

翌日用过早餐，货船起航返回，在闽江上放慢航速，一路探察，见那马尾造船厂四周，戒备森严；船厂上下江面两岸，设有好几座炮台……看来要进入福州“打票”，绝非易事；要做“生意”还是先在海上做些“小生意”为妥。

回到坪山岛后，吉冈和刘奔经商议，决定在坪山顶建一座哨楼，安排伙计们轮流值班，时刻察看海面，发现目标及时报告，以便采取行动；另在山腰坡地建一座馆舍，作为调度指挥中心和会议场所。

建哨楼和馆舍的任务分别交给刘青和刘固……

就这样，近百号壮汉经过半年多的努力，到了盛夏季节，所有工程全部完成。

刘奔和吉冈就此在坪山岛扎下了营寨；玲子和瑰子也成了“压寨夫人”。

第四十三章 郑芝龙誓报血仇

回头说一说颜思齐、郑芝龙和金阳商行幸存的同人。

当福船“新洋号”领着商船队撤出平户时，身受重伤的颜思齐在船后舵楼的舱房里已陷入昏迷，但左手还紧紧捏着扎在腰间皮袋子里的金阳印章；郑芝龙和颜紫霜正在紧张地为他包扎伤口。

在船头的水手舱里，商行司账吕志明、司银赵添寿和他们的家眷坐在下层的铺位上，一个个惊惶失色，不知还会发生什么不测。

撤到船上的卫丁、库丁及工役，则被安顿在大货舱里，衷纪、钟斌和船上的水手一边为他们打叠统铺，一边为其中的伤员治伤。

安顿就绪后，衷纪领着钟斌和卫丁队长郭怀一，来到舵楼舱房，一看颜思齐仍昏迷不醒，焦急万分：“颜总管到底怎么啦?”

郑芝龙神色黯然：“他身上有多处刀伤，在撤到福船的路上流掉许多血。”

陈衷纪皱紧眉头：“这可怎么办呀!?”

“衷纪兄别担心，”坐在卧榻边上的颜紫霜强忍着悲痛应说，“我父亲他骨架子硬，现在血已经止了，再过两三个时辰就会醒过来的。”

陈衷纪略微松一口气：“这样就好，这样就好……”

“撤到船上的家眷跟伙计们全都安顿好了吗?”郑芝龙转而问道。

陈衷纪应道：“全都安顿好了。”

郑芝龙问道：“共有多少人?”

陈衷纪答道：“五十一人。”

“才五十一人?!”郑芝龙惊骇。

陈衷纪无奈道：“是的。其中家眷七人，卫丁十八人，库丁九人，书算手四人，工役十人；还有司账、司银和郭队长。”

“刘奔和杨秋花呢？”郑芝龙紧张地问。

郭怀一摇摇头：“没见到他们。”

“果然是他们干的。”郑芝龙愤恨交加。

“算下来有二十四个伙计没上船……”郭怀一低着头忍着泪，“看来全都被害了。”

郑芝龙紧咬起牙根，吼道：“此仇不报，我誓不为人！”

陈衷纪、郭怀一、颜紫霜强忍多时的悲泪顿时夺眶而出，滚落在舱板上……

少顷，陈衷纪问：“芝龙兄弟，现在一下子增加了五十多人，船上吃的、喝的没准备那么多，无法支撑到台湾，你看该怎么办？”

“无法支撑到台湾?!”陷入极度悲愤的郑芝龙冷静下来。

“刚才衷纪兄和我商量了一下，”郭怀一说，“船队最好先到杭州，在杭州商馆补足食物、淡水和金疮药，然后再转到北港。”

郑芝龙应道：“对，这主意好，先到杭州！……”

于是，福船“新洋号”领着主船队和四支商船队，朝向西南偏西方向，扬帆疾驶。

因为颜思齐陷入昏迷，迟迟未醒，焦灼万分的陈衷纪下令增添两只大橹，尽力加快航速，终于在这一天傍晚驶进杭州湾，停泊在杭州商馆前的码头。

商馆同人听过郑芝龙的叙说，个个义愤填膺，纷纷表示愿听从颜总管和郑协理的调遣；随即全馆动员，送水的送水，送粮的送粮，送药的送药……

商馆掌柜张一官亲自请来杭州名医，上船救治颜思齐。经过一番努力，颜思齐终于苏醒过来，开始进食、服药。

在杭州停留两天后，船队驶出杭州湾，绕过舟山群岛，取正南丹午针，直下台湾。

为了减轻颜思齐和伤员们颠簸之苦，福船适度减缓航速，数日之后，才驶抵北港。

这北港位于台湾海峡东岸中部，距离台海西岸的厦门四百多里航程；气候偏暖，雨量充沛，适宜农作物的生长；加以前临大洋，背倚高山，兼有山海之利；周边又盛产硫黄，乃制造火药的主要原料；宋朝末年，东南沿海百姓为避战乱迁居台湾者，就有人定居在此；到了明朝，人烟渐盛。因此，李旦决定在台湾设立商馆就选定北港。

从平户撤出的金阳商行船队一进入北港内湾，站在主船“新洋号”舵楼顶的陈衷纪借助偏西的阳光，朝岸上望去……

但见码头空空荡荡，并无泊船；码头上端的道路和两侧的瞭望台依稀可见；林子里的树木依然郁郁葱葱；北港小镇显得格外平静。

忽然，马路上似有一群人在跑动，那显然是北港商馆的伙计……

陈衷纪心头一热，连忙下到舱房，朝着郑芝龙喊道：“快，快，芝龙兄弟，快跟我来！”边喊边拉着他往舱面跑去，直跑到船头锚锭绞台上才停下来。

“什么事呀，衷纪兄？”芝龙站定后问道。

衷纪指着码头方向，激动地说：“你看。”

郑芝龙定睛注视片刻，从码头到马路下端，渐渐挤满了人，不禁惊喜交加：“那些人分明是北港商馆的伙计，好像是来迎接我们的。”

“奇怪，他们怎么知道我们今天下午要到北港？”衷纪疑惑不解。

芝龙也有些不解：“是啊，是太奇怪了……难道他们早已知道我们要离开平户，撤到台湾？”

“不可能，”衷纪直摇头，“哪来的神仙帮我们递这个信……”

芝龙叹道：“算了，算了，别再猜了，泊岸之后再弄个清楚。”

他们说着说着，福船已经渐渐靠近码头，郑芝龙、陈衷纪连忙回到舱房，和颜紫霜一起将身受重伤的颜思齐抱上帆布担架，命两名身强力壮的水手抬到舱面；待船体泊稳搭上跳板，再一起护拥着担架登岸……

在码头上的李魁奇、龚玉娘、何斌和商馆伙计，纷纷围拢过来，看到颜思齐躺在担架上，双目微闭，脸色苍白，都很惊讶。

郑芝龙看大伙全围过来，忙挥手招呼道：“弟兄们请先让开，等回到商馆我再给大家细说。”

伙计们一听，即刻往两边散开，然后簇拥着躺在担架上的颜总管和郑芝龙等人，一路来到商馆。

郑芝龙、陈衷纪、钟斌、郭怀一等将颜思齐送进贵客寝室，安顿好刚要出房门，又被商馆的伙计们团团围住，大家七嘴八舌地问这问那，弄得他们不知如何是好。

“这还有规矩吗?”李魁奇一看那场面乱哄哄的，又气又急，嘶声喊道，“全给我滚!滚!”

众伙计一看李爷发脾气了，只得纷纷散去。这时，在北港商馆当上小头目的郑芝虎却拉着一个少年家闯进房来。

“芝虎!”郑芝龙一见二弟前来，分外激动；再一看那个少年家，感到特别眼熟，仔细再一辨认，分明是三弟芝凤……

他正要发问，那少年家已经扑通下跪，两行热泪夺眶而出:“大哥，我是芝凤啊，我是芝凤啊!”

“芝凤?!”芝龙又惊又喜，他俯身捧着芝凤的脸。两年多不见，芝凤长得更其英俊了。可他，他不是在厦门商馆做事吗?我正替他担心呢!他怎么会跑到台湾来呢?

“这回多亏芝凤逃出厦门到北港报信，我们才有所准备。”站在芝龙身旁的何斌看出他的心绪，开言解释道。

“哦?!”芝龙将芝凤扶起，问道，“你为什么要逃出厦门?你又是怎么跑来北港的?”

“坐，坐。”北港掌柜龚玉娘边招呼边拉过几只凳子……

大家围在颜思齐床前坐定后，芝凤神色凝重地叙说道:“三天前，杨二总管带着杨宗和手下那帮亲信突然回到厦门，身边还有一个十分标致的姿娘陪伴着他。厦门商馆的伙计事先没接到通知，都没到码头迎接；他也没责怪大家，一到商馆就兴致勃勃地和大伙打招呼。因为他一向对我还好，所以我很高兴，跟着女仆帮他整理房间，给他端水送茶。奇怪的是，我在做事的时候，那姿娘一直盯着我的脸，还趁杨二总管离开房间时，问我是不是郑芝龙的弟弟。我一答说‘是’，她即刻要我赶紧离开商馆躲起来……”

“秋花?!”芝龙甚感惊讶，“是她叫你躲起来的?”

芝凤连忙点头:“对，对，杨二总管就称她秋花，就是她接二连三叫我赶紧走……”

芝龙问道:“你相信她?”

芝凤应道:“开始我也疑惑不解；后来看她神情紧张，话语恳切，不敢不信，赶紧回到卫丁馆舍，从铺位下取出积攒的二十几两银子，揣在身上。那时已是傍晚时分，我便悄悄离开商馆，到街上一家酒肆，先饱餐一顿……”

芝龙皱了皱眉：“你还有心去饱餐？”

芝凤委屈地说：“不吃饱我跑不动呀！”

“贪吃鬼，”芝龙责道，“好啦，快说下去。”

芝凤接着说：“吃饱喝足之后，我忽然想起这秋花……莫非就是老伙计们时常提起的李大人的那个小妾，可她怎么会跟着杨二总管跑来厦门？她又为什么要偷偷地叫我躲起来？我思来想去，总想不明白……怀着满肚子的疑团，我放胆溜到码头，上了那艘从平户回来的货船。船上四个值夜的卫丁，竟然都是这回跟去平户的，其中一人名叫杨耿者是我在厦门商馆最要好的伙伴。于是，我就亲亲热热地跟他们拉七拉八，终于套出平户发生的一些情况……”

“他们是怎么说的？”郑芝龙紧接着问。

“他们说的，一是李旦大人去世，二是商行总部被烧。”芝凤应道，“可他们讲起这些事来兴高采烈，一点也不难过，那味道很不对头。这下子我才猜测平户准定出了大事，大哥你准是牵扯在内，秋花显然是看到我处境危险，才要我躲起来……”

“秋花?!”芝龙大感意外，“她为什么要护着你？”

“我也不知道。”芝凤应说。

“这秋花……这秋花到底怎么啦？”坐在床沿的紫霜紧皱起眉头，喃喃自语……

芝龙催促道：“好啦，说下去，芝凤。”

“辞别那四个看船的卫丁，”芝凤继续说，“我不敢再逗留，赶紧到沙坡尾，正好有一只渔船要出海，我给了五两银子，请他们先把我送到澎湖，紧接着转到北港……”

“芝凤一到北港先找到我，”芝虎接着说，“我一听就认定这事情很大条，赶紧带他向李爷与龚掌柜报告。”

龚玉娘接着说：“我们听过芝凤的报告，虽然弄不清楚平户出了什么大事，但一致认为必须加强戒备，立刻交代瞭望哨日夜监视海面；所以今天福船一进入内港，我们马上就知道，大伙一起拥到码头，果然接到了你们……”

“哦，原来如此。”芝龙、衷纪、钟斌、怀一、紫霜这才明白过来。

至此，李魁奇禁不住开言责问道：“芝龙兄弟，平户到底出了什么大事？

李旦大人果真去世了？颜总管因何会受这么重的伤？还有，你们怎么会如此狼狈？”

听了李魁奇这一连串的责问，郑芝龙强忍着悲愤，把杨陆献酒、秋花劝饮、李旦仙逝、金阳遭袭、颜总管被围攻、刘奔不知去向，等等，一一道来……

魁奇、玉娘、何斌、芝虎、芝凤听后，一个个咬牙切齿，举拳发誓：“此仇不报，誓不为人！”

躺在床上的颜思齐见大家如此义愤，命紫霜将他扶起，说：“弟兄们，恶贼杨陆、刘奔设下毒计，致我金阳遭此浩劫；但他们绝不会就此罢休。现李旦大人业已仙逝，我又伤体未愈，面临艰危险恶，我们金阳群龙不能无首……大伙说是不是？”

魁奇、衷纪等六七人纷纷点头称是。

“芝龙兄弟！”思齐唤道。

“职下在。”芝龙赶紧站起身应说。

思齐恳切地说：“你是李旦大人的义子，又是总部的协理……我现在任命你代理金阳总管，你必须担起这重任。”随即从床头拿过一枚寸半见方、镌刻着“金阳商行总管”六字的寿山石印，托交给郑芝龙。

郑芝龙下跪接过“金阳商行总管”的石印，朗声拜道：“职下谨遵颜总管之命，决与全商行同人拼力奋斗，誓为李旦大人报仇！”

思齐转对魁奇、衷纪、钟斌、玉娘、何斌、怀一，郑重叮嘱：“你们务必……务必跟芝龙同心协力……李旦大人被害之仇不报，誓不罢休！”

“遵命！”陈衷纪、李魁奇、钟斌、郭怀一、龚玉娘、何斌等人齐声应道。

当晚，经历这十几天折磨的郑芝龙，来到商馆安排给他住的房间，脱下衣服上床，可疲惫不堪的他翻来覆去就是睡不着……在小嶝岛绝处逢生之后，自己有幸跟随李旦大人到平户，被收为义子，担任了商行协理；还由义父主婚娶了绝色女子慧子……原想从此就可以平平安安地过日子，万万想不到就在宝贝儿子刚出生没几个月时，遇到了如此剧烈的惨祸……现慧子自己一个人住在屋子里安全吗？……就算岳父会常去关顾，但要把婴儿喂养长大也是很艰辛的啊！……

郑芝龙想着想着，当年樱花林中巧遇慧子、义父带他到岳父家定亲、中元戏水中秋完婚、宝贝儿子在礁石上诞生的一幕幕又在脑子里显现。一直到天快亮了，才稍稍睡了一会儿……

第二天上午，按照原先的安排，郑芝龙由龚玉娘、何斌、芝虎、芝凤陪同，先花了一个多时辰，登上商馆后的诸罗山顶，面朝大海远眺大地。但见自北到南眼力所及，千里沃野溪河纵横；回看近处，则绿树苍莽海湾碧蓝；转向背后，则山峰高耸连绵不绝，真是我华夏之宝地啊！其开发前景未可限量噢！特别是近处一条溪流的对岸有个大村落，四周尽是平展展的稻田，晚稻已经收割，田地里留下低矮齐整的稻秆，一直延续到村后很远的山脚下，不禁问道："龚掌柜，这村落有多少农户？多少稻田？"

"最早只有两户，开了十几亩地；现在已经有五六十户，一千多亩田园。"玉娘应道，"我们商馆和北港小商铺的伙计吃的粮食，全都是向他们买的。"

郑芝龙频频颔首："好啊，好啊！"

玉娘接着说："这些农户都是按照颜总管当年的吩咐招来的。"

一提到颜总管，郑芝龙不禁皱起眉头。如今他伤体未愈，自己重任在肩，而局势又如此艰危。

"如何应对不测？应对不测？……"郑芝龙在返回商馆的路上不停地琢磨着，猛然想出一招，当即唤道："芝虎、芝凤！"

芝虎、芝凤一起回答："小弟在。"

郑芝龙下令："你们二人各带两名卫丁、四名水手，全数装扮成渔民，明日透早赶紧返回厦门潜伏，盯住杨陆的一举一动，随时向北港报告。"

"是，大哥。"芝虎朗声应道。

"这……"芝凤有点犹豫。

"怎么啦，三弟？"芝龙板起脸问道。

"我们这一伙十几条汉子到了厦门，"芝凤应说，"恐怕不能老待在渔船里，应该找个落脚的地方。"

"对，对。"龚玉娘即刻附和。

芝龙说道："芝凤，说说看，你是怎么想的。"

芝凤回答道："现在厦门一天比一天闹热，员当港口南边靠海的那片地已经盖起了好几家店屋，生意做得很红火。我想啊……我们可以在那里也盖它一座店屋，表面上做酒家、客栈，实际上是我们铆在厦门的一颗钉子。”

“嗯，有道理。”芝龙沉吟片刻，愁眉一展，说，“我看，这家客栈可以请二妈来当掌柜，芝豹来管门面，准定不会引起人家怀疑。”

芝凤道：“我也是这样想的。”

“好，那芝虎就还留在北港。”芝龙接着交代说，“芝凤你先回石井，带二妈和芝豹到厦门。我拨给你三百两银子作为开客栈之用，你看够不够？”

芝凤点了点头：“我看三百两就够了。”

龚玉娘却摇了摇头：“这客栈既然要作为我们在厦门的据点，有事至少要容得下百多号人才行。依我看，三百两不够。”

“那你看，该给多少银子？”芝龙问她。

龚玉娘说道：“我看要五百两。”

郑芝龙点点头：“好吧，就五百两。龚掌柜，你即刻派人到港内外，物色一艘合用的渔船，加三五成的价钱把它买下来，连夜给这渔船多配一幅前帆、六只划桨，交付给芝凤。”

龚玉娘抱拳：“遵命！”

芝龙转而再次叮嘱芝凤：“你一路上要多加小心，不得有丝毫差错。”

过了两天，郑芝龙经一番思考，出面邀请陈衷纪、李魁奇、钟斌、郭怀一、龚玉娘、何斌等同人来到颜思齐的寝室。这时，颜思齐正半躺在床上，让女儿颜紫霜给他喂药汤……

大家一进门，颜思齐刚把药汤喝完，由紫霜扶着，坐起身来，招呼大家：“坐，坐！”芝龙等人各自拉一只木凳子围在床前坐定。

芝龙首先报告了派芝凤到厦门开设一家客栈兼酒家的事。

颜思齐立即连声赞好。

接着，你一言，我一语；我说来，你说去，经过一番商议，郑芝龙归纳大家意见：

一、由何斌、龚玉娘负责，抓紧建屋储粮，将撤到北港的船员、伙计、家眷安顿好。

二、主船队先留在北港，另安排部分商船，继续从事海上贸易，保持商馆的收益，好应对各项开支。

三、由陈衷纪带银两和芝龙的介绍信前往澳门，向铸炮厂购买火炮、火铳，以便将另一部分商船改装为战船。

四、李魁奇和钟斌带银两潜回闽南沿海，招募船民、渔民连人带船入伙。

五、郭怀一前往澎湖，向驻守澎湖的官兵助饷，争取他们平时提供方便、有事保持中立。

六、郑芝龙留在北港，负责各项事务的调配。

对于以上意见，颜思齐均表示赞同，随即又皱起眉头，说："现在最需要的就是银两，商馆的库银先拿出来支用吧，我再想办法解决。"

第四十四章 颜思齐寻宝中毒

颜思齐在郑芝龙协助下把各项任务分派后，陈衷纪、李魁奇、钟斌、郭怀一等人相继出发前往澳门、闽南、澎湖等地；芝凤则先回石井转厦门筹建客栈。

至此，颜思齐沉重的心情得到了缓解。他一方面继续服药，一方面大行进补，伤体逐渐康复，一个月后不但生活能自理，还时常到商馆外的土坪上打拳练腿。

龚玉娘担心他伤情复发，多次劝他安心调养。颜思齐却答说："我们练武的人，受伤之后如果老躺在床上，伤口更难愈合。打拳练腿能使血脉通畅，伤体就会康复得更快。"

情况果真如此。又过半个多月，颜思齐已经能健步行走，还能涉水过溪。商馆大小伙计，个个啧啧称奇。

接着，郭怀一、陈衷纪完成任务后相继回北港复命，也都为此感到高兴……

伤体初步康复后，颜思齐就一直在考虑银两问题……想着，想着，想着，终于在这一天下午把龚玉娘叫到寝室，开口问道："玉娘，现在商馆里的库银还剩多少？"

"还剩九千两。"玉娘答说。

"哦，只剩九千两?!"颜思齐紧皱眉头。

玉娘应道："是啊。原库存是三万五千两，加上此次李旦大人增资五万两共八万五千两。衷纪兄前往澳门购买火炮、火铳支领七千两；魁奇兄和钟斌回家乡招兵置船支领三万两，郭怀一队长到澎湖助饷支领三千两，芝凤到厦门开客栈支领五百两，安顿撤到北港的伙计、家眷用去了七百两；还有商船队出洋做生意预领三万两；加上其他杂费总共七万六千两。”

“知道了。”颜思齐挥了挥手，“你可以回去了。”

龚玉娘离开后，颜思齐站起身，在寝室里走来走去，自言自语道：“还剩九千两银子能打大仗吗？能打这大仗吗？……不行，不行……噢！还有芝龙和紫霜要结拜为兄妹……看来我明天非上山不可了……”

于是，颜思齐命紫霜把郑芝龙召来，交代说：“明早我要带你和紫霜到阿里山，下午才能回来。你现在就去准备一个大鹿皮袋、一套登山用具、一把小铁锹、三双不透水的短皮靴；并交代厨师明早备好三份午餐食品和茶水。”

“上阿里山？”芝龙感到有点意外。

颜思齐神秘道：“明天上山要做的事很重要。”

郑芝龙略感惊讶：“哦，很重要？”

颜思齐慎重地说：“当然很重要，上了山你们就知道了。”

郑芝龙问道：“要不要带几个卫丁？”

“不，”颜思齐应说，“就我们三个人。不过都要带手铳和匕首。”

郑芝龙恭敬地说：“那好，我现在就去准备。”

翌日透早，颜思齐、郑芝龙、颜紫霜用过早餐，穿上夹袄，套上短皮靴，佩上手铳和匕首；午餐食品和饮用茶水由紫霜随带；小铁锹和登山用具则由芝龙放在鹿皮袋里，背在背上。

颜思齐向龚玉娘知会一声，便带着芝龙和紫霜一起离开商馆。卫丁们看他们的装束与平时不同，感到有点奇怪，但也不以为意。

离开商馆后，颜思齐在前引路，沿着当年李旦带他上山的路径，过田野，涉溪流，翻越起伏的丘陵，来到耸立在北港东边的阿里山，在一块平坦的岩石上站定后，一边牵起女儿的手，一边牵起芝龙的手，亲切地问道：“今天我带你们到这里来，要做什么事，你们知道吗？”

紫霜和芝龙感到有点奇怪，都摇了摇头，应说：“不知道。”

“那我就告诉你们……”颜思齐哈哈大笑，“我要你们两人结拜为义兄、义妹……”

紫霜一听，瞬时红晕满面，芝龙较为淡定……

颜思齐看他们两人都没应声，就亲切地问道："你们愿不愿意？"

紫霜、芝龙当即点了点头。

"好！"颜思齐高兴地把他们两人拉了过来，要他们手牵手朝向高山下跪，说，"你们照我的话，对天盟誓。"

"遵命！"芝龙、紫霜应道。

颜思齐："本人，郑芝龙。"

郑芝龙朗声："本人，郑芝龙。"

颜思齐："本人，颜紫霜。"

颜紫霜轻声："本人，颜紫霜。"

颜思齐："我们两人决意结拜为义兄、义妹……"

芝龙、紫霜齐声："我们两人决意结拜为义兄、义妹……"

颜思齐："从今日起，同甘共苦，不离不弃，同心同德，共辱共荣！……"

芝龙、紫霜复诵："从今日起，同甘共苦，不离不弃，同心同德，共辱共荣！……"

颜思齐："祈求苍天庇佑，助我兄妹，克难排险，创建伟业！"

芝龙、紫霜复诵："祈求苍天庇佑，助我兄妹，克难排险，创建伟业！"

颜思齐："盟誓人：郑芝龙、颜紫霜。"

芝龙、紫霜同声："盟誓人：郑芝龙、颜紫霜。"

盟誓毕，颜思齐一手拉着芝龙，一手拉着紫霜，把两人扶起，朝向北港商馆，高声宣告："今日有了这对义兄、义妹，我颜思齐后继有人啰！"随即仰天开怀大笑。

待到他的笑声在山谷间引起的阵阵回响渐渐消失，颜思齐又拉着芝龙和紫霜转向南边，指着前方一座状如牛角的山岳，说："这座山叫牛角尖山，当年北港商馆刚建成时，李旦大人特地领我到这里。"

"李旦大人领你到这里来干什么？"芝龙、紫霜齐声问道。

"上了这牛角尖山，我再告诉你们。"颜思齐边应着边迈开步子，踏到山脚下，沿着陡峭的山坡，手脚并用，攀缘而上。

芝龙、紫霜连忙跟在他后面上山。

就这样，经过半个多时辰，三个人终于登上牛角尖山顶。这时，太阳已经升上天空。

芝龙、紫霜举目四望，但见东边层峦叠翠，碧空透亮，阳光普照，山野金黄；西边丘陵起伏，溪流交错，民居围着商馆，大海连着港湾……不禁齐声赞叹："哇！太美啦！"

颜思齐却无心观赏景色，他上到山顶稍歇片刻，便招呼芝龙、紫霜到他身边，伸出手往下一指："你们看！"

芝龙、紫霜顺着他手指往下一看，山腰南侧有一片丘壑，里面寸草不生，只是在四周散叠着一堆堆卵石；中间则有一白、一黑两块弯曲的石板，比较醒目。

紫霜看了看，嘴里叨念着："怎么尽是一些石头？"

芝龙却皱起眉头，盯着丘壑里那几堆卵石和那两块石板。

颜思齐见郑芝龙那样子，问道："看出些什么啦？"

"我仔细地看了再看，"芝龙应说，"那些卵石共有八堆，每堆的间隔大致相同；丘壑中央那一白一黑两块紧挨在一起的弯曲石板，拼接起来就是一个圆形的大石盘；还有一股泉水顺着那弯曲的接缝中流过……"

"这有什么可奇怪的？"颜思齐再问。

"这布局分明是一幅八卦太极图。"郑芝龙应说。

"啊!?"颜思齐十分惊奇，"你怎么看出它是八卦太极图？"

郑芝龙应道："我在家乡读过《易经》。"

"哦，原来如此！"颜思齐赞叹道，接着说，"北港商馆刚建成时，李旦大人带我到这里，明示这是他的师祖藏宝的地方。但是对如何取出这些宝藏，则说在适当的时候会告诉我。现在他已经仙逝，我们只能靠自己的智慧把这些宝藏挖出来。"

"对，对，我们要想办法将这些宝藏挖出来。"紫霜显得十分激动。

芝龙却摇了摇头："难啊，恐怕很难……"

"你是说我们没办法挖出这些宝藏？"紫霜给他顶了过去。

"办法可能会有，也可能没有。"芝龙应说，"因为自古以来藏宝的人都设置密扣、密道、密门、密窖，有的甚至在密门的上下左右安置刀枪箭矢。掌握密情者很容易进入密道，打开密门，进入密窖，取出宝藏；没掌握密情者非但很难进入密窖，而且……”

“别再唠叨了，芝龙，”颜思齐打断郑芝龙的话，说，“李旦大人曾暗示过我，财宝就藏在那‘石盘太极图’下面。我坚信只要旋开那黑、白两块弯曲的石板，就能进入密窖取出财宝。”

“对，对，阿爸说得对。”紫霜当即附和。

“你们跟我来。”颜思齐说着，卷起裤脚管和夹袄的袖口，领着芝龙、紫霜踩进那“石板太极图”，蹲下身从左到右，仔细地边察看边探摸……

芝龙、紫霜随侍在他身旁，跟着在石板上边看边摸，寻找密扣，渐渐地探到两块石板接缝中间的那道山泉……

颜思齐将右手伸入泉水沟，没想到那沟里的水还相当深，把上臂全伸进去还触不到底。他干脆把夹袄脱掉，右膝跪在石板上把整只右手伸进泉水中探摸，谁知碰触到一尖锐带刺之物，扎进手指，一阵酥麻，他心里一紧，赶紧缩回来，不料用力过猛，右膝盖一打滑，整个人摔进泉水沟。冰冷的山泉瞬间淹没了他全身……

芝龙、紫霜赶紧将他从泉水中扶上石板，但重伤初愈的颜思齐已经冷得直发抖。郑芝龙即刻解下他那湿透了的内衣，用他放在石板上的夹袄的内衬把他全身上下的山泉水擦干，然后脱下自己的夹袄和内衣，给他穿上，扣紧纽扣。自己则套上颜思齐半湿的夹袄，没扣上纽扣就蹲下身，在义妹紫霜帮助下将颜思齐背在背上，从“太极八卦图”的丘壑攀上牛角尖山顶，然后沿着原路往北港商馆直奔……

紫霜则带上铁锹、手铳、匕首和午餐食品、饮用茶水等，紧跟在芝龙身后。

三人一进入商馆地界，正在劳作的伙计们看他们那样子都很诧异，有个伙计连忙跑到商馆报告。

陈衷纪、龚玉娘、郭怀一等人闻讯，赶紧从商馆内跑出来，将他们迎进馆内，送到颜思齐的寝室，帮着芝龙和紫霜，使颜思齐平稳地躺在床上。

此时，颜思齐已经微闭双眼，进入昏迷状态。

“颜总管怎么会这样子呢？”龚玉娘焦灼地问道。

芝龙、紫霜一时不知该如何回答才好……

少顷，紫霜脑筋转了转，开口应说：“我阿爹生性好动，来到北港为治病

在商馆里闷了好长时间，现在身体已经康复，就想到山里走走，我和郑代总管只好陪他上山，不料在过一条小溪时踩滑了脚，摔进溪水里，浑身湿透。郑代总管连忙把他扶到溪岸上，脱下他湿透了的衣服，把自己的衣服给阿爹穿上，连奔带跑将他背回商馆……”

“别再说了，”芝龙打断她，“赶紧去煎一碗姜汤……”

“我去，我去！”龚玉娘边应着边跑出寝室，很快就端来一碗浓浓的姜汤。

喝下紫霜一匙一匙灌进嘴里的姜汤，颜思齐渐渐地苏醒过来，看到床前围着郑芝龙、陈衷纪、龚玉娘、郭怀一等人，深深地叹了口气：“唉！……”

大家看他醒过来，纷纷说道：“颜总管，你歇它几天，身体就会好起来的。”

颜思齐勉强地点了点头：“但愿如此！”

第四十五章 义兄妹结为连理

岂料当天晚上，陪侍在颜思齐身旁的紫霜发现父亲又昏迷过去，出手一探摸，父亲的上身热乎乎的，额头更是有点烫手，显然是发高烧……她一时束手无策，又不愿打搅别人，到了第二天早晨才告诉芝龙。

芝龙进房验看之后，赶紧将玉娘找来，要她请个高明的医师前来诊治。

可惜当年的北港只有一位开中草药铺的民间郎中陈汉民，并无高明的医师。这位郎中诊察后称：颜思齐不但染了湿气，还中了邪毒，恐难救治。他开了一服中草药，交代煎后连服七天再说。

这期间，前往厦门和闽南一带办事的芝凤和魁奇、钟斌也完成任务，陆续回到北港；但颜思齐服药后仍然时而昏迷、时而清醒，而且高烧一直不退，每天昏迷的时间越来越长，叫大家都很担心。

七天过去了，陈汉民按期来到商馆。这时，颜思齐正处于昏迷状态，他号了号脉，摸了摸额头，叹道："难呀，这病可难治啊！"

他话音刚落，颜思齐却睁开眼睛，神智清醒地应说："别唠叨了，郎中，我知道该怎么做。"说着，叫跟着紫霜陪侍在旁的玉娘，把郑芝龙、李魁奇、陈衷纪、郭怀一、何斌、钟斌、芝虎、芝凤等全都召到寝室来……

人员到齐后，颜思齐将芝龙召到床前，颤抖抖地从枕头边掏出一枚三寸见方、金光闪闪的"龙头铜印"，朝着大伙说："这是金阳商行的大印，现在我把它授予李旦大人的义子郑芝龙……"说着，把铜印交到芝龙手中。

郑芝龙激动地接过商行大印，扑跪在地，朝着颜思齐连磕三个响头。

"起来吧，芝龙。"颜思齐摆了摆手，待郑芝龙站起身，眼含泪水郑重交代，"芝龙，现在我将这颗金阳商行铜印交给你，你务必带领我商行的人马为李旦大人报仇啊！”

郑芝龙手捧铜印，仰头宣誓：“父仇不共戴天，芝龙我决不辜负颜总管的嘱托，誓为李大人和颜总管报仇！粉身碎骨在所不辞。”

颜思齐听后，摇了摇头：“芝龙，我不是要你……不是要你粉身碎骨……”

“哦?!”郑芝龙一愣，不知该怎么回答才好。

“我是要你……要你和商行的弟兄们，抱成一团……”颜思齐喘了喘气，继续说道，“尽忠竭智，多用计谋……既要手刃恶贼，为义父报仇……更要继承你义父李旦大人的遗志，以仁义为本，创大业，谋大利，为民造福，为国效忠……”

郑芝龙与大伙听后，眼睛顿感雪亮，齐声应道：“好，好，颜总管说得好！”

颜思齐脸展笑容，闭眼稍歇，而后又睁开眼睛，把颜紫霜召到床前，颤抖抖地指着她和郑芝龙，说：“你们两人都给我跪下。”

郑芝龙和颜紫霜即刻面朝颜思齐下跪。

“芝龙……紫霜……八天前我带你们到山上……结拜为义兄义妹……”颜思齐断断续续地说着。

“是，是。”芝龙、紫霜连忙应说。

“在山上盟誓的誓言……你们都记住了吗?”颜思齐继续问芝龙和紫霜。

“记住，我们一辈子都会牢牢记住。”芝龙、紫霜齐声应道。

颜思齐虚弱地说：“那你们现在就手牵手……再念一遍给我听。”说着，微闭双眼倾听。

跪在颜思齐面前的芝龙和紫霜，遵命手牵起手，朗声念道：“本人，郑芝龙。”“本人，颜紫霜。”“我们两人决意结拜为义兄、义妹……从今日起，同甘共苦，不离不弃，同心同德，共辱共荣！……祈求苍天庇佑，助我兄妹，克难排险，创建伟业！……盟誓人：郑芝龙、颜紫霜。”

颜思齐听毕，展颜微笑，用尽气力嘱咐：“芝龙，现在我就把女儿交托给你啦！……”说毕，眼一闭，头一歪，再也不言不语……

跪在床前的颜紫霜一看不妙，连忙高声唤道：“阿爹，阿爹，阿爹……”

郑芝龙赶紧跟着呼喊：“颜总管，颜总管，颜总管……”

尽管这对义兄妹一再呼唤，僵直躺在床上的颜思齐依然豪无反应……

站在一旁的陈汉民郎中走到床前，伸出手紧挨颜思齐的口鼻探试……少顷，边说边叹道:“走了，颜总管他走了……我从医二十多年，头一回见到如此清醒、如此郑重的‘回光返照’!”

颜思齐不幸逝世，商馆同人咸感悲痛。但时局如此艰危，大家唯有恪守职责，倍加努力，团结奋进，共度时艰。

接掌金阳商行大权的郑芝龙，更是深感肩上担子之重，在陪伴义妹紫霜守棺七日之后，与商馆同人一起将颜思齐的灵柩安葬在牛角尖山之顶，并在坟茔前面竖立一块石碑，碑上镌刻着五个大字:“颜思齐之墓”。

将颜思齐安葬后，在返回商馆的路上，颜紫霜悄悄地问郑芝龙:“芝龙哥，什么时候我们再到八卦谷，将那些秘藏多年的财宝挖出来，替阿爹圆了他的心愿。”

“不行。”芝龙轻声应道。

“为什么不行?”紫霜质问芝龙。

“据阿爹那天带我们上山时讲，那是义父的师祖埋藏的。”芝龙郑重地答说，“师祖藏宝时义父是否在现场?对藏宝地窖的密门、密道、密扣、毒气瓶如何设置是否了如指掌?阿爹并不知晓;义父也没告诉他。阿爹只知道藏宝地窖是在八卦谷。这回阿爹为了筹集攻袭厦门的银两，冒险下八卦谷挖宝，结果出了这么大的事故，我们决不能重蹈覆辙。至于攻袭厦门，北港商馆现在还有库银九千两，我看只要筹划周到，提用八千两也就够了。”

“照你这样说，八卦谷那些宝藏就丢在那里，不管不顾?”紫霜再问。

“只要我们两人严守秘密，以后有机会再说。”芝龙再答，“况且自古以来这类宝藏谁能获得?都是天意。我们要发财，还是要靠自己去拼搏，你说是吗?”

颜紫霜听后，豁然醒悟，频频颔首。

当天回到商馆后，郑芝龙又继续筹划如何攻袭厦门为义父、岳父报仇……

精明的龚玉娘却在谋划另一桩大事。

原来，在平户金阳商行总部人员撤到北港后，龚玉娘就感到颜思齐对郑芝龙特别关爱，先任命他为金阳商行的代总管；接着在病体初愈时，又进一步为郑芝龙接掌金阳大权筹划。那天，颜思齐带着芝龙、紫霜上山，因寻宝跌入水中而昏迷过去；龚玉娘就悄悄地探问过紫霜，得知颜思齐曾领着她和芝龙结拜为义兄、义妹。而那义兄、义妹盟誓的誓词简直就是在“定亲”……临终时他不但把金阳大印授予郑芝龙，而且连女儿都托付给他……这显然是要招郑芝龙为女婿却又不好直说啊!!

于是，在颜思齐安葬后的一天晚上，龚玉娘来到颜思齐生前的寝室，轻轻地推开房门，但见室内只点着一根蜡烛，显得有点昏暗；紫霜独自一人坐在自已那张小床上，低着头悄悄地拭去眼角的泪珠，真叫人又怜又惜，便亲热地唤了一声：“妹子!”

颜紫霜抬起头，一看是龚玉娘，连忙站起身端来一张靠背椅，招呼道：“玉娘姐，请坐，请坐!”

龚玉娘道：“我们一起坐在床上吧!”说着，牵起颜紫霜的手，和她紧挨一起坐到小床上，用手指梳理她那有点凌乱的美发……

少顷，感受到爱怜的颜紫霜抬起头，感激地说：“玉娘姐，谢谢你来看我!”

“有什么好谢的，”龚玉娘应道，“我能有今天，都靠你父亲颜总管的栽培，要谢得先感谢你父亲。”

一提到父亲，紫霜眼角又闪起泪花。

“不提了，不提了。”龚玉娘连忙摇手，待紫霜情绪稳定下来，才开口说道，“我今天来，是要问你一件事。”

“什么事?”紫霜反问道。

玉娘道：“那天你父亲带你和郑芝龙上山，先要你们两人结拜为义兄、义妹，还要你们发誓终生同甘共苦，不离不弃，同心同德，共辱共荣。对吗?”

紫霜点头：“对。”

玉娘笑道：“这不像是要你们结拜为兄妹。”

紫霜有点不解：“那像什么?”

玉娘看着她的脸：“这更像是在给你们两人定亲。”

紫霜一听，霎时脸红……

一看紫霜脸红，玉娘继续说道："还有，你父亲为什么在临终时郑重其事地把你托付给郑芝龙？你明白他的意思吗？"

紫霜听后一愣，默不作答，只是那张粉脸涨得更红……

龚玉娘看在眼里，便乘势把问题挑明："你父亲临终时把你托付给郑芝龙，是要你们两人成亲，你可不要辜负你父亲的苦心！紫霜妹子。"

至此，颜紫霜再也无法不认了。她羞涩地点了点头……

"这就对啦！"玉娘亲热地搂起紫霜的腰肢，说，"按我们闽南习俗，定过亲的男女要在亲人去世后百日内成亲；过了百日就要等到三年后才能举办婚事。这你是知道的，现在局势如此艰危，我奉劝你们还是抓紧在百日内成亲吧！"

颜紫霜一听，心中就像十五个水桶，七上八下……

自从头一回跟着秋花在李旦的寝室里见到郑芝龙，颜紫霜就深深地爱上了他。当时虽说嘴上不稀罕，心里却恋恋难舍，接连几天做梦都梦见他。可惜李旦大人做主，要他和慧子成亲，自己却当了个尴尬的伴娘。如今，慧子在数千里之外的平户，父亲临终时又把她交托给这个仰慕已久的心上人，自己还要扭扭捏捏吗？……

玉娘看她满脸红晕，低头不语，再次催问："怎么啦，妹子？百日内不成亲就要再过三年啊！到那时，时局不知会变成什么个样子？"

"好吧，"紫霜终于涨红着脸应道，"妹子遵从玉娘姐的主意。"

颜紫霜这难关一过，郑芝龙那一关自然不在话下。

龚玉娘于是把情况告诉陈衷纪、李魁奇等人，大家都很赞同。

操办婚事的担子，龚玉娘就一人单挑。

她先是请紫霜搬到自己的房间暂住，接着将颜思齐生前的寝室打扫干净，用硫黄熏了一天，而后粉刷修整一新，挂上双喜红匾；再请木匠赶做一张雕花的新床，配上桌、椅、柜、架，把那寝室化成洞房。

选定的吉日一到，龚玉娘清早先带颜紫霜和郑芝龙到牛角尖山颜思齐墓前，换上新郎、新娘服，祭拜天地与颜思齐；当晚则在商馆大厅举办一场俭朴而又隆重的婚礼。礼毕，她自己当"送嫁婆"，把新郎、新娘送进洞房……

新婚夫妻，一夜恩爱，使颜紫霜更铁了心，决意今生今世与郑芝龙携手并肩，永不分离，共辱共荣，同生同死！……

翌日上午，郑芝龙、颜紫霜请陈衷纪、李魁奇、郭怀一、钟斌、何斌、龚玉娘、郑芝虎、郑芝凤等同人到商馆厅堂，对如何组建义师攻袭厦门，为李旦大人、颜思齐总管报仇之事进行筹划。

陈衷纪首先盘点了当前在北港的船只：福船一艘、大船十艘、商船二十五艘，共三十六艘。其中必须腾出大船两艘、商船八艘组成两支商船队，继续从事北线、南线的贸易，以保证商馆有源源不断的收入。可供出征之用的船只二十六艘宜组成四支船队，其中以福船为首的船队作为主战船队，原班人马不更动，其他三支船队人员按作战要求进行适当调整。……

李魁奇接着提出，新购置的民船、渔船六十多只和招募的六百多名丁勇，应编入作战船队……

郭怀一则建议民船、渔船配备火铳、弓箭、炸药包、爬船搭钩等近距离攻袭敌船的武器和器具……

何斌则忧心忡忡，认为没有大战船，单靠商船改成战船难以取胜……

大伙经充分讨论，决定：

主船队应由义师统领郑芝龙和颜紫霜坐镇，指挥全师；火长仍由陈衷纪担任。

其他三支船队设“司战”一名，负责指挥战斗，分别由李魁奇、郭怀一、钟斌担任；管理航行的火长、水手长和民船的船老大则无须更动。

从明日起，各战船队分头对所属的水手和丁勇进行作战训练，准备明年开春适当时机出师西征。

完成了总体筹划，郑芝龙的心绪依然无法平静。

当天晚上，他和颜紫霜领着郑芝虎、郑芝凤来到滨海的一块礁石上。

三人一坐定，急性子芝虎便开口问道：“大哥、大嫂，你们叫我们来，有什么事？”

“大哥我现在当了金阳总管、义师统领，你们也都很光彩，”芝龙应说，“但你们要明白，大哥能有今天，都是李旦大人和颜总管栽培的。现在我要告诫你们，千万不要趾高气扬，今后遇到犒赏都要谦让，打仗则要冲锋在前；

明日起的作战训练更要带着手下的丁勇，苦练本领，特别是‘飞绳搭钩’，那是我仿照荷夷‘飞绳套索’设计出来的，今后大有用处……怎么样，都记住了吗?”

“记住了。”芝虎、芝凤朗声应道。

“二弟，我将你安排在李魁奇的船队。”芝龙转对芝虎说，“李魁奇武艺超群，当过多年海贼，兵败后归顺李大人，有丰富的海上战斗经验，你在他身旁要好好向他学本领；同时要关注他的行动，及时向大哥报告。”

芝虎频频点头：“好，好。”

“三弟，”芝龙转向芝凤，“《孙子兵法》指出，‘知己知彼者，百战不殆’，你该记得吧。”

“记得，记得，一辈子都记得。”芝凤应道。

“好，能牢记就好。”芝龙说，“现在我要你再回石井，恳请我们的塾师蔡继明亲自出马到厦门，建立一个‘细作班子’，专门打探驻厦官军的详细情况和杨陆的一举一动，用信鸽将消息送到北港。这班子除经管客栈的二妈和芝虎、郑泰之外，还要招募几个水陆皆勇的族亲，到厦门交由蔡师和二妈安排；然后，你再想办法带上十几只优种信鸽返回北港，交给蔡师饲养训练，以供厦门与北港通讯之用。”

芝凤回答：“好，那我明早就出发。”

芝龙郑重交代：“这件事除厦门的‘细作班子’和我们五人之外，绝对不能泄露给任何人。”

“是。”芝虎、芝凤严肃应道。

第四十六章 杨陆借官军“剿贼”

再来说说杨陆。

一抵达厦门，他真是松了一口大气，晚餐后就和秋花回到自己的寝室，盥洗沐浴，拉着秋花上床，几番闹腾之后，两人相拥入睡。第二天辰时三刻醒将过来，一个多月的劳累尽消。

用过午餐，杨陆和杨宗相携来到密室，两人坐定，杨陆兴致勃勃地问道：“杨宗，此次平户之行，你感到如何啊？”

“师父真是神人！”杨宗恭维道，“此次平户之行不但灭了李旦，劫了金阳，还重创那个自称好汉的颜思齐，我看他逃到北港不出一个月，就会去见他的老祖宗。”

“更重要的是，”杨陆接着说，“这次行动我方几乎是毫无损伤，还收服了吉冈一伙好汉。这伙好汉到了厦门，我们先攻打北港，灭了颜思齐，把北港商馆连人带船只、银两全拿下来，今后就可以在闽南和台湾沿海一带称雄啰！”

“是噢！”杨宗击掌赞道，随即又问，“可是刘奔师叔连同吉冈共百多号人一到厦门，要住在哪里？”

“我自有办法。”杨陆傲然一笑，“你今天先把送给俞总兵和王守备的大礼给我准备好，并立即派几个参加此次行动的弟兄装成渔民，前往北港；还有……”

“还有什么？”杨宗叩问。

杨陆应道：“郑芝龙那小子是除掉，还是暂时留着？”

杨宗说道：“我看还是暂时留着，暗中监视他的一举一动，也许还能探到北港的一些情况。”

杨陆回答：“好，你就去准备吧。”

翌日上午，用过早餐，杨陆换上把总官袍，揣上两张银票，来到商馆大厅。杨宗和一名亲丁已在厅里恭候。

“昨天交代的事办了吗？”杨陆问。

杨宗：“办了，派到北港打探消息的弟兄们透早已经起程。”

杨陆：“那小子呢？”

杨宗：“已派专人监视。”

杨陆：“还有……”

“给俞总兵的大礼也准备好了。”杨宗指着厅堂桌上那个大礼盒应说。

杨陆点了点头：“那就走吧！”

“是，大人。”亲丁捧起大礼盒。

杨陆跨步迈出商馆大门，骑上门前已经备好的一匹大白马，在手捧礼盒的亲丁和持刀执枪的卫丁簇拥下，朝着厦门城走去。

福建总兵俞咨皋将荷兰人赶出澎湖之后，便留驻厦门，平时或北上南日、海坛视察，或南下漳浦、铜山考察；闲时则到泉、漳二府城寻欢作乐，日子过得甚是惬意。

这一天上午，他和厦门守备王一雄正在衙署院中弈棋消遣，忽报富商把总杨陆求见，当即命署衙知事召进。

杨陆一进入庭院，立即快步趋前，下跪抱拳：“总兵大人，守备大人，请受下官一拜！”说着，双手撑地，俯首磕头。

王一雄连忙将他扶起：“杨掌柜不必多礼，不必多礼。”

俞咨皋指着身旁一只石凳：“坐，坐！”

杨陆坐定，从怀里取出两张银票，先后奉送给俞咨皋与王一雄：“一点小意思，请俞大人、王大人笑纳。”

俞咨皋接过银票，顺手折好，放在刻有棋盘的石桌上，抓过几枚棋子压住。

王一雄接过银票，瞥上一眼，顿时笑容满面：“杨掌柜太客气了，这回前

往平户，一切该都顺利吧！”

杨陆一听，即刻眼闪泪花，悲切地说：“这回到平户参加商行年会，万万想不到李旦大人在一天晚上突发心气阻塞，不幸逝世……”

“哦，李旦大人不幸逝世？”王一雄不甚在意地问道。

“是啊，”杨陆应说，“临终时李旦大人嘱咐下官要大力扩充厦门商馆，并调遣百名员工到厦门。”

“好哦！”王一雄一听，顿感兴趣，“这样厦门商馆的生意就可以做得更大，钱就会赚得更多啰。”

“但愿如此。”杨陆应道，随即向院子外招了招手，

随着杨陆的招手，他带来的那名亲丁由署衙知事领进庭院，将手捧的大礼盒放在石桌上，随即退下。

杨陆站起身揭开盒盖，双手从盒里捧出一尊展翅冲天、金光四射的飞鹏雕像……

“哇！……”俞咨皋、王一雄同时发出惊叹。

杨陆将纯金飞鹏捧到俞咨皋面前，躬身拜道：“下官屡蒙大人关顾，常因无以为报而愧疚，今日这尊金飞鹏代表下官一点心意，敬祝大人步步高升，鹏程万里！”

“难得杨把总有这份心意，”俞咨皋微笑颔首，“本官却之不恭啰！”

“俞大人当之无愧啊！”杨陆应说，紧接着求道，“目前下官有件事想请求俞总兵和王守备照顾，不知该说不该说？”

俞咨皋道：“但说无妨。”

“李旦大人临终时调遣百号员工给厦门商馆，”杨陆应道，“可是这百号员工到了厦门，要住要吃，一时不好安顿，为此下官特意前来，请求俞总兵和王守备照顾。”

“哎，”王一雄顿时想起，朝向俞咨皋请示道，“总兵大人，当年中左所在虎头山下的兵营已空置多年，离厦门商馆又近，能否暂时借给杨掌柜？”

“当然可以。”俞咨皋满口答应。

杨陆连忙躬身拜道：“感谢俞总兵！感谢王守备！”接着便起身返回商馆……

留在院子里的王一雄待杨陆走后，端详着纯金飞鹏啧啧赞道："看来俞大人真是要步步高升啰!"

"但愿如此，"俞咨皋傲然应道，接着说，"我移驻厦门已一年多，现在该回省城了。"

王一雄讨好地说："是，是，省城总是比厦门好。"

俞咨皋郑重交代："荷夷被赶到大员，但这闽南的海域并不平静。你务必遵循海防之策，有匪必剿，有贼必肃，千万不能麻痹大意。我回省城之前，会将副舰'福凌号'留给你差遣，并将漳浦、铜山两卫所划归你管辖。"

听了俞咨皋这番交代，王一雄真是激动万分，他单膝下跪拜道："感谢大人厚爱，在下愿肝胆涂地，确保闽南海域安全。"

杨陆返回商馆，为刘奔、吉冈和百条随从到厦门有了住处、而且是扼厦门内港咽喉的虎头山下兵营而欣喜万分。可是过了半个月，还不见刘奔一伙的身影，而派人监视的郑芝凤却给溜走了；这使杨陆在欣喜之余，难免有些担心。

这一天，他把杨宗找来，郑重其事地问道："你师叔为何至今还没到厦门?"

"我看呀，"杨宗应说，"师叔一向贪玩，现在手上有了那么多银子，又没人管束，准定是先在长崎先玩它几天，然后又一路在崇明、杭州、温州等地嫖、赌、饮；说不定要个把月之后才会到厦门。"

杨陆听后，感到杨宗所说有些道理，也就不大在意。

就在杨陆等待刘奔到来之时，厦门员当港口南面的街市上，新建的一家两层楼的店屋在震天的鞭炮声中开张……但见宽阔的门面顶上，悬挂着一块长一丈、宽三尺的牌匾，匾上嵌着"安泰客栈"四个大字；还有一面绣着"客"字、一面绣着"酒"字的大旗幡，分别斜插在牌匾两旁。店门前，一位面容端庄、身穿锦衣的中年妇女正在热情地招呼来客。店堂内，十来个堂倌在一名壮汉的指挥下，或为客人端菜送酒，或导引客人上楼住宿。而在收账的柜台后，则坐着一个眉清目秀的少年家。

与此同时，厦门城内新开的一家中草药铺里，一位既斯文又热心的郎中，

正在为前来就医的病人诊脉、派药；药铺后的园子里，除种满各类中草药之外，还饲养着一群白鸽。而金阳厦门商馆后面、水仙宫前小街上一家酒肆，则被来自泉州府城的商人承顶下来，改名“杏花酒家”。

光阴似箭，一晃又是两个多月，大伙都欢欢喜喜忙着过大年，刘奔和吉冈却仍然不见身影；而派到北港的亲丁，又不断送来郑芝龙继任金阳总管，正抓紧招兵置船、准备攻打厦门为义父报仇的消息……

元宵节一过，杨陆再也忍不住了。

“先下手为强啊！”

现在不下手，等郑芝龙成了气候，那就糟了！

他把杨宗召到密室，劈头问道：“你师叔为何至今还不来？”

“会不会在途中出事？”杨宗想了想，应说。

“哼，”杨陆不屑地反问，“三艘新船，百号壮汉，还有十几尊火炮，谁敢碰它？”

杨宗皱眉：“是啊……但他们为何至今还没到厦门？”

“我看呀，”杨陆紧皱眉头，“他们很可能另立山头了。”

杨宗不大相信：“怎么会呢？师叔对师父一向忠心耿耿。”

“可现在多了一个吉冈，”杨陆应道，“这倭寇余孽可是个阴险毒辣、诡计多端之徒，什么事他都干得出来。”

杨宗恍然大悟：“是啊，这可就坏了。”

“不能再等他们了，”杨陆斩钉截铁地说，“我们要自己动手。”

“就凭我们厦门商馆这帮人去攻打北港，能打赢吗？”杨宗忧心忡忡反问道。

杨陆不露声色：“要攻打北港当然不能单靠我们厦门商馆。”

杨宗仍然不解：“师叔他们不来，还有谁能帮我们？”

杨陆展颜一笑：“我们可以借用官军。”

“借用官军？？……”杨宗起先感到疑惑，继而豁然开朗，“对，对，师父跟王守备交情够深的啊，可以想办法借用官军。”

杨陆笃定地说：“如何借用，我们可要好好筹划筹划，一定要做到万无一失。”

杨宗抱拳："请师父教示……"

于是，师徒两人在密室里反反复复商议了一个上午，终于想出了一条计策。

过了十天，正逢月暗之夜。

北风呼呼地吹，三更鼓敲过，人们都已熟睡，邻近水仙码头的市街突然响起阵阵锣声……

"咣，咣，咣！咣，咣，咣！"

紧接着锣声，又传来"海贼来了！海贼来了！"的喊声。

市街商铺里正在酣睡的伙计们被锣声与喊声惊醒，纷纷翻身下床，穿上夹袄，抄起家伙，伏在门内，准备迎敌。

忽听到市街上杀声、火铳声和刀枪撞击声交织在一起。约莫过了一刻来钟，拼杀声才渐渐往码头方向逸去。

虽然四周已是一片寂静，但各店家的伙计却还一直守在铺里，没人敢再睡觉，直到天亮接到金阳商馆卫丁敲锣告知海贼已经被赶走了，才忐忑不安地开门出来探看。但见街头三家商铺值夜的伙计全被砍倒在地，铺内的银两及货品被洗劫一空。

再一看，金阳十几名卫丁押着两个浑身血迹的壮汉，在杨大掌柜的带领下，正朝着城内走去。一些好事的商铺伙计禁不住跟在他们后面，直到守备署衙门前。

厦门守备王一雄清晨接到城楼值夜的营官报告，说昨晚城外滨海市街传来警锣声与厮杀声，但很快就平静如常。他原拟上午出城察看，忽报杨陆把总押着两个海贼前来报案，当即下令，擂鼓升堂。

杨陆一踏入公堂，即抱拳鞠躬禀告："守备大人，昨晚海贼偷袭市街，抢掠商铺。职下带领本商馆及各商家卫丁，给予迎头痛击，迫使海贼退回贼船，撤离厦门。其中有两个匪徒被我活捉，现已押解到署。"

王一雄听后，甚感振奋："好啊，杨把总，你就上堂陪审吧。"

"谢大人！"杨陆谢过，谦逊地入座。

衙役随即将两个五花大绑的壮汉押进公堂，按跪在地。

王一雄看那两个匪徒满脸横肉、一身杀气，心想杨陆所报果然不虚，便开始审问：“大胆海贼，报上你们的姓名。”

海贼甲道：“小民姓谢，名阿碰。”

海贼乙道：“小民姓蔡，名阿木。”

王一雄把惊堂木猛力一拍，喝道：“你们知罪吗？”

两个海贼被王一雄的威严所震慑，连连磕头：“小的知罪，小的知罪。”

王一雄：“那就从实招来。”

海贼：“是，是。”

王一雄：“尔等贼首是何人？”

海贼：“郑芝龙。”

王一雄：“多少贼船？”谢阿碰：“二十多只。”

王一雄：“多少贼徒？”蔡阿木：“三百多人。”

王一雄：“尔等贼窝在何处？”

谢阿碰：“原在台湾竹堑（今新竹），现已移到北港。”

“北港？”一听贼窝在北港，杨陆即刻拍案而起，“胡说……”

王一雄也甚感惊讶，喝问道：“北港乃金阳商馆驻地，怎会成为尔等的贼窝？”

“大人请息怒，”谢阿碰忙应道，“且容小的禀告。”

王一雄：“快说。”

谢阿碰：“我们大头领早就看上北港这块地盘，今年夏天假装商人，勾上了北港商馆的头目龚玉娘，做掉那些不服管的伙计，就这样进驻北港，明里挂牌经商，暗里出海打票……”

“啊?!”杨陆显得十分震惊，“这伙海贼趁我前往平户，占了北港商馆……”

王一雄随之勃然大怒：“占据北港……出海打劫……现在又打到我厦门，尔等竟敢如此嚣张，给我拉下去斩了。”

“大人恕罪，大人恕罪，”两个海贼连连磕头，“这都是头领逼着我们干的，头领逼我们干的……”

“王大人，”杨陆满腔愤恨地指着堂下那两个海贼，“这股海贼攻占我驻台商馆，不知残害我多少同人？眼下不将他们剿灭誓不为人，万望大人鼎力相助!”

“杨把总无须多说，”王一雄慨然应道，“剿灭海寇乃厦门守备职责所在，俞大人回省城之前，又一再交代要确保闽南海域的安全；现海寇如此嚣张，本官自当派兵进剿。”

两个海贼听过他们的对话，连忙叩求：“大人要进剿北港，我俩愿为官军带路，只求大人饶我们一命，饶我们一命……”

“哼，为官军带路……”杨陆轻蔑地复述，随即厉声喝问，“你们是真心还是假意?”

“我们已经痛悔，决意为官军进剿北港海贼出力。”两个海贼连忙应说。

杨陆转对王一雄：“王守备，我看先将这两个海贼押进大牢，如何处置待出兵时再议，不知尊意如何?”

“好。”王一雄应道，接着厉声下令，“把这两个海贼给我押进大牢。”

衙役接令，即刻将两个五花大绑的海贼押出守备衙公堂……

借官军的妙计进展顺利，但久经江湖的杨陆却仍存戒心。他在王一雄答应进剿北港海贼之后，着力加强对厦门商馆的保卫。首先，他将存放在栈房里五尊带炮车的火炮，三尊部署在商馆的前门、两尊部署在后门；接着为亲丁、卫丁每人多配一支手铳，为其他员工每人配一把匕首。对白天和夜间的巡逻范围，要求前方到海滩，后方到水仙宫，左边到望高石下，右边到城门前街，发现可疑的情况，应立即向值班的杨宗或亲丁队长、卫丁队长报告，及时采取措施应对……

第四十七章 芝龙率义师出征

杨陆虽然阴险多谋，但蔡继明领班的“细作班子”却高人一筹。在两个抓获的“海贼”被押进大牢之后不到半个时辰，在北港驯养后送到中草药铺后园里的五只白鸽已经冲上蓝天，朝着西偏南方向飞去……

于是，有关王一雄进剿北港海贼的呈帖获准的情况，有关厦门守备府决定出动所属十艘战船、并以“福凌号”为主舰组成“进剿北港海贼战船队”的情况，以及该战船队“决定二月初一出征”等信息，都很快就送达北港。其中有关“福凌号”的营官、晋江衙口人施福的身世，介绍得特别详细……

接连收到这些重要情报的郑芝龙，感到原订方案必须根据敌情的变化进行修订，经再读义父赠予的《孙子兵法》并认真思考，重新提出一份“分兵重组，先声夺人”的作战计划，经反复与李魁奇、郭怀一、颜紫霜、钟斌、郑芝虎、郑芝凤、何斌、龚玉娘等同人商讨研究，这份“分兵重组，先声夺人”的作战计划终于定案。

紧张的备战开始了。新组成的武装商船队、民船队和渔船队纷纷进行演练……

过了十天，出征的日期到了！

正月廿八清早，郑芝龙和颜紫霜早早起床。芝龙套上义父李旦赠予的护身软甲，穿上紧身外衣，左上臂结上红绸布条，腰间扎上皮带，右边插上手铳，左边佩带李旦赐予的龙吟宝剑。紫霜同样身穿紧身衣靠，背上插着双刀，腰间一边是手铳，另一边则是飞镖……两人都显得格外威武。

早餐用过，由商船队、民船队、渔船队组成的“北港金阳义师”全体官兵，集合在商馆门前广场上。义师统领郑芝龙在宣布《义师守则》之后高声下令：“出征！”各船的司战、火长领着各自属下的丁勇、船员，纷纷开拔到码头和宽阔的海滩，登上自己的船只，接连起航西行……

回头再说杨陆。

为了鼓舞官军的士气，在出征前夕，杨陆举行盛宴为各船营官以上的官员壮行，并安排城内外几家酒楼、酒肆派堂倌上战船送酒菜，犒赏全体官兵。员当港南岸赫赫有名的安泰酒楼自然也在其中。

壮行盛宴宴毕，除王守备和“福凌号”的管军留宿在城内自己的住所外，其他各船的管军和营官们全都带着六七分酒意返回各自的船上。

身穿把总官袍、主持盛宴的杨陆，随即在两名亲丁的陪侍下从南门出城，朝着厦门商馆走去。

当他来到城南街口，就看到商馆的巡逻队正在巡逻。

当他来到商馆门前，两名站岗的卫丁立即竖起手中的大刀向他致敬，接着打开两扇铁门，将他迎进馆内。

一进入商馆大门，但见三尊火炮已经架在炮车上，杨宗正指挥炮手们准备弹药和慢燃火绳。

杨陆欣喜地拍了拍杨宗的肩膀，赞道：“好！你做得真好！”

“这是徒弟我应尽的责任。”杨宗谦恭地应说。

杨陆朝着炮手们：“天天备战，你们都辛苦了！”

“不辛苦！”炮手们同声应道。

杨陆随即回到自己的寝室。当他踏进房门，只见秋花坐在床沿，正用手帕拭去眼角上的泪珠。杨陆忙问道：“怎么啦，秋花？”

秋花蓦然一惊，随即平静下来，挥起手帕轻轻地甩了一下杨陆，质问道：“为什么这么晚才回来？”

杨陆应道：“现在才戌时初刻，还早呢！今晚我是特地提前开宴的，你知道吗？”

秋花有些凄然：“不知道，不知道……反正你叫人家等得好苦。”

杨陆哄道："好啦，好啦，我向你赔个不是；明天我就要随官军出征剿贼，我们快睡吧。"

"哼，什么剿贼？"秋花反驳道，"颜思齐已经死了，那个郑芝龙还是个毛孩子呢，你怕什么？"

"不，不，"杨陆连忙应说，"那个郑芝龙可是阴险狡诈之徒，还有陈衷纪、李魁奇、郭怀一、钟斌……不将他们灭了，我们就别想安心过日子，这厦门商馆也……"

"别说了，别说了。"秋花打断他的话，"你要剿贼我管不着；你今晚要早睡就早睡吧。"说完，摔掉脚下的拖鞋躺上床。

杨陆连忙脱下把总的官袍，随即上床将秋花抱了过来。

就在杨陆宴请出征官兵的同时，一支扬帆破浪的商船队从晋江县外海转向西南，趁着夜色驶到金门水道北侧抛锚停泊。另一支商船队则越过小嶝岛外，停泊在大嶝岛南部海面。入夜，两三群大大小小的渔船，纷纷进入厦门员当港歇夜。还有三四拨民船进入厦门内港，停泊在虎头山下的海面上……

时已开春，北风虽已减弱，下锚停泊在员当港口外的主战船"福凌号"，仍然轻轻地左右摆动。正、副管军都在城内住所安歇，负责驻舰的营官施福回到舰上，见值更的伍长和四名水兵正在甲板上巡视，但都因喝过酒而倦眼惺忪，而其他十几个伍长和六七十个水兵都已在自己的舱房里安睡。

他攀上舵楼顶环顾：前面是厦门内港，停泊着一些民船；左边是员当港，港内闪烁着点点渔火；港岸上市街的店家都已闭门熄灯，四周一片谧静；海面上也都没有异象。于是他再次交代值更的伍长要多加留意，便回自己的舱房，上床睡觉。

戌时已过，亥时到来，"福凌号"上值更的伍长和四名士兵再也挡不住频频袭来的倦意，一个个耷拉着头壳打起瞌睡。施福也在舱房内的铺位上进入梦乡。

就在这时，新开张不久的杏花酒家上船送酒菜后躲在船上的四个"堂倌"：芝虎、芝豹、芝莞、芝越，分别从舵房后面和前桅杆下钻了出来，将值更的伍长和四个士兵打昏，在他们的嘴巴里塞进一球布团，再将他们的手脚用绳索捆绑。接着，四人悄悄摸进施福的舱房，先用一块浸过迷魂药的海绵掩住他的鼻子和嘴巴，然后用绳索将他的手脚绑紧，让他依然平躺在铺位上。

事毕，郑芝虎快步走到船头，爬上前桅杆顶，取下桅灯朝着员当港内摇晃。

入夜时进入员当港的渔船队很快就看到这信号，纷纷取下船灯，在领军陈衷纪的率领下摇起大橹，朝向港口划去，悄悄靠上大兵船船体左右两侧，渔船上搭载的四五十个身穿一色紧身衣靠的武装大汉，纷纷将手中的“飞绳搭钩”往上一抛，准确地将绳头尖利的搭钩钩住船舷，而后拉紧钩绳迅捷地攀缘到舱面。

这伙大汉上船后，一拨在郑芝虎带领下，控制住官员和水兵的舱房和各个舱口；另一拨在陈衷纪的指挥下，升帆的升帆，起锚的起锚，把舵的把舵，兜起北风，驾着这艘大兵船，绕过鼓浪屿后，驶到南太武山下一处渺无人烟的澳仔内停泊；而后派四个大汉划着一只快艇往厦门虎头山下，等待向即将攻袭厦门商馆的郑芝龙报告。

再说两支义师的商船队。

郑芝龙率领的停泊在大嶝岛南的船队，和李魁奇率领的停泊在金门水道北侧的船队，都配有计时的滴漏壶。此时，郑芝龙和李魁奇都站在各自船上的“滴漏壶”前察看，但见上壶仅剩不到半格的水，正一滴一滴往下滴……

滴着、滴着……上壶的水终于滴尽，标示当天的亥时业已过去。第二天的子时到来了！

郑芝龙和李魁奇分别站在各自的主船舵楼顶下令：“即刻起锚，开往厦门！”

所有船只的锚锭全绞上来了。所有船只的大小帆片全升上桅杆顶了！

李魁奇率领的船队，很快就驶到厦门岛南胡里山下的海湾。郑芝龙率领的船队，则趁着北风一路南下，半个时辰后抵达厦门虎头山下的海面上。

按照预定的作战方案，李魁奇的船队一到胡里山下，立即从主船上推出两块又长又厚又宽的特制跳板，搁置到沙滩上。三十二个身强力壮的丁勇将八尊火炮连同炮车、弹药，经由跳板搬下，用又粗又长的绳索绑牢在竹杠上；然后四人一组负责轮流扛一尊火炮，和十几个持刀带铳的水手，由李魁奇带领，组成包围厦门城的战斗队伍。

钟斌和部分水手则留在船上，以保证船队的安全。

一切安排停当，李魁奇即率队出发。他们扛着火炮从胡里山海滩上岸，沿着白城山下的便道，绕到一片平实沙质地，然后朝北攀上五老峰直至峰顶；朝下一看，厦门城就在万石岩山脚不远处的一个小山岗上。大家禁不住欢跳起来。

李魁奇让队伍在五老峰顶歇息片刻，就领着大家从万石岩下到厦门城外，在南、北、西、东四个城门外寻找到四处土丘，将八尊火炮平分成四组，分别架在各土丘后面，由炮手掌控；加上其他持刀带铳的水手，将厦门城团团围住。

尽管李魁奇的手下在架炮时相当谨慎，但在城楼上值更的官军士兵还是发现城门外有人影在晃动，即刻向值更的士官报告。那位士官相继到四个城楼仔细观察，确认城门外那帮人显然是要包围厦门城，便不顾一切闯进守备府，将王一雄唤醒，把所见到的情况向守备大人禀告。

王一雄一听，将“福凌号”正、副两位管军召来，商量对策，决定派一名士官换穿民服，和一个在城内被称为“悍妇”的女人，装成一对夫妇，前往打探。

这一男一女出南门走了百多步，就看到道旁一个土丘上架着两门火炮；随即，两个持刀的大汉跑了过来将他们拦住，任他们怎么说都不让再往前走。

这一男一女没办法，正要回头，另一个手里拿着两叠纸张的大汉朝他们走了过来，先鞠了个躬，然后将两叠用活字版印刷的文告分别交给他们两人，说：“我们是北港金阳义师，这里有一份是即将在厦门城内外张贴的告示，另一份是《致厦门官军书》，请你们回城后即刻交给王一雄守备。”

那名士官和那个“悍妇”只好接了过来，转过身回城，到守备府将所见所闻向王一雄禀报，并将所谓的告示和《致厦门官军书》呈上。

王一雄先打开告示，但见文告上印着：

金阳义师告示

恶贼杨陆，丧心病狂；杀我义父，毁我金阳；欺骗官军，欲攻北港，阴谋得逞，百姓遭殃。我兴义师，只为报仇；爱民护民，决不掠抢。现与乡亲，约法三章：杀民偿命；欺民法办；民众助我，有功必赏。义师至诚，天地可鉴！

金阳义师统领、李旦大人义子　郑芝龙

王一雄再打开《致厦门官军书》，文告上则印着：

金阳义师致厦门官军书

恶贼杨陆，丧心病狂；杀我义父，毁我金阳；欺骗官军，欲攻北港，阴谋得逞，百姓遭殃。我兴义师，只为报仇；爱民护民，决不掠抢。万望驻军，不要阻挡；现与官兵，约法三章：加入义师者，有赏；离职回乡者，听便；助贼顽抗者，必亡。义师仗义，说到做到，万望诸位，细加思量！

金阳义师统领、李旦大人义子　郑芝龙

王一雄看完，拍案而起，咬着牙一字一顿地说："原来如此！"

再说郑芝龙率领的商船队一抵达虎头山下海面，立即与郭怀一率领的民船队结合，实行统一部署。

首先，火炮组的主要人员在郭怀一的带领下，扛着五尊火炮潜往厦门商馆大门前方的海滩上，用小铁铲铲沙造垒，以便架炮。另一拨火炮组人员则随带三尊火炮，绕到商馆后街的水仙宫，以宫前的石柱为掩体，将火炮架设在石柱旁。接着，命郑芝凤领着持刀带铳的丁勇到商馆四周，或站岗，或巡逻，形成严密的包围圈。郑芝龙和颜紫霜则隐蔽在望高石下土坡的草丛中进行统一指挥。

这样部署应该说还是比较周全的。

岂料当火炮组在海滩上铲沙造垒之时，却被商馆大门前巡逻的卫丁发现，立即向镇守前门的杨宗报告。

虽然夜色已深，但杨宗瞪起眼睛朝海滩方向望去，仍然看到海滩上有人影在晃动，立即下令开炮。

轰……轰……轰……商馆前门三尊火炮相继开火，炮弹在海滩上炸开了。

义师火炮组人员急忙扑倒在尚未成垒的沙堆后面。

负责指挥攻击商馆前门的郭怀一当机立断，命炮手将五尊火炮架在尚未成垒的沙堆上，对准商馆前门，开炮还击。

第四十八章 杀恶贼秋花狂笑

商馆前门的火炮一开火，正在酣睡的杨陆即刻被惊醒。他急忙翻身下床，穿上衣服，扎上挂着手铳、倭刀、匕首的皮带，正要出房察看，忽听到商馆后门也响起激烈的炮声，杨陆即刻意识到这准定是北港郑芝龙一伙冲着他而来的。他们来得真快呀！现在，不论是遇到郑芝龙，还是见到王守备，对他都是一场大灾难，怎么办？

“三十六计，走为上计。”

“留得青山在，不怕没柴烧！”

这时，被炮声惊醒的秋花也已经下床，穿好衣服。杨陆即刻拉起她的手：“走，快走。”

“走，走到哪里啊？”秋花惊慌地问道。

杨陆急道：“北港那伙海贼攻上来了。”

“北港那伙海贼？”秋花疑惑地反问，“你明天不是要随官军去剿灭他们吗？”

“别多说了，快走。”杨陆强拉着秋花走出房门，来到商馆左侧一个小铁门前，打开铁门，迈过一条通道到商馆左侧的货栈，贴着墙根一步步地向外转移……

“我们要到哪里去啊？”跟在杨陆身后的秋花停下脚步问道。

杨陆接着也停下脚步，仔细察看四周，没看到人影和可疑的迹象，才松了一口大气，把秋花拉到身旁，说：“我们要到镇南关，那里有个官军的哨所。我要叫他们赶紧入城向王守备报告。”

“那……那商馆里的员工和家眷们怎么办?”秋花再问。

杨陆应道:“他们都配有大刀或匕首，可以防身，等官军一到，就可以解围了。”

“那为什么没配给我防身的武器?”秋花质问道。

杨陆问:“你要吗?”

秋花坚决地说:“我要。”

杨陆即刻把腰间皮带上的匕首取下，交到秋花手中。

秋花接过匕首，催道:“我们快走吧。”

于是，两人又悄悄地移到货栈外的小路旁，忽见在小路的两端都有人持刀在看守，显然是北港来的丁勇，连忙往回躲了起来，不时探个头瞄一瞄，一直等了半个多时辰，那些丁勇才离开小路两端，转移到其他地方。杨陆赶紧拉着秋花越过小路，钻进一处长满荆棘的土坡，拨开荆棘的勾刺，一步步地往前走；但衣服仍然有不少地方被荆刺钩破……

“真是个鬼地方，为什么要从这里走?”秋花埋怨道。

“为了安全，”杨陆应道，“从这里走才不会被人发现。”

“好啦，好啦，别说了，走就走吧。”秋花依然满腔怨气。

就这样走了近半个时辰，两人才走出荆棘丛，钻入一处杂草丛生的小树林。

秋花深深地吐了口气:“歇一歇吧!”说着，一屁股就坐到草地上。

“不能歇呀，我们得赶紧到镇南关。”杨陆劝道。

秋花:“镇南关快到了吧?”

杨陆:“还有一段路呢。”

秋花:“我实在累了，就歇一会儿。”

“不行。”杨陆口气强硬地回答。

秋花无奈地站起身，跟在杨陆身后，继续往前走。

走着……走着……都快走出这杂草丛生的小树林了，杨陆忽听到在他身后的秋花一声尖叫“哎哟”，连忙回过头一看，只见秋花蹲在地上，左手按着左脚的踝关节。

“怎么了?”杨陆转过身问道。

“哎哟……哎哟……”秋花边哼着边说，“我的脚给崴了!好痛哟!”

杨陆连忙蹲下身，按住她的左脚踝关节，轻轻地按摩着。

就在刹那间，秋花右手举起那锋利的匕首，朝杨陆的后颈猛插下去。

杨陆即刻扑倒在秋花跟前。

秋花站起身，一脚踩在杨陆的背上，将匕首拔出来插在腰间，紧接着解开杨陆的腰间皮带扣，抽出那把锋利的倭刀，猛力朝他的后颈砍下。杨陆即刻身首异地。秋花揪住杨陆的头发往上一拔，杨陆那恶毒的头颅就提在她的手中。

强忍悲痛、压在心底多年的报仇之愿，今天终于实现了！秋花禁不住仰天狂笑："哈哈哈哈……"

正在附近小道上巡逻的、由杏花酒家老板郑芝鹏带领的义师丁勇听到狂笑声，立即循声跑了过来，看到一个女人提着一个男人的头颅，正在狂笑，那男人的无头躯体扑倒在她跟前，不禁大吃一惊。

郑芝鹏立即命两个队员赶紧去向郑芝龙报告，自己和另两个队员则在现场看守。

郑芝龙接到报告即刻和颜紫霜一起，跟着那两个巡逻队员快步跑到现场。

此时，天色已微明，那个手提一颗男人头颅的女人看到又有人过来，再次仰天狂笑："哈哈哈哈……哈哈哈哈……"

芝龙和紫霜一听，感到这声音很熟悉，赶紧靠上前一看，那女人竟然是杨秋花，她手中提着的正是杨陆的头颅。紫霜连忙抱住秋花的双肩，大声唤道："秋花姐！……秋花姐！……"

狂笑中的秋花听到是熟人的唤声，即刻停止狂笑，低下头一看，原来是颜紫霜。

颜紫霜看她那样子，眼泪禁不住夺眶而出："秋花姐，你怎么啦？"

秋花喘了一口大气，掷地有声地答说："我为我的夫君李旦大人报了仇……"

站在一旁的郑芝龙激动得浑身发颤："你也为我义父、为颜总管、为全体金阳同人报了仇啊！"

秋花听他这样一说，再次仰天狂笑："哈哈哈哈……哈哈哈哈……"紧接着从腰间拔出那匕首，往自己的左胸猛插下去，含着笑说道："我现在要到西天去见我的夫君啰!”

紫霜和芝龙万想不到秋花竟然会这样，连忙冲上前将秋花抱住。秋花将那匕首从自己的胸部拔出，一股鲜血即刻喷涌而出。

当杨陆和秋花一前一后悄悄地拨开小树林里的杂草，走向镇南关之时，厦门商馆前门的炮战已经出现转机。义师的五尊火炮终于把商馆的三门火炮压制住。

郭怀一看时机已到，便悄悄地绕到商馆前门，摸到正全神贯注指挥炮战的杨宗身旁，拍了一下杨宗的肩膀，唤道:“杨宗兄弟!”

杨宗转过脸一看，郭怀一已经站在他身旁。他大吃一惊，立即拔出腰间的手铳。郭怀一随之飞起一脚，将那支手铳踢飞。

深知这位金阳商行总部的卫丁队长武艺高强，杨宗不敢再反抗。他低下头默然无语地站着，脑子里却盘旋着要如何杀掉这对手。

郭怀一看他低下了头，便再次拍了一下他的肩膀，郑重地说道:“你师父杨陆毒杀了李旦大人，洗劫了商行银库，焚毁了金阳总部，罪大恶极，人神共愤。我们金阳北港义师这次攻袭厦门，是为李旦大人报仇而来。厦门金阳商馆的卫丁、员工，都是我们的兄弟。只要你们交出杨陆，我们将保证你们的安全。”

“交出杨陆?”杨宗先是一愣，随即连声应道，“好，好，我现在就带你进去抓他。”说着，转身走进商馆。

郭怀一跟在杨宗身后一进商馆大厅，二三十个亲丁、卫丁手持火铳正等着他。

久经战斗的郭怀一即刻挥起左臂勒住杨宗的颈脖，将他的身躯当掩体，随即拔出手铳顶在杨宗的腰部，向那伙亲丁、卫丁厉声喝道:“全部给我放下武器!”

这喝声震动大厅四壁，几个卫丁慑于他的威严，开始将火铳放到地上，但多数人还是犹豫不决。

此时，被勒住颈脖的杨宗，频频向亲丁、卫丁们使眼色，意欲他们动手。

这鬼把戏哪瞒得了郭怀一，他立即扣动手铳的扳机；铳体中部的慢燃火绳即刻插入弹药盒顶上的小孔，将火药点燃。“轰”的一声，弹丸深深地击入杨宗的腰部。

"全部给我放下武器！"郭怀一再次猛喝。

此时，带队在商馆四周巡逻的郑芝凤正好巡视到前门，听到手铳声和郭怀一的猛喝声，即刻领着手下的丁勇冲进商馆。

商馆内那些亲丁、卫丁一见来了这么多手执火铳的人，只得全部放下武器。郑芝凤随即命丁勇们将那些武器集中移到大厅里的一个角落，由四名丁勇看管。大部分丁勇则分头将商馆的前后门封住，不许任何人出入。

紧接着，郭怀一将手铳顶住杨宗的脑壳，庄严宣告："杨宗伙同恶贼杨陆，犯下累累罪行，我原希望他交出杨陆，可免他一死；他却仗势要杀害我。现在，我代表义师宣判杨宗死罪，并立即执行。"言毕，扣动手铳扳机，"轰"的一声，弹丸击入杨宗的脑部，杨宗即刻瘫倒在地上。

杨宗一死，躲在大厅后面偷窥的商馆司银、司账、司货才放下心走了出来，向郭怀一和郑芝凤深深地鞠了个躬，恳求道："郭队长！芝凤兄弟！杨陆罪恶滔天，我们和其他员工以及家眷都不知情，请饶了我们吧！"

"你们无罪，你们都还是我们的金阳同人，"郭怀一应说，"现在最要紧的是要抓住杨陆。"

司银等三人频频点头："好，好！不过我们不知道他躲在哪里。"

"搜，快搜！"郭怀一与郑芝凤同声下令，"搜到杨陆者有重赏！隐藏杨陆者与杨陆同罪。"

搜捕杨陆的行动开始了！

在厦门商馆当过几年卫丁的芝凤领着郭怀一首先来到杨陆的寝室，里面已经空无一人。接着，他们和司银、司账、司货以及商馆员工和家眷，从大厅到前落、到中落、到后落以及员工家眷住所翻了个遍，还是没有找到杨陆，连秋花也不见人影。

这就怪了，他们到底躲到了哪里？

"不，不，他们可能已经逃出商馆！"郑芝凤猛然想起，赶紧对郭怀一说。

"前后门都在炮战，巡逻队布满商馆四周，他们怎么能逃得出去？"郭怀一反问道。

芝凤急道："跟我来。"说着，领郭怀一到商馆左侧的一个小铁门前，仔细检查，小铁门的铁闩果然已被拉开。两人推门走出商馆，外边是一条小道；小道对过则是商馆的货栈：而小道的两头有一头通向望高石下的土坡，另一头则通向海滩。

"商馆四周不是都有丁勇把守吗？他们怎么逃得了？"郭怀一质问道。

郑芝凤低下头："都怪我把守不严。"

郭怀一有点恼火："别说了，回去吧。"

两人默默无语地回到商馆，再次来到杨陆的寝室，郭怀一将寝室里的床、柜、桌、椅全都掀掉，举起右脚把地面踩了个遍，确认没有地下室也不会有地道，就朝着芝凤发火："你说，我们怎么向郑芝龙统领交账？"

郑芝凤羞得满脸通红……

忽然，郑芝鹏喜气洋洋地跑了进来，报告说："郑统领回到商馆了，现正在大厅里，请你们快去。"

郭怀一和郑芝凤赶紧跟着郑芝鹏来到大厅，站在长案前的郑芝龙和颜紫霜已经被大伙团团围住。他俩急匆匆地挤了进去，但见大厅的长案上铺着一件浸透鲜血的丁勇外衣，那外衣上放着一颗人头；那颗人头正是杨陆的头颅……

两人顿时蹦了起来，高声惊呼："哎呀！哎呀！这恶贼的头是怎么砍下来的呀?!"

郑芝龙挥了挥手，喝道："别多问了。"随即将身边的芝鹏和两个丁勇带到一旁，悄声交代说："你们赶紧到城外那棺材铺买一具上等的灵柩，另外带上锄头、铁锹，一起到那小树林，和树林里看守的同伴将杨秋花入殓安葬；然后将杨陆的尸体就地掩埋。这事不得向其他人说，以免传开后引起原商馆的员工相互猜忌。"

"遵命。"芝鹏和两个丁勇悄声应道，随即离去。

芝鹏等人离去后，郑芝龙恳切地对大伙说："诸位厦门金阳同人，杨陆借参加年会之机，在平户伙同倭寇余孽，毒害李旦大人，抢劫总部银库，焚毁金阳商行诸情，大家应该都略有所闻。此次制造'北港海贼'抢劫厦门商铺以欺骗官军之事，诸位更是一清二楚。对于这恶贼的罪孽，人神共愤，天地不容，现在已经斩首，使金阳厦门商馆得以解脱重生。芝龙我热切希望诸位同人团结一心，将商馆办得更好。现谨郑重宣布：司银、司账、司货三人及其他员工继续原职原任；杨陆亲丁并入卫丁队，共同保卫商馆。另派原总部卫丁队长郭怀一为金阳厦门商馆掌柜，郑芝凤为副掌柜。诸位同人务必服从他们的指挥，违反者即按金阳行规处置。”

芝龙言毕，司银即刻站出来回应说：“我谨代表金阳厦门商馆全体员工及家眷，感谢北港义师郑芝龙统领大恩大德！值此非常时期，我们一定遵照郑统领的嘱咐，服从郭怀一掌柜与郑芝凤副掌柜的领导，保护好商馆的银库、账房、货栈的安全，为今后厦门商馆的继续发展打好基础。”

他的话一讲完，大厅里即刻响起热烈的掌声。

掌声中，郑芝龙和颜紫霜领着四个手提银袋子的大汉，挥手向大伙道别：“我还有事，先走了！”说着，阔步走出商馆大门……

第四十九章 施营官加入义师

此时，天际曙光初现，芝龙、紫霜和四名大汉急匆匆地赶到虎头山下海滩，跨进陈衷纪派来的快艇；四名大汉即刻挥起大板桨，很快就划到南太武山下那渺无人烟的水澳……

站在“福凌号”舵楼上焦急等待的陈衷纪、郑芝虎、郑芝豹等人一看那快艇进入水澳，欣喜万状，赶紧下到舱面，放下舷梯，让快艇靠上……

芝龙一上船，拍着陈衷纪的肩膀夸道：“你们干得好啊！”

“天公祖保佑，没出意外就是。”陈衷纪应说。

芝龙问道：“现在施福怎么样了？”

陈衷纪应道：“在他舱房里。不过，那迷魂的海绵已经揭下，还扶他坐起来。”

芝龙问：“手脚呢？”

陈衷纪答道：“还绑着。”

“我去看看，你们先别进去，让我先跟他谈谈。”芝龙说着，随即又交代陈衷纪，“你现在就要准备向伍长和士兵们发送《金阳义师告示》和《致厦门官军书》。”

“好，是该让士兵们了解我们金阳义师因何而来了。”陈衷纪应道，随即转身离去。

陈衷纪离开后，芝虎、芝豹即领着芝龙、紫霜来到施福的舱房门前，打开舱门，让郑芝龙进房。

坐在铺位上的施福见有人来，立即怒气冲冲地瞪起双眼，仔细一看，来人却不是原来的那两条汉子，而是一个眉清目秀、潇洒英俊的男子，不禁一愣……

郑芝龙看他愣住，跨上两步，走到他面前，躬身亲热地问道：“你是施福营官吗？”

施福看来人颇有礼貌，仰起头应道：“是，我是施福。”

“哎呀，怎么能将你绑住？”芝龙边说边挨着他坐到铺位上，出手解开捆绑在他手上的绳索……

事态来得太突然，施福疑虑重重地问道：“你是什么人？”

郑芝龙不予回答，继续把捆绑在他手上的绳索全部解开后，又轻轻地揉着那被绳索勒出一道道痕迹的手腕，嘴里念叨着：“怎么能这样？怎么能这样？……”

“你到底是什么人？”被捆绑大半夜的施福感动得热泪盈眶，再次问道。

郑芝龙直起身谦恭地应道：“我是郑芝龙。”

“郑芝龙?!”施福吓了一跳，颤抖抖地指着他，“你是那个……那个……那个贼首郑芝龙？”

“我是郑芝龙，”芝龙亲热地应道，“但我不是杨陆和王守备他们所说的‘海贼’。”

“那你到底是哪个郑芝龙呢？”施福再问道。

“我是北港金阳义师的统领、李旦大人的义子郑芝龙。”芝龙边应着边从口袋里取出一张致厦门民众的告示，递给施福。

施福仔细读后，看那署名为：“金阳义师统领、李旦大人义子 郑芝龙”。半信半疑地问道：“你是李旦大人的义子？李旦大人可是我们泉州府甚至是全福建最有名、最有钱的大海商啊！”

“对！我就是他的义子。”芝龙边说边从腰间取下那把龙吟宝剑递给施福。

施福伸出手又缩回来，心中疑虑重重，不敢接那宝剑。

“没关系，施福营官，我信得过你，你拿着，我才好告诉你。”芝龙劝道。

施福终于伸手接下那宝剑。

芝龙指着那宝剑的剑柄，说：“你仔细看一看那剑柄的两面都有些什么字。”

施福捧起那宝剑，借着舱门外射进来的曙光仔细一看，那剑柄的正面铸着两个篆字“龙吟”，另一面则镌刻着两个正楷字“李旦”。他握住剑柄将宝剑稍稍抽出剑鞘，但见寒光闪闪、杀气逼人，赶紧将宝剑插入剑鞘，奉还给郑芝龙。

郑芝龙：“这龙吟宝剑是义父收我做他的义子时赠予我的。”

“是，是，你果真是李旦大人的义子！刚才有得罪之处，请多见谅。”施福激动地说，随即想要按礼节单膝下跪抱拳致礼。他正要下地，没留意脚上已被绳索绑住，一个踉跄，差点摔倒……

此时，在舱门外等待的颜紫霜赶紧跑了进来，将他扶上铺位；然后蹲下身把那些捆绑在他脚上的绳索解开扔掉……

施福仔细一看，那位将他扶着的竟是一个剑眉杏眼、背插双刀、腰挂手铳的美女，不禁大吃一惊，颤抖抖地指着颜紫霜：“你，你，你又是什么人？”

“她是平户金阳商行总管颜思齐的女儿，名叫颜紫霜。”郑芝龙替紫霜回答。

一听到颜思齐的大名，施福不禁问道：“颜思齐？是不是早年在漳州月港领头抗交官府苛捐杂税的那位颜思齐？”

芝龙点点头：“正是。”

施福有些不解：“他可是当年漳州府的头条好汉。据说那些贪婪凶残的税官烧了他的房子，杀了他的亲属，只有一个女儿跟着他跑了出来，就不知道他们父女逃到哪里去了……”

芝龙接着说：“他们父女先逃到澎湖，住了一年多，后来被李旦大人收留，她父亲在金阳商行做事，由于忠实可靠，被一步步提升为商行总管……”

“现在他还在吗？”施福问道。

“他在杨陆这恶贼攻打平户商行总部时受了重伤，转移到北港后不幸身亡。”芝龙含着泪应说。

施福指着紫霜，叩问：“那现在他这位女儿也在金阳义师吗？”

芝龙指着紫霜答说：“她是我的内人。”

“啊！”施福大出意外，“原来她是郑统领的夫人啊，失敬，失敬！”

“别客气，施营官。”芝龙说着，再递给施福一张金阳义师《致厦门官军书》。

施福读后轻声念道：“我兴义师，只为报仇；爱民护民，决不掠抢……现与官兵，约法三章：加入义师者，有赏；离职回乡者，听便；助贼顽抗者，必亡……”念过之后，问说：“你这义师只为报仇而来的吗？”

“不。”芝龙应道，“我兴义师是要继承义父和岳父的遗志，为李旦大人报仇理所当然是我义师的头项任务。”

施福说：“那我冒昧请问，你义父和岳父的遗志是什么？”

“我义父和岳父的遗志是：以仁义为本，创大业，谋大利，为民造福，为国效忠。”郑芝龙字字铿锵地重述颜思齐临终时的嘱咐。

“哦！”施福惊叹道，“想不到郑统领竟有如此大志。”

芝龙：“俗话说，‘有志者事竟成’。有志才能成事，无志枉过一世。不知施营官以为然否？”

“郑统领说得好！”施福朗声应道，接着，毅然决然地宣称，“施福我决定率部加入金阳义师。”

“欢迎！”郑芝龙击掌站起，“现请施营官到舱面看望你的部属。”说着偕同施福、紫霜走出舱房。站在舱房门外看守的芝虎、芝豹随之跟上。

芝龙、施福等五人来到舱面，但见伍长、士兵们和义师的丁勇们正一边在吃粥，一边在啃光饼……在他们身旁都摆放着《金阳义师告示》和《致厦门官军书》……芝龙等人探了探装稀粥的木桶，里面装的是蚝干粥……他们再探看那装早点的竹篮，里面不但有光饼，而且还有碗糕、菜头粿……

“你们的伙食还不错啊！”郑芝龙赞道。

“这都是争来的。”施福应说，“你不去争，连稀粥都喝不上……”

他们正说着，陈衷纪和厨房的伙计提着早点与蚝干粥，捧着五个木碗来到他们面前；厨房伙计鞠了个躬，说：“请施营官和贵客们用早餐。”

施福随即招呼郑芝龙等人：“大家辛苦了一夜，没什么好招待的，就和士兵们一样吃顿早餐吧！”

于是，五个人相继一手捧着木碗，一手用勺子舀了大半碗蚝干粥；而后从装早点的竹篮里取出点心，高高兴兴地吃着……

用过早餐，施福邀郑芝龙到舵楼顶，站定后高声下令：“集合！”

在舱面上的伍长和士兵们立即各就各位，排列成整齐的队伍。陈衷纪、

郑芝虎、颜紫霜、郑芝豹和义师的丁勇们则站在他们后面。

“各位弟兄们，”施福恳切地说，“你们都看过《金阳义师告示》和《致厦门官军书》，情况已有所了解。现在，站在我身旁的就是发出《告示》和《致官军书》的英豪、金阳义师的统领、李旦大人的义子郑芝龙！……”

舱面上即刻响起热烈的欢呼声……

“我和弟兄们相处多年，我的为人为官，你们都很清楚，”施福继续说道，“刚才郑统领和我恳切商谈，使我明白了义师不单是为父报仇而来，其宗旨乃是仁义为本，保我海疆，为民造福，为国争光。这正是我们水师官兵所孜孜以求的目标。但现在我闽省的领军者却贪腐无能，屈从荷兰人。此次受骗要进剿所谓的‘北港海贼’，都因长期收受了杨陆的欺骗和贿赂所致。因此，施福我已决定加入金阳义师，跟随郑芝龙统领。”

施福自投笔从戎以来，打仗冲锋在前，领赏谦让在后，为人正直无私，深得士兵拥戴，其声望比“福凌号”的管军还高。他这样一说，伍长和士兵们虽感到有些意外，但还是频频点头……

看大家都没反对，施福随即高声招呼道：“弟兄们，愿意跟我加入义师者请举起你们的双手！”

“唰，唰，唰，唰……”伍长们和士兵们纷纷举起双手。

看到这动人的场面，郑芝龙站前一步，抱拳谢道：“欢迎弟兄们加入金阳义师！现在发赏！”

陈衷纪、郑芝虎、颜紫霜即刻领着那四名大汉，分头到队伍里，打开从商馆里带来的帆布包，掏出每锭五两的银锭，发给士兵每人一锭、等于他们月俸的五倍。伍长每人则赏给两锭。

发过赏银，郑芝龙再次宣布：“弟兄们，今后每月的饷银比官府多加五成！”

舱面上再次响起热烈的掌声……

掌声一稍歇，施福高声下令：“现在起航，返回厦门。”

“福凌号”主桅和前后桅的大帆即时升到桅杆顶；两支大锚同时绞上来；大船徐徐离开南太武山下的水澳，驶向厦门……

旭日初升，满海金光……

站在“福凌号”舵楼顶的郑芝龙叩问身旁的施福：“施营官，下一步你准备怎么做?”

“回到厦门，我将直接开到员当港外的海面上，将厦门守备府属下的九艘战船管军请到‘福凌号’，说服他们跟着我加入金阳义师。”施福应道。

“我也是热切希望你能说服他们加入金阳义师。”郑芝龙激动地说，旋而问道，“不过，你有把握吗?”

“有。”施福郑重应说，“厦门守备府战船队的管军洪旭，同安县马巷人，是我的知心朋友，为人志向高远，敢打敢拼，提升为管军后爱兵如子，战时身先士卒，平时廉洁奉公，敢于向贪腐的厦门守备争饷争粮，深得士兵们的爱戴。我只要说服他，事情也就办成了。”

芝龙问：“那我该准备多少赏银?”

施福略微思考：“我看四千两就够了。”

“可以。”芝龙恳切地抱起拳，“说服厦门守备府属下战船队加入金阳义师，就全拜托你了。”

施福随即关切地问道：“郑统领到厦门后不知有何贵事?”

“我到厦门将立即进厦门城，奉劝王守备和‘福凌号’管军回省城复命。”郑芝龙答说，随即交代，“请你选派‘福凌号’上大伙公认的两名好伍长、两名好士兵跟我进城。”

施福回答：“好，现在我就去通知他们。”

郑芝龙叮嘱道：“我还要一把弓弩和几支令箭，你让他们带来给我。”

施福答道：“遵命。”

第五十章 老百姓夸赞飞龙

话说这正月最后一天的夜里，厦门老百姓在闹够了大年之后，全都早早闭门熄灯，上床睡觉，很快就进入甜蜜的梦乡。

不知道睡了多久，金阳商馆方向传来的隆隆炮声却把大家惊醒。

“海贼又来啦！”“‘红毛’又来啦！”家家户户顿时乱成一团……

金阳商馆周近商铺的老板、伙计，更是胆战心惊，不知这灾祸何时降临到他们头上。

等呀等呀等呀等……半个时辰都过了，还没见到海贼前来砸门。再等它一个时辰，那隆隆炮声却戛然停止了。

这金阳商馆到底是怎么回事？真是叫人猜不透。

天都快亮了，商铺外面一片寂静，几家商铺一些胆大的伙计不约而同地摸出后门，撞到一起，由一个三十多岁的大伙计陈阿明领头，悄悄地摸到通往厦门商馆的路口。那陈阿明不经意地抬起头，见到路口的墙上贴着一张白底黑字的告示，连忙招呼大家：“哎，都过来看看，这里有一张告示。”

大伙赶紧围了过来，抬起头指着那张告示，借着初现的曙色一字字地念下去：

金阳义师告示

恶贼杨陆，丧心病狂；杀我义父，毁我金阳；欺骗官军，欲攻北港，阴谋得逞，百姓遭殃。我兴义师，只为报仇；爱民护民，决不掠抢。现与乡亲，约法三章：杀民偿命；欺民法办；民众助我，有功必赏。义师至诚，天地可鉴！

金阳义师统领、李旦大人义子　郑芝龙

“哦！原来如此啊！”大伙纷纷惊叹不已。

“走，到金阳商馆去探一探。”有个小伙计建议。

“好，好，好！”大家齐声响应。

于是，这七八个商铺伙计悄悄地来到厦门商馆后门，但见大门关着，门前站着两个手持大刀、腰插手铳的大汉，仔细一辨认，根本不是原商馆的卫丁。

大家赶紧刹住脚，交头接耳商议了一番，认为这两个大汉准定是金阳义师的士兵。既然告示上宣称他们“爱民护民”，前去跟这两个义师士兵打个招呼该不会有危险。于是，这七八个伙计就靠上前去，朝着这两个大汉抱拳鞠躬……

万想不到这两个大汉竟然即刻抱拳回礼……

这下子大伙全放心了，人人跷起大拇指赞道：“好，好，你们义师真好！”

两个大汉也看出来人绝非恶徒，便问说：“诸位是……”

“我们是附近商铺的伙计。”陈阿明连忙应说。

“昨晚炮战让你们受惊了吧?!”大汉甲亲切地问道。

伙计们齐声：“是啊，我们都以为海贼又来抢劫了……”

两个大汉笑了笑：“我们像海贼吗?”

伙计们忙说：“不像，不像。”

阿明跨前一步，再次抱拳鞠了个躬：“你们两位都是义师的士官吧?!”

“不，不，我们都是义师的丁勇。”两个大汉连忙应说。

阿明问道：“这厦门商馆都给你们攻下来了吧?”

丁勇甲自豪地说：“当然啰。”

阿明再问：“那杨掌柜……不，不……我是要问那‘恶贼杨陆’抓到了没有?”

丁勇乙答道：“恶贼杨陆已经被郑统领斩首了。”

“杨陆已经被你们的郑统领斩首了?”商铺伙计们感到十分惊讶。

丁勇甲点点头："我们攻入商馆之后，杨陆已经逃跑了。正当大家翻遍商馆都找不到这恶贼的时候，郑统领提着一个装着圆球的布包进来，放在大厅的长案上，打开布包……哎哟哟，原来这布包里装的就是杨陆的头颅……"

"那么厉害啊，你们这位郑统领！"商铺伙计们个个惊赞不已。

丁勇乙绘声绘色地介绍说："郑统领佩带的那支龙吟宝剑好神噢，不但削铁如泥，而且会飞剑杀人。昨晚杨陆溜出商馆后，逃得无影无踪，就是郑统领放飞剑把他给杀了。"

"依我看呀，"一个商铺的小伙计跷起大拇指，对着两个丁勇说，"你们这位统领郑芝龙准定是一条'飞龙'，他不但会'放飞剑'，自己还会飞天。昨晚我睡觉前在商馆前的海边溜了一圈，内港海面很平静，外港海面也没见到船只。万想不到下半夜你们就越过海峡，把这厦门商馆攻下来，还将杨陆恶贼斩首。郑统领要不是一条'飞龙'，能做得到吗？"

"对，对，郑统领准定是一条'飞龙'！"那些商铺的伙计们齐声应和。

两个丁勇频频颔首："是啊，是啊！义师的同伴都感到郑统领很神……"

"哎，我们是不是转到前门，看看能不能见到郑统领？"陈阿明向大伙建议。

"好，好，转到前门去看看。"商铺的伙计们齐声应和。

随即大家抱拳鞠躬，向两名丁勇道谢告别，转到金阳厦门商馆前门……

此时，天已经亮了。

阿明带着商铺伙计们来到金阳厦门商馆前门时，大门还关着，但门楣中间却悬挂着杨陆的头颅，以往冷冷清清的门前土坪上，内三层、外三层围满厦门前来看热闹的老百姓；在人群外面根本看不到大门前和大门内的情况。

他们经过一番商讨，凭借熟悉商馆周围的地形，便绕经货栈从商馆外墙挤了进去，终于来到大门前，站在人群的最前面；举目一看，但见门前用石礅围起一圈弧形的护栏。守门的四个人当中，有两个义师的丁勇，还有两个是原商馆的卫丁……

"哎呀呀！连商馆原来的卫丁他都敢用，这'飞龙统领'确实很神！"大伙齐声赞叹。

站在他们身后的人听到他们的议论，纷纷围拢过来，问道："你们刚才说

‘飞龙统领确实很神’是讲谁呀?”

“我们说的就是义师统领郑芝龙。”那小伙计应说。

“他怎么‘神’呢?”人们再问。

小伙计齐声说:“他能‘飞天’,还能‘放飞剑’。”边说边指着悬挂在大门上端的杨陆头颅:“这恶贼杨陆的头颅就是他放飞剑斩下来的。”

“哇!……这郑芝龙这么厉害呀!?”小伙计周边的民众一片哗然。

“你说得那么神,我就不信,郑芝龙能飞天、还能放飞剑……你是怎么知道的?”民众中有一个大汉站出来质问小伙计。

小伙计拉起陈阿明的手,答说:“阿明叔来厦门已经二十多年了,他的为人大家都知道,你可以问问他。”

阿明随即开言道:“我们都是这周近商铺的伙计,‘红毛’、海贼相继前来抢掠,我们商铺受害最深,所以昨晚下半夜大商馆传来炮声都把我们给吓坏了。后来炮声戛然停了一个多时辰,叫人莫名其妙,所以天还没大亮就悄悄地摸出来,到了街头就看到义师的告示,便放胆走到商馆后门,见到义师两个丁勇,跟他们攀谈起来,才知道杨陆已经被郑芝龙用飞剑斩首,义师已经神不知鬼不觉地拿下商馆;就赶紧转到这商馆前门,一看,杨陆这泉、漳武林第一高手的头颅果然悬挂在门楣上。这些年来,杨陆在泉、漳两府称霸,有谁敢动他一根毫毛。这郑芝龙要不是‘放飞剑’,能把他的头颅斩下来?”

在阿明身边的民众听他这一说,全都信服并即刻传开。于是,义师的统领郑芝龙会“放飞剑”、还会“飞天”的消息,很快就传遍围在厦门商馆大门前看热闹的民众……

在大家纷纷议论“飞龙”之时,金阳商馆大门哗啦啦地打开了。一个英气勃勃的少年家在四个义师丁勇和四个商馆卫丁簇拥下走了出来,站到一块石磩上。

大家一看,认出是先前在商馆担任卫丁的郑芝凤。熟悉商馆内情的陈阿明更是向周边的人们介绍说:“这位郑芝凤就是义师统领郑芝龙的弟弟,显然是郑芝龙事先把他安插到厦门商馆的。”

郑芝凤在石磩上站定后,先抱拳向在场的民众鞠了个躬,然后高声说道:“诸位乡亲,大家谅必都看过金阳义师的告示,现在又亲眼看到恶贼杨陆已被斩首；厦门的局势已经很平定。如今天已大亮，请大家该上班的上班，该上工的上工，住家的也该回家啰。你们说是不是啊？……”

听郑芝凤这么一说，在场的民众全都明白；但却不愿即刻散去。

芝凤看大家还是不愿散场，再次抱拳鞠躬，高声说道：“天已大亮，本商馆就要开始营业，请乡亲们不要围在大门前，好不好？”

在场民众听他这么一说，感到不好意思再逗留，才纷纷散去……

围观的民众散开后，郭怀一随即走出大门，命丁勇和卫丁将石礅移开。

此时，太阳已经升起，满海闪耀金光，又是一个大晴天。“福凌号”从南太武山下斜插进入厦门内港，停靠在商馆前的海面上，放下舷梯。

郭怀一和郑芝凤连忙驾哨船靠上“福凌号”，将郑芝龙、颜紫霜、陈衷纪、施福和两个好伍长、两个好士兵接上岸。

郑芝龙先交代芝凤从商馆银库里取出四千两银锭，交给施福和衷纪；接着叮嘱郭怀一派人到胡里山下海面，通知钟斌领着他的船队到厦门城外海面待命；自已则与颜紫霜带着“福凌号”两名好伍长、两名好士兵，快步走到厦门城南门外，与李魁奇率领的队伍会合。

郑统领一到，李魁奇立即命手下的丁勇集合待命。

颜紫霜则从伍长手中接过弓弩和令箭，搭箭拉弓，朝着南门城楼射去。

带着“叮叮、当当”的响声，令箭准确地钉在城楼的门楣上。两扇城门哗啦啦地打开了。

正在城门外的民众一看，全都惊呆了。“哇！哇！一支带着铃声的箭矢竟把两扇千斤重的城门给打开啰！”

于是，义师统领郑芝龙又一“神话”，再次传遍厦门城内外……

就在城门外民众的夸赞声中，郑芝龙和颜紫霜带着“福凌号”上的伍长、士兵走进城，但见城内的街头巷尾都贴有金阳义师的《告示》和《致厦门官军书》，不禁在心中称赞蔡师的细作班子干得好。

来到了守备府衙门前，芝龙先问守门的四个衙役：“王守备在府衙内吗？”

衙役看来者是一男一女两个带刀剑、携手铳的陌生人，和官军的两名伍长和士兵，便随口答说：“王守备在府衙内。”

郑芝龙应道:“请向王守备通报，说金阳义师统领郑芝龙求见。”

衙役们一听说是“郑芝龙”，全都吓了一跳，再仔细一看，这自称是“郑芝龙”的男子眉清目秀，文雅潇洒，哪像是个海贼的贼首，心绪才平静下来，频频颔首:“好，好，这就去通报，这就去通报。”

第五十一章 送一雄再拜蔡师

因厦门城被包围了一整夜，王一雄和“福凌号”管军正在府衙大堂内急得像热锅上的蚂蚁，一听衙役通报说“金阳义师统领郑芝龙求见”，连忙问道：“来者是一人还是多人？”

“就一男一女，还有战船上的两个伍长、两个士兵。”衙役答说。

王一雄和那管军听后，深感疑惑，但料无危险，便交代衙役：“就让那一男一女进来，战船上的士兵就留在门外。”

衙役转回头很快就把郑芝龙和颜紫霜领进府衙大堂。

王一雄看这两人根本就不像海贼，倒像是两个喜欢舞文弄武的官家子女，便客气地邀道：“请坐！”

两人坐定后，王一雄叩问郑芝龙：“衙役通报‘郑芝龙求见’，你果真是郑芝龙？”

“我郑芝龙从来‘坐不改姓，行不更名’。”郑芝龙应道。

“哦！”王一雄暗吃一惊，随即指着颜紫霜，“这位女子又是谁呢？”

郑芝龙道：“她是我的内人颜紫霜，金阳商行总管颜思齐的女儿。”

“哦！原来是一对侠客夫妻。”王一雄禁不住暗自赞道，接着问说，“你们此来，有什么事？”

郑芝龙问：“金阳义师的《告示》和《致厦门官军书》，你们两位该都看过了吧？”

“看过了。”两人极不情愿地应说。

郑芝龙接着说：“现在我向你们通报：一、恶贼杨陆已经被斩首；二、厦门金阳商馆已被我接管；三、我金阳义师爱民护民，纪律严明，厦门百姓都交口称赞；四、福建水师副主舰‘福凌号’营官施福已率部加入我义师……”

听到这里，王一雄和“福凌号”正、副管军同时跳了起来：“什么？……”

“‘福凌号’营官施福已率部加入我金阳义师。”郑芝龙郑重地重复了一遍。

王一雄咬着牙，一字一顿地说：“我不信。”

郑芝龙朝府衙大堂门外招了招手，“福凌号”两名伍长和两名士兵大大方方地走进大堂，抱拳躬身向两位原先的长官行礼。

王一雄和那管军一看，站起身怒指他们四人：“你们果真加入金阳义师？”

“是的，长官。”四人郑重地同声回答。

王一雄和那管军一听，顿时又跌坐在交椅上。

看到这两位管辖厦门的“长官”那样相，郑芝龙依然严肃地说道：“厦门守备府所辖的战船队管军洪旭，很快也将加入我金阳义师。”

王一雄一听，即刻抱头落泪……

“王守备无须难过，”郑芝龙接着说，“俞咨皋总兵和你收受了杨陆多少贿赂，你应该很清楚；现在落到这地步可谓‘自作自受’，怨不得别人。现在我已经替你安排一条出路，就是送你回省城向俞总兵复命，谅他不会重责于你。”

“不，不，我是厦门守备，我要留在厦门。”王一雄高声嚷道。

“你答应回省城，我将派船护送你和你的家眷连同财物和行李到马尾港，让你乘驿站的马车冠冕堂皇地到总兵府。”郑芝龙恳切地说，“如果你硬要赖在厦门，我将把你捆绑押送出境。何去何从，请再三思。”

王一雄低下头，无言以对。

郑芝龙接着转对“福凌号”管军，说：“施福营官率部加入金阳义师，所有责任他已经承担。你们在厦门城内有居所，昨晚住在城内而没有亲自驻船，情有可原。我决定派船送你和王守备一起回省城复命，不知你意下如何？”

鉴于王守备如此尴尬，“福凌号”管军干脆地应道：“我遵从郑统领的安排。”

于是，郑芝龙在府衙内等待他们两人告知家眷并收拾好行李和财物，和颜紫霜一起送他们两家人到厦门城外海边。

已在海面上待命的钟斌即刻派救生艇将他们接上大商船，亲自护送他们前往省城外的马尾港……

紧接着，郑芝凤从员当港口海面喜冲冲赶来报告：“经施福劝说，厦门守备府属下的战船队在管军洪旭带领下，已全部加入金阳义师；并按‘福凌号’先例领取到赏银。”

至此，郑芝龙筹划并亲自统领的跨海攻占厦门的战役，以“无一伤亡”获取全胜！

送走了王一雄和“福凌号”管军之后，郑芝龙和颜紫霜立即召集陈衷纪、李魁奇、郭怀一和芝虎、芝凤、芝豹等人，商妥义师各级人员的安置和犒赏的数额，并从厦门商馆银库提取现银分发，使所有参战人员深受鼓舞。

当天中午，郑芝龙又在城内外十几家酒楼、餐馆，设宴犒劳包括施福、洪旭部属在内的义师全体官兵，引发了又一阵欢腾的热潮。

宴毕，近两天没合过眼的郑芝龙和颜紫霜，才来到守备府的衙役为他们备好的寝室安歇。

甜甜地睡了一个下午，郑芝龙又要忙了。他匆匆吃过晚饭，就跟紫霜说：“这回攻袭厦门取得全胜，细作班子功不可没。今晚我得去拜望蔡师。”

“要不要我跟你一起去？”紫霜问道。

“不必了，我们两人一起走容易引起人家注意。”芝龙应说，随即从寝室衣橱里取出一套民服，把手铳和短刀贴身插进腰带，然后穿上外衣。

关注芝龙安全的紫霜一看，频频颔首：“这就像老百姓啰！”

芝龙亲了亲紫霜：“你放心，我事情办完就回来。”说着，漫步走出守备府衙，悄悄来到城内那家中草药铺。

药铺门前，一个青年妇女刚上好一片门板。芝龙走上前，轻声地问道：“郎中先生在店里吗？”

“在，在，在楼上整理药单。”那青年妇女答说。

芝龙问道：“能不能请他下楼？我要买一批新鲜草药。”

青年妇女一听，走到楼梯下，朝楼上喊道：“掌柜，有顾客来访。”

咚、咚、咚、咚……随着楼梯声响，蔡继明很快就下到药铺店面。

郑芝龙上前一步，抱拳作揖："郎中先生，打搅了。"

蔡继明一看，来者竟是芝龙，但却按照"细作规矩"不予相认，只按常理问道："先生要看病呢？还是要买药？"

芝龙笑道："我要买一批新鲜草药，想看看你们的药园子。"

"好吧，请！"蔡继明边说边带着郑芝龙穿过药铺后门，来到一处绿油油的园子。

郑芝龙踏上园子中间的小路，边看边赞道："这些药草长得很好啊！"

"先生想买，本药铺可以供货。"蔡继明应说。

两人沿着那条小路走着、走着，忽见路旁有两个鸽子笼，其中一笼养着七八只白鸽，另一笼养着五六只黑鸽。郑芝龙靠上前去仔细一看，显然是通信用的信鸽，便频频颔首，自言自语："一笼放飞鸽，一笼回笼鸽……"然后继续往前走，终于来到园子后一排背靠石砌围墙的平屋前。

"这平屋里装的货品，先生想不想看一看？"蔡继明问道。

郑芝龙笑了笑，随即把来意挑明："我此来就是要看一看这平屋里装的是什么货色。"

蔡继明一听，立即从口袋里掏出一串钥匙，打开一间平屋，里面安装着两台活字版印刷机、两大摞宣纸和一叠尚未送出的告示。

郑芝龙赞叹道："蔡师干得真漂亮！"

"这是我应尽的职责。"蔡继明应说。

郑芝龙："上楼看看你的居室吧。"

蔡继明："好啊。"说着，带郑芝龙转回药铺。

那青年妇女已经将所有店门板上好，并关上店门。

蔡继明带着郑芝龙上楼，端来一把交椅，鞠了个躬："郑统领，请坐！"

郑芝龙坐定后，恳切地说："蔡师，我是你的学童，你以后别再称我'郑统领'了，好吗？"

蔡继明正色道："学童归学童，统领归统领；你当上义师统领是我这一生最最荣耀……"

"好啦，好啦。"芝龙打断他的话，问道，"楼下在上门板的那位姿娘是什么人？"

“唉！”蔡继明叹了口气，说，“我奉命到厦门筹办细作班子，先进城内开这中草药铺作为基点，有一次在街上看到一个十三四岁的女孩在沿街讨乞，十分可怜，细问之后才知道她名叫阿香，父母因染上瘟疫相继去世，她无依无靠，就此沦为乞丐。我听后心里很难过，就收留了她，叫她做点小事；后来又教她学种草药和辨认中草药。没想到这女孩十分聪颖，一教就懂，一学就会，渐渐地就成了我的助手，到她十七岁时我就收她为妾……”

“哇，蔡师，你这日子过得还不错啊！”芝龙赞叹道，接着又说，“看来你准备一直在厦门城内住下去啰？”

“没错，现在我已经跟厦门城内外方方面面都搭上了关系；这府衙里的主簿、捕头、捕丁、衙役，差不多都是我们的人；所以今天你一支令箭就能打开两扇城门。这局面来之不易啊，我真是舍不得离开厦门。”蔡继明说道，随即郑重地交代：“郑统领，你以后千万不要再称我蔡师了。”

芝龙有些不解：“为什么？”

蔡继明笑道：“为了当好‘细作’班头，我已经改名换姓。”

“噢！蔡师，”芝龙深受感动，禁不住热泪盈眶，“为了当好‘细作’班头，你改名换姓了?!”

蔡继明点点头：“是的，我现在姓‘丁’，名‘义民’。你往后就称我‘丁郎中’，再也不要称我‘蔡师’了。这给外人听到，容易暴露我的身份。”

芝龙一听，颤抖抖地站起身，眼含泪珠求道：“那你就让我最后一次称你‘蔡师’好吗？”说着，突然扑通跪到蔡继明跟前，双手紧紧抱住他的双腿：“蔡师，我的蔡师！蔡师，我的蔡师！蔡师，我的蔡师！……”两串热泪随即涌出眼眶，滴落在楼板上……

第五十二章 江阿翠寻得芝龙

就在这一天午后申时初刻，一个头缠红丝线的渔姑从员当港内划着一只小舢板，停泊在港口南边岸旁，独自一人上岸，来到市街头一家店铺，向店门前的一位伙计鞠了个躬，而后从怀里掏出一张金阳义师的告示，叩问道："大叔，请问这金阳义师的统领郑芝龙住在哪里？"

那店铺的伙计瞄了她一眼，摇了摇头："不知道。"说着，转身走入店内。

渔姑看他态度不好，便转到第二家卖菜的店铺。

店铺里一个小伙计以为来了顾客，连忙迎上，问道："渔姑你要买什么菜啊？"

"我不是来买菜的，我是来请问你……"渔姑说着，又从怀里掏出那张告示，"我是来请问你，这义师统领郑芝龙住在哪里？"

小伙计感到很惊奇："你问这干什么？"

"我问一问就是，你知道就告诉我吧。"渔姑显然不愿透露自己的真实意图。

小伙计连忙摇手："我不知道，我不知道。"

渔姑看他那样子，认定他确实不知道，便转到第三家卖锅碗瓢钵的店铺，再次掏出那张告示，叩问店里伙计："郑芝龙统领住在哪里？"

一个老伙计看她神情焦灼，便关切地答说："郑芝龙统领现今是厦门头号人物，他住在哪里我们平民百姓怎么能知道？"

渔姑听他这么一说，深深叹了口气，自言自语地说："唉……看来是找不到他啰！”

那老伙计甚感惊奇：“你想要找郑芝龙统领？”

“是啊，他是李旦大人的义子。”渔姑应着，眼角闪起了泪花。

老伙计看她有点疯疯癫癫，不敢再纠缠下去，便亲切地劝说：“渔姑，我们确实不知道郑芝龙统领住在哪里，你再到其他地方查问查问，也许能查到。”

渔姑听后，擦了擦眼眶，悻悻地走出店门。

时已傍晚，“到什么地方去查问呢？”她漫无目标地走着、走着、走着……最后还是走回停靠小舢板的岸旁，坐在一块石礅上，呆呆地望着那夕阳渐渐地落入鼓浪屿后，直至夜幕降临，才觉得肚子有点饿。

“不能就这样回去……不能就这样回去……我非找到他不可……”她边自言自语边站起身，再次走回市街，来到一担卖卤面的小吃摊前，伸手往口袋里一摸，里面连一文铜钱都没有。

“哎呀呀，怎么连一点钱都没带？……”她自己责问自己，可现在怎么办？

“继续往前走吧，碰碰运气……也许能找到他……”

她走着走着，天黑下来了，沿街店铺都掌起灯。她依然不想回去，依然继续往前走，终于走到安泰客栈门前。但见大门两侧一边竖着一面“客”字旗，另一边竖着一面“酒”字旗，门楣上则悬挂着四个大灯笼；店里的老板娘正在门前招揽顾客。

“哎，这老板娘好像在哪里见过……”她刹住脚想来想去，一时却想不起来。

老板娘迎进一批顾客后又走出门来，看到一个渔姑呆呆地站在门前，感到很奇怪，便靠上前盯着她看了看。哎，这渔姑好像在哪里见过？便热情地问她：“你这位渔姑还没有吃晚饭吧，想不想光顾本店啊？”

“不，不。”渔姑连忙应说，转身就要走开。

老板娘出手把她拉住，面对面盯着她的脸庞，仔细端详。这渔姑已经有十七八岁啰……通常渔姑都在十五六岁就成亲；这渔姑怎么到了这把年纪还不出嫁？

那渔姑给她盯得脸红耳赤，悄悄地低下头。

看她那稚气未除的模样，老板娘突然想起一个人，便开口问道："请问渔姑，你曾经到过南安石井村吗？"

"到过，到过。"渔姑边回答边盯着老板娘的脸庞。三年前的往事瞬间涌上心头，她颤抖抖地指着老板娘："你，你，你莫非是郑芝龙的二妈？"

老板娘一听，猛然把她抱进怀里，两行热泪随即涌出眼眶："阿翠啊我的阿翠！……"

"二妈……二妈……二妈……"那渔姑颤抖抖地依偎在郑二妈怀里，泪流满面。

过了好一会儿，在店里主持店务的郑泰没见到二妈迎客进店，便走出店门探看……啊!？二妈怎么紧抱着一个渔姑在哭？

郑泰站在店门边，不敢靠过去。少顷，二妈才拉起渔姑的手，悄悄走进店里，贴墙绕过大堂，进入后院，打了一盆热水，拉下一条丝巾，自己先洗了把脸，然后用丝巾擦净渔姑脸上的泪痕。问道："阿翠，你还没吃晚饭吧！"

阿翠点了点头。

"你什么时候上岸的？"二妈再问。

阿翠答道："今天下午……"

她们边说边来到大堂，在一张小餐桌的座位上坐定，二妈把堂倌召来，交代说："来一盅炖燕窝、一份炸肉片、一碗乌鸡汤、一盘炒面线，要快。"

堂倌离去后，二妈再问阿翠："你上岸后都做些什么？"

阿翠顿时红晕满面……少顷，才从怀里掏出那张告示，递给二妈。

二妈一看，顿时明白："噢，你是要找芝龙，对吗？"

阿翠点了点头……

"哎呀呀！"二妈叹道，"芝龙应该去找你才对啊。你和你阿母是他和李旦大人的救命恩人；当时你们母女匆匆离开我家，芝龙没追上，还给李旦大人责备了一顿。等下我带你去找他，看他怎么报答你的救命之恩。"

阿翠连忙摇手："我找他不是要他报答我。"

二妈有些不解："那你是要他……"

"我是要……"阿翠脱口而出，却又连忙刹住，羞得满面通红。

二妈看阿翠那模样，联想到她违反疍民常规至今还没出嫁，禁不住冒昧问道：“你是不是想要嫁给芝龙？”

阿翠一听，心里更慌，赶紧埋下头。

“唉！”二妈在心里叹道，“又来一个痴心女……”

这时，堂倌端着盘子，将燕窝盅、炸肉片、乌鸡汤、炒面线摆到阿翠面前。

二妈催道：“阿翠，快吃，吃饱了我就带你进城去见芝龙。”

阿翠心绪缓转过来，指着那些佳肴：“二妈，你呢？”

二妈笑道：“我早就吃饱了，你快吃吧。”

饿着肚子的阿翠一听，不再客气，三下五除二，很快就把燕窝、肉片、鸡汤、面线吃个精光。

二妈站起身，交代郑泰：“我要带阿翠进城，今晚店里的事你可要给我管好。”

“婶娘你放心，我会管好的。”郑泰应道。

二妈随即拉起阿翠的手，出了店门朝着厦门城走去。

时间还不晚，城门还没关。二妈带着阿翠进城后，来到守备府衙，由衙役带到郑统领的寝室门前，轻轻地敲了敲门。

在寝室里等待芝龙的颜紫霜听到敲门声，连忙把门打开，一看，来者并不是芝龙，而是二妈和一个渔姑，便请来客进门。

二妈和渔姑进门后，问道：“芝龙呢？”

“他吃过晚饭就去找蔡师，很快就会回来。”紫霜应说。

二妈指着渔姑：“这位是当年和她阿母救了李旦大人和芝龙的渔姑，名叫江阿翠。”

“快请坐，快请坐。”紫霜连忙请她们两人坐上交椅，说，“这事先父和芝龙给我讲过好几次，今天能亲自见到恩人，真是难得。”

二妈和阿翠坐定后，紫霜便泡茶送点心待客。

少顷，身穿便服的郑芝龙走进寝室，一看，二妈和一个渔姑正坐在圆桌旁品茶，感到有点意外。

那渔姑一见到郑芝龙，即刻羞得满面通红。

二妈连忙站起身，把芝龙拉到渔姑面前，问道："阿龙，你看看，我带来的这个客人是谁？"

寝室里的烛光并不亮，芝龙一时看不清，便靠前一步，拉着渔姑的双手，让她站起身，只觉得这渔姑的手一直在发颤。

芝龙不大在意，依然拉着渔姑的手，面对面盯着她的脸庞，仔细一看，猛然想起，惊喜交加地唤道："阿翠，阿翠……是你吗？是你吗？！……"

江阿翠一听到芝龙那亲热的唤声，深埋在心底多年的爱像弹药盒里的火药被慢燃火绳点燃，轰然爆炸……她不顾一切地扑进芝龙的怀里，泪流满面地唠道："芝龙哥，芝龙哥，我的芝龙哥……"

在场的人都被她这突如其来的举动惊呆了，一时不知所措……

过了好一会儿，二妈先清醒过来。阿翠爱芝龙爱得如此之深，实在叫人又疼又怜。可现在芝龙已经娶了三房妻室，而且紫霜一直在他身旁。

"怎么办，紫霜？"二妈以长辈的身份先问紫霜。

"把她娶进门来。"心胸坦荡的紫霜慨然应道。

一听到紫霜说要将她娶进门，阿翠连忙跑了过来，扑通一声，跪在紫霜面前，连连磕头。

紫霜赶紧将她扶起，恳切地说："你是芝龙和李旦大人的救命恩人，理当如此。"而后转对芝龙，说："阿翠娶进门，你可要好好待她，千万不能让她受委屈。"

芝龙至此，无言以答，默默地站在一旁。

"好！"二妈再次开口，"这件事就这样定了。不过，婚嫁乃人生大事，本应按我们闽南礼数操办。不过如今正处非常时期，婚事就由我来操办，你们尽管放心。"

"好的，好的，就按二妈的主意办。"芝龙、紫霜齐声应道。

二妈拉起阿翠的手，说："今晚我得将阿翠送回连家船，把情况跟她父母说清楚；并随带二百两银子送给他们，表示一点心意；往后再出资让他们上岸开鱼行经营渔业。"

"谢二妈！谢二妈！"芝龙、紫霜连连鞠躬，然后送二妈和阿翠走出府衙，一直送到城门外。

九天后，正逢黄道吉日，初夜时分，二妈请来了按照闽南“爱妾”身份装扮一新的阿翠和她的父母，召来了身穿锦袍的芝龙和紫霜、芝虎、芝凤、芝豹、郑泰等郑家亲人，在安泰客栈大堂举办婚宴……

男女两家人纷纷举杯，为新郎、新娘祝福。宴毕，一起送芝龙、阿翠上客栈二楼，来到一间门上贴着大红“双喜”的上等房；房内龙床凤屏、锦被绣枕，十分耀眼……接着，亲人们免去“闹洞房”习俗，齐声向新郎、新娘道喜后相率离去，让芝龙和他新娶的爱妾阿翠畅快地欢度新婚之夜……

第五十三章 声威震撼台海两岸

“郑芝龙从北港率义师攻袭厦门、斩杨陆、逐一雄、尊施福、收洪旭”而获取全胜的消息，震撼台海两岸，也惊动了闽省官府直至京城。

台海东岸北港的商馆同人和当地商民、渔民、农民闻讯，连夜燃放鞭炮，舞狮舞龙，欢欣雀跃，同声庆贺。

盘踞在坪山岛的刘奔和吉冈闻讯后，惊恨交加；刘奔虽发誓要为师兄报仇，却又因躲过这一劫而暗自庆幸。

泉、漳两府的民众闻讯，则纷纷奔走相告，说义师是如何的英勇善战、如何的遵纪爱民、如何的饷银丰厚、如何的官兵同心……更把郑芝龙描绘成如神如仙的“飞龙”。

而泉州知府王猷闻讯，却如同晴天霹雳。

厦门乃泉州府同安县下属的一个海岛，虽然行政级别很低，但却地处台海西岸中心，东邻台湾、西通南洋、北连苏杭、南达吕宋，港阔水深，地势险要，因之为世人所瞩目。唐代以来，开始有汉族人自中原迁居于此，人烟渐盛，并因种出一株两穗的稻谷而别称“嘉禾屿”。元代为加强海防，在此地设立“嘉禾千户所”，驻军一千多名；明初改名“中左所”；到明洪武年间，更在这里建造城堡，取名“厦门城”。“厦门”这地名，就一直延续至今。

现在，这泉州府属的要地厦门，却被自称为金阳义师的贼伙攻占。虽然主要责任在厦门城守备王一雄，但泉州知府也难辞其咎啊！

为了弄清情况，王猷立即派府衙主簿随带两名衙役装成平民前往厦门。

该主簿一到厦门，先悄悄从街上揭下即将脱落的一张《金阳义师告示》

和一张《致厦门官军书》，然后在城外街巷转了几圈，见所有商铺都照常营业，还比以前更为闹热；百姓也都笑容满面，毫无恐惧愁闷之感，颇感新奇。接着，他们三人进入厦门城内，转到守备府衙，那门前只有两名身穿民服、手执长矛的少年家在看守，英俊潇洒，和蔼可亲……而后，他们又转出城，绕着金阳商馆转了一圈，除前面与后面用花岗岩石垒成的墙上留有炮弹痕迹外，其他一切如常。

太阳落入西海，泉州府主簿和衙役转到员当市街，恰巧遇到老相识、厦门守备府主簿，便相携就近走入安泰酒楼，由守备府主簿做东，点了几盘菜和一壶番薯酒，边吃边聊了起来，进一步获悉这个攻占厦门的“贼首”郑芝龙来自台湾北港，祖籍是在南安县石井村，原为金阳商行大老板李旦的义子，此番声称是为“报仇”而来，“放飞剑”杀了毒害李旦的金阳厦门商馆掌柜杨陆，报了血海深仇；还将王守备和大战船“福凌号”的管军连同他们的家眷送往省城。但他手下的“贼伙”却纪律严明，从不伤民、欺民、扰民，比厦门守备府的官军要好得多！现在，厦门民众和周边海澄、同安、金门等地的老百姓都尊称他为“飞龙将军”。

泉州府衙主簿经详细调查，回到泉州立即向王猷禀告在厦门的所见所闻，并将那在街上悄悄揭下来的《金阳义师告示》和《致厦门官军书》呈上。

王猷接过来一看，那签发两份文告的是同一个人：“郑芝龙”。

“郑芝龙！……郑芝龙！……”这名字似曾听过……

王猷在脑子里一再搜索，猛然想起当年出任广东省香山县知县时，曾奉朝廷之命到澳门铸炮厂购炮，在靶场上试炮时，见过一个自称来自南安县石井村的炮手，也姓郑，名芝龙，字飞黄；这少年家还解说他的姓、名、字是：“郑和的郑，灵芝的芝，蛟龙的龙，飞天的飞，炎黄的黄。”自己还半开玩笑地戏称他为“飞龙”。

难道来自北港的这个贼首，就是当年那铸炮厂的炮手郑芝龙？……不，不，绝不可能。铸炮厂那个炮手是个面容姣好、英气勃勃的少年家，哪有可能变成领着千名贼伙攻袭厦门的“贼首”？

王猷思来想去，还是要主簿到石井走一趟，查问村里有没有个“郑芝龙”。

那主簿到石井一查，回府禀告称：“石井确有一个郑芝龙，早年坠崖落海，家里人都认为他已经死了；想不到一年后收到郑芝龙来信，说他被一个好人叫李旦的救了，如今在澳门铸炮厂做工；过了年还托澳门福建会馆捎来十两银子，说是厂里洋老板赏给他的。过后，又有好几年没消没息。那年深夜，他突然回家敲门，家里人还以为是海贼，细查后才知道是郑芝龙和他的老板李旦因风暴落海，漂流到小嶝岛海滩，被一只连家船的渔妇、渔姑救起，送来石井。第二天他们就被村里的族亲转送到厦门。他的两个弟弟芝虎、芝凤也被李旦收留，当上了金阳的伙计。”

王猷听到这里，拍案而起。

“果然是这个郑芝龙，几年工夫就能率师攻占厦门，了不起啊了不起！现朝廷正全力对付东北山海关外崛起的满族，难以顾及东南海防，以致荷夷嚣张、海贼横行、倭寇余孽蠢蠢欲动。如果郑芝龙愿意为朝廷效力，岂不是一举两利?！……对，对，我应该亲自到厦门找他……”

这一天，一位儒士漫步来到厦门守备府衙门前，问守门的丁勇：“郑芝龙统领不知在不在府衙里?”

“在，在，郑芝龙统领正在府衙大堂里办事。”那丁勇应说。

“请向郑统领报告，说泉州府儒士王明章求见。”那儒士道。

那丁勇进府通报后随即出来，说：“郑统领请你进府。”

这位儒士对府衙似乎很熟悉，进门后径直走到府衙前厅。

正在前厅案台上翻阅文档的郑芝龙一见来客，立即走出案台，指着大堂里的交椅，客气地说：“先生请坐！”

那儒士坐定，郑芝龙也在他斜对面的一把大交椅上入座，开口问道：“先生贵姓尊名?”

“敝姓王，字明章。”儒士答说，“三划‘王’，日月‘明’，立早‘章’。”

郑芝龙边听边盯视这位来客，看他目光犀利，举止高雅，显然非等闲之辈，便继续问道：“先生此来何事?”

“来找一位多年前的朋友。”儒士应道。

“找他多年前的朋友，为何找到我这里来?”郑芝龙颇感疑惑，再次盯视着他的脸庞，认真一想，凭借自己那超强的记忆力，立即判定这位来客就是多年前在澳门铸炮厂试炮时见过的那位香山县令王猷。于是站起身抱拳，恭敬地称道："王猷大人，多年不见，难得你还记得我这个小子！"

"王猷?!"那儒士被戳穿身份，蓦然一惊，站起身辩道，"什么王猷大人，郑统领认错人了吧?"

郑芝龙连忙牵起他的手，扶他再次坐上交椅，然后恭敬地问道："多年不见，不知王大人还在香山县否?"

王猷至此，感到无须再装，便坦率地答说："我已经离开香山县五年了。"

"现不知王大人在何处任职?"郑芝龙接着问道。

王猷答道："在泉州府。"

"哦!"郑芝龙大感兴趣，"在泉州府任知府?"

王猷点了点头。

"不知知府大人今日驾临，请恕罪，请恕罪!"郑芝龙抱拳一再鞠躬。

"郑统领不必客气，请坐吧!"王猷站起身，喧宾夺主地也将芝龙按坐在交椅上。

双方坐定后，郑芝龙先开言问道："王猷大人微服前来厦门，不知有何要事?"

王猷坦率地说："老夫此来，头一桩要事是要请问郑统领，愿不愿意接受朝廷的招抚?"

芝龙恳切地说："为民造福、为国效忠乃义父和岳父的遗志，如果朝廷诚意眷顾，芝龙我自当率部归顺。"

王猷极其兴奋："老夫此来，要的就是这句话。祝愿郑统领切实'以仁义为本'，尽早实现'创大业，谋大利'的宏图!"说着，抱拳起立："老夫就此告辞了。"

盘踞在台湾大员的荷兰远东军司令普特曼获悉郑芝龙攻占厦门的消息，更是感到震惊。

说起当年退出澎湖移驻大员的荷兰人，真真是"发了大横财"。

那澎湖虽位于台海航道中心，但缺乏腹地，发展前景极其有限。

这大员可大不一样，不但港湾优良，地势险要，易守难攻，而且腹地宽广，物产丰盛，劳力不缺，发展前景绝不亚于荷兰东印度公司总部所在地巴达维亚。

荷兰远东军司令普特曼一到此地，立即看出它的价值，第二年便在港阔水深的南航道一侧，建造架有巨炮的“热兰遮城堡”，同时又在港湾底处建造“赤嵌城”，作为远东军的司令部和商业运营的总部。

前两年，颜思齐、郑芝龙等一帮人从日本平户撤到北港，普特曼就探知是老朋友杨陆毒杀了李旦，抢劫并烧毁了金阳商行总部等情，当时对此并不大在意。随后，北港方面又传来颜思齐伤重身亡、临终时将金阳大权交给李旦的义子郑芝龙，以及郑芝龙按照颜思齐的遗嘱，组建义师，准备西征为义父报仇……他则认为这个当年被他迷奸未遂的美男儿根本成不了事。因此，他在接到郑芝龙攻占厦门获取全胜的消息时，仍然半信半疑，当即派一个华人通事，到厦门实地探察。

该通事到厦门探察后回大员如实报告称：“郑芝龙率领的义师不但一夜之间就攻占厦门，而且把杨陆斩首，把厦门守备押送省城，把大兵船‘福凌号’和厦门守备府战船队招进义师……”

普特曼听后，大感震惊……

此时，他的老部下雷克和麦丁已因功分别被提升为中校和少校。普特曼当即将他们和各舰舰长召来，商讨对策。

争论是激烈的。舰长们认为郑芝龙没有多大实力，主张以剿匪的名义，立即出兵讨伐，乘机占据厦门，将金阳厦门商馆积存的大批丝绸、瓷器及其他土产运往巴达维亚转送欧洲，获取巨利。雷克和麦丁则认为这样做“师出无名”，即使灭了郑芝龙，也将得罪明朝政府，惹来更多麻烦。普特曼最终同意雷克和麦丁的意见，并决定派遣精通闽南语的麦丁为代表，带上礼物，乘商船以通商的名义和郑芝龙建立“友好关系”。这样做一来可立即填补失去老朋友杨陆的缺陷，保住对华通商的利益，二来可以深入了解郑芝龙的底细，便于今后抓住有利时机，把他歼灭。

经过三天的准备，按照普特曼的安排，驻大员的荷兰武装大商船“卡托普”号在两艘军商两用的荷军货船护卫下，缓缓进入厦门内港，停泊在厦门城外的海面……在该海域巡守的义师战船正要上前查问，“卡托普”号已经缒下一只救生艇，艇上载着一个荷兰长官和四个士兵、两个木箱。

救生艇一落到水面，士兵们即刻将该艇划到岸边，扛起两个木箱，跟着那长官上岸，沿着厦门城南门外小街，朝着城内走去……到了南门，那个荷兰长官竟然用流利的闽南语向守门的丁勇说："我是荷兰东印度公司驻大员的麦丁少校，前来拜见郑芝龙统领。"

守门的丁勇看他很有礼貌，就领着他连同扛木箱的士兵来到守备府衙……

在府衙后厅与部属们正边喝茶边议论下一步工作的郑芝龙接到丁勇报告，立即整了整衣冠，走进前厅。

麦丁一看，即刻认出来者是郑芝龙，赶紧趋前抱拳鞠躬，讨好地说："麦丁拜见郑芝龙统领！"

郑芝龙一眼扫过，见他军服上的肩章为少校军衔，便以荷兰礼节与他握手，笑了笑，说："麦丁中尉晋升为少校，可喜可贺！"

"惭愧，惭愧，比起郑统领，真是不值一提。"麦丁应说。

郑芝龙指着一张雕花交椅："请坐！"说着，自己在那张虎皮交椅上入座，随即问道："麦丁少校此来有何贵事？"

麦丁应道："此次郑统领率义师为义父报仇并攻占厦门，声威震撼台海。普特曼司令极感兴奋，特命我送来两箱礼品，表示祝贺！"边说边命士兵打开扛来的两个木箱，但见其中一箱是洋酒、一箱是爪哇的土特产……

郑芝龙看过之后，轻蔑地说："普特曼司令也来送礼啦？当年他可是要绞杀我呀！"

"哎呀，郑统领，"麦丁赶紧接着说，"那都是过去的事情，你位高度量大，得饶人处就饶人嘛，普特曼司令还是很挂念你噢！"

郑芝龙讥笑："嘿，嘿！普特曼还会挂念我？！"

"是啊，普特曼司令很希望与郑芝龙统领建立友好的商业关系，"麦丁紧接着说，"所以此次派来三艘商船，如果郑统领在厦门有货想卖，我们双方就可以立即做成生意。"

哦！……正在为招兵置船筹集资金的郑芝龙对此开始感兴趣，当即答说："我们当然有货，而且是在你们欧罗巴畅销的好货。"

"什么好货？"麦丁赶紧问道。

郑芝龙不紧不慢地说："有丝绸，有瓷器，有蔗糖。"

麦丁大喜："好啊，好啊，丝绸、瓷器、蔗糖，我们都要。"

郑芝龙看着他的脸色："我方可是要现款交易。"

"没问题，我此次随带十五万两白银，准备一路收购东亚特产，运往巴达维亚，再转运到欧洲。"麦丁应说。

"价钱呢？"郑芝龙再问。

麦丁赶紧说："价钱从优。"

"好！"郑芝龙边应着边朝内厅喊道，"芝凤，过来。"

郑芝凤随声来到前厅。

"我们货栈里有多少存货？"郑芝龙问。

芝凤应道："现有上等丝绸六百件，蔗糖五百担，瓷器二百箱。"

那上等丝绸和特等瓷器在欧洲乃畅销品，售价比在远东的采购价高出两倍；中等蔗糖也要高出一倍。麦丁一听，极感振奋："我们都要，我们都要。"

"我们都可以卖给你。"郑芝龙说，接着问道，"价钱呢？"

麦丁回答："上等丝绸每件一百二十两，蔗糖每担二十两，瓷器每箱五十两。"

芝龙略作思考："这样算起来，上等丝绸六百件是七万二千两，蔗糖五百担是一万两，瓷器二百箱也是一万两，总共九万二千两白银。"

麦丁连忙点头："没错。"

芝龙转问芝凤："这价钱怎么样？"

芝凤应道："我看可以。"

芝龙随即交代说："现在你就带麦丁少校到货栈看货。"

郑芝凤领着麦丁来到厦门商馆，命司货相继打开馆舍左、右的两大货栈……

在远东做过十来年生意的麦丁清点了货物的数量、检验了货物的质量，频频颔首，随即转问郑芝凤："我方什么时候取货？"

"货物数量很多，我看明天一大早开始取货比较合适。"芝凤答说。

麦丁："好的，请事先安排好装卸工。"

芝凤转入正题："不过，贵方须立即备好货款，并先交一万两定金；在货物全部装载上船时，交清全部货款。"

麦丁爽快地说："可以，我们明天再见。现在我就回船上，请代向郑统领请安。"说完，与郑芝凤紧紧握手后离去。

芝凤随即返回府衙，向芝龙报告与麦丁商谈的情况。芝龙听后表示赞同，并请施福安排这笔大买卖的护卫事宜。

翌日清晨，担任金阳厦门商馆掌柜的郭怀一和郑芝凤早早就起床，一走出商馆大门，商馆司货和昨天雇好的装卸工已经在货栈门前待命……

少顷，麦丁也带着五只快艇，由三十名士兵从"卡托普"号划到商馆码头，将分装在十个厚木箱的定金一万两白银，搬进商馆，当面交给郑芝凤验收入库。

于是，商馆的装卸工和船上的水手密切配合；一箩箩的蔗糖、一箱箱的瓷器和一件件的上等丝绸陆陆续续上船入舱……

随即，原守备府战船队分两批进入厦门港的前后方镇守，监督这一笔大买卖的进行过程……

搬货入舱的作业一直延续到傍晚才完成，麦丁依约交齐了货款，宣告这笔大买卖顺利做成。

此时，麦丁与前来送行的郑芝龙紧紧握手，并希望今后多加联系，多做生意，保持友好的共赢关系。

道别后，麦丁随即上到"卡托普"号，带着两艘商战两用的货船，扬帆离去；途经澳门等地时又购入一些远东地区的特产；四个月后航抵巴达维亚。麦丁除交上这一大批运到欧洲可赚大钱的货品外，还向荷兰东印度公司评议会报告近期郑芝龙攻占厦门、台海两岸发生巨变的消息，再次立了一功。

第五十四章 闽省高官剿抚相争

泉州知府王猷的来访和大员荷兰人麦丁的购货，大大增强了郑芝龙“创大业，谋大利”的信心和决心。但他手上掌控的只有十一艘正规战船，和临时组建的一支民船队、一支渔船队、两支武装商船队。这么一点兵力能创大业，谋大利吗？当然不行。

出路何在？“招兵置船”显然是最佳选择。

但是，义师攻占厦门，将官军的把总杨陆斩首示众，将厦门守备王一雄押送省城，福建总兵俞咨皋能袖手不管吗？一旦官军前来清剿，我义师“抗剿”能否取胜都很难说，还能“招兵置船”吗？

“怎么办？……怎么办？……是先准备抗剿呢？还是放手招兵？”

习惯于先拿定主意再和部属们商讨的郑芝龙，此时却拿不定主意……

正当郑芝龙被“抗剿、招兵，何者为先”一事闹得食不甘味、夜不安寝之时，省城抚台院里却在搬演一场重头戏。

这一天午后，赤日炎炎，一位身穿将军袍服的魁伟大汉骑着大白马，在一群卫兵的簇拥下，来到抚台院大门前，下马后跨步走进院内……

守门卫丁事先没有接到通知，一看来者乃福建总兵俞咨皋，即按常规立正竖刀敬礼……正在抚台院前庭巡视的签事赶紧趋前，单膝下跪拜道：“属下拜见总兵大人！”

“免礼。”俞咨皋招了招手，随即问道，“巡抚大人在院里吗？”

“在、在，正在内厅议事。”签事站起身，答说。

俞咨皋一听，不再多问，迈起步直往内厅走去……

签事连忙跟随在他身后，对总兵大人的突然来访感到狐疑难解……

抚台院内厅议事堂里，新任不久的福建巡抚熊文灿和泉州知府王猷，分别坐在一台雕花几桌两旁的官座上议事。几桌桌面摆放着一小沓文书，上面一页乃《金阳义师告示》。

突然，议事堂的两扇门被推开。熊文灿和王猷抬头一看，俞咨皋已经跨进门来。王猷连忙站起身，趋前单膝下跪拜道："职下拜见总兵大人！"

俞咨皋不予理睬，径直走到几桌旁。

熊文灿随即站起身，抱拳问候："原已准备请俞总兵前来共商要事，难得你先行来访，请坐！"

俞咨皋抱拳回礼："谢抚台大人！"说着，坐到官座椅上。

随后进门的签事连忙端来一把交椅，让王猷坐在熊文灿身旁。

三人坐定后，熊文灿叩问："俞总兵此来，不知有何要事？"

"总兵府已调集福建水师二十二艘兵船，及福宁、镇东、平海、大金、梅花、莆禧等卫所士兵三千名，以主战船"福平号""福翔号"为首，议定克日起兵，进剿恶贼郑芝龙，特前来知会抚台大人。"俞咨皋郑重答说。

"且慢，"熊文灿一听，即刻摆手，"郑芝龙攻袭厦门一事，抚台院已派员调查清楚，并已准备好上奏朝廷，待皇上下旨后再遵旨处置。"

"起兵剿贼护民乃总兵之责，"俞咨皋愤然宣称，"现贼首郑芝龙在厦门嚣张至极，斩我把总杨陆，逐我守备一雄，烧杀抢掠，涂炭生灵；如不即刻起兵清剿，贻误战机，让他继续作恶，我闽省必将日无宁日。"

"但据查，郑芝龙将杨陆斩首示众，乃为其义父李旦报仇。"熊文灿郑重应道，"除此之外，对广大民众则恪守其告示的诺言，并无烧杀抢掠之恶行。"

"告示、告示、告示……"俞咨皋猛站起身，怒气冲冲地指着同为朝廷二品高官的熊文灿，嚷道，"想不到抚台大人也相信那些谣言……"

熊文灿平静地说："本官奉圣旨巡抚福建，总管军事、民事，遇事自当慎重处置，还请总兵大人切勿操之过急。"

"哼，慎重处置?!"俞咨皋不屑地讽道，"抚台大人要上奏朝廷，本官也可以上奏朝廷；至于贻误清剿，致我闽省陷入水深火热之中，抚台大人将负全责。"说毕，拂袖而去……

过了几天，时值夜晚，当天整日巡察城内外各处的郑芝龙和颜紫霜已准备就寝，忽听到房门被轻轻敲了几下。

一向警觉的颜紫霜悄悄地走到房门后，侧耳倾听。

“笃、笃、笃……”轻轻的敲门声再次响起。

紫霜从腰间拔出手铳，然后将房门打开，只见门外站着一个神情焦灼的青年女子，并没有其他可疑迹象，便开口问道：“你是什么人？来这里干什么？”

“我有要事找郑统领。”那青年女子应说。

在房内的郑芝龙一听说有要事要找他，连忙跑到房门前，一看，来者竟是蔡师的小妾阿香，便赶紧请她进房，随手将房门关上，问道：“阿香，有什么事？”

“丁郎中说有要紧事须马上告诉你，请你现在就到药铺。”阿香应说。

郑芝龙一听，立即换上一套民服，交代紫霜：“我去一下药铺，办完事就回来。”说着，大步跨出房门，走出府衙，和阿香一起来到益民中草药铺。

在药铺里等待郑芝龙的丁义民郎中一看郑芝龙到来，立即带他上楼……

两人坐定，郑芝龙便开口问道：“蔡师，有什么要紧事？”

“你怎么又忘了，我是丁义民郎中。”丁义民瞪了他一眼。

“对，对，丁义民郎中，请问有什么要事？”郑芝龙连忙改口。

于是，丁义民便将前些天在省城抚台院里巡抚驳回总兵清剿“郑贼”一事，绘声绘影地向郑芝龙叙说了一番。

芝龙一听，大感惊喜，赶紧问道：“省城高官如此重要的军政大事，你是怎么探知的？”

“哈哈！”丁义民坦然一笑，说，“我不是跟你讲过了吗，这守备府衙的主簿已经是我们的自家人。他和泉州府衙主簿乃多年好友，上个月泉州府衙主簿奉王猷知府之命前来厦门探访，他们两人就在安泰酒楼里交谈过。当时我就要守备府衙主簿紧盯着这位好友。此次泉州府衙主簿陪同王猷知府赴省，向熊文灿巡抚报告义师攻袭厦门诸情，建议招抚义师；由于所报各情与所带佐证文书完全吻合，获得巡抚大人的赞同，并开始草拟上奏朝廷的奏文。但那位俞咨皋总兵却坚持要清剿义师，并已调集兵船和士兵，于是才搬演了那

场重头戏……一直跟随在王猷身旁的泉州府衙主簿对情况当然是一清二楚，我们府衙的主簿也就二清三楚啰！”

“原来如此，丁郎中真不愧为‘智多星’啊！”郑芝龙不禁赞叹道。

回到守备府衙寝室，郑芝龙将丁义民探得的超级情报告诉紫霜，紫霜十分欣喜。两人商议后决定明天召集诸头领共商“招兵置船”大计。

翌日午后，芝龙和紫霜在府衙大堂门前迎来了施福、洪旭、陈衷纪、李魁奇、郭怀一、钟斌、芝虎、芝凤等各路的头领。

大伙坐定后，郑芝龙先开言道：“这些天来，诸位真是辛苦了，芝龙我铭感在心。现我义师的处境，尚属安定。看来官府一时还不会前来‘清剿’；泉、漳两府民众又心向义师；加上去年旱情严重，晚季歉收，老百姓缺粮，日子很不好过；再加上朝廷重申‘海禁’，沿海商户除官府里有靠山者及冒险走私者外，许多商民不能出海，船只闲置甚多。这正是我义师招兵置船以‘创大业，谋大利’的大好时机，不知诸位以为然否？”

“郑统领所言极是。”大伙齐声应说。

郑芝龙继续道：“现在虽然时机甚好，所需银两也已齐备。但招兵置船牵涉到方方面面，包括招收的条件，招收的地点，入伙之前的考核，置船费、安家费的核定与发放，以及入伙之后安置食宿……请诸位发表高见。”

“关于招收的条件，”紫霜首先发言，“我认为：一要身体健康；二要家无拖累；三要本人自愿……”

“对，对，这三个条件提得好。”郭怀一接着说，“我还认为应该‘三优先’：携船入伙者优先；武艺高强者优先；熟谙水性者优先。如此一来，这些人入伙之后，就可以担任小头领，表现出色者还可予以提升，成为我义师的骨干。”

施福听后，频频颔首：“适才郑统领对当前形势的剖析、统领夫人和郭怀一头领提出的‘三条件，三优先’都说得很好。”接着神色凝重地发言称：“现在本人就自己所知，谈谈闽省海防官军的现状，供郑统领和诸位参考。闽省共有五卫、十二所。五卫即福宁、镇东、平海、永宁、镇海；十二所即大金、梅花、莆禧、围头、高浦、定海、万安、崇武、金门、六鳌、铜山、玄钟。

按朝廷规定，每所兵员一千一百二十名，十二所共有兵员一万三千四百四十名。原先朝廷均按兵员定额拨给粮饷，每员每月一石、折银七钱。但自北方狼烟四起，朝廷财政支绌；加上闽省武官贪腐成性，层层盘剥，致使士兵难以维生，纷纷逃亡，另找生路。据我所知，现崇武、围头、金门、高浦、六鳌、铜山等千户所现有的士兵均不足三百名；而且主持千户所的官员均住在县城花天酒地，不住卫所。如此现状，怎能抵御荷夷之入侵和倭寇、海贼之袭扰？……”

来自北港的诸头领原先均不知情，听到这里，咸感愕然。

“唉！……”郑芝龙深深叹了口气，“目前闽省海防形同虚设，我等作为天朝子民，岂能袖手旁观？依我之见，这次招兵置船，对崇武等六个千户所的驻所士兵应先予以抚慰，发给足额的饷银；然后与之商议租用空置营房等事宜。如果他们有为难之处，则不要勉强；在发给抚慰金之后，还要与当地的父老乡亲联系，争取他们的帮助。恳望诸位郑重行事，务必将此次招兵置船以加强海防的大事做好。”

众头领听后，纷纷表示：“郑统领想得很周到，我们都会照此办理。”

“关于招兵置船班子，应由五名‘管银’、五名‘庶务’、五名‘书算手’和三十名卫丁组成，由各位统领带班。”郑芝龙继续说，“现在我将各位带领班子前往的地点安排如下：怀一兄到惠安县崇武所，施营官到晋江县围头所，衷纪兄到同安县高浦所，钟斌兄到厦门相邻的金门所，魁奇兄到漳浦县六鳌所、芝虎到诏安县铜山所；洪管军和芝凤则留守厦门，负责发放银两、调拨粮食、通讯联络和安全保卫。这样安排是否合适，请大家再议一议。”

“合适，合适。”众统领齐声应道。

郑芝龙环视众人：“那就这样定了。明天起大家抓紧准备，十天后出发。招收的丁勇和购置的船只要就地安顿，就地练兵，组成能打能拼的队伍，以应即将到来的新形势之需。”

担负招兵置船重任的头领们一听，顿时明白任务之重，纷纷站起身，抱拳应说：“我等谨遵统领之命。”

第五十五章 郑芝龙招兵置船

正如郑芝龙和施福所料，当各个班子携带足额的银两来到预定的千户所，说明来意后就发给留守士兵每人一枚十两银锭的抚慰金（相当于一年的薪饷）立即受到热情的欢迎和接待。经双方商议，借用空置营房一个月的租金都在五六百两之间，也平均分发给留守的士兵，而且他们大都愿意就此加入义师。这就为招兵置船打下了良好的基础。

这些消息一传开，所在县的贫苦渔民、船民、农民纷纷涌到当地的千户所，经按“三条件，三优先”的准则检验后，发给安家费，登记入册，安顿食宿。

所在县的官府都已获悉泉州知府王猷拜访义师郑统领诸情，面对这情况全都睁一只眼闭一只眼。

唯有那些千户所的官员看这形势不妙，纷纷将盘剥士兵所得银两卷逃他方。

盛暑的七月很快过去，闽南地区迎来了初秋八月；但因久未下雨，天气依然炎热。

这一天早晨，在金门主持招兵置船的钟斌刚刚坐到座位上，一个彪形大汉已经来到他面前，抱拳作揖亲切问道：“阿斌，多年不见，还认得我吗？”

自从来到金门，所有前来应征入伙的人都尊称他“头领”，这大汉竟然叫他“阿斌”。钟斌抬起头，端详他的脸孔，渐渐想起了一个人——堂兄钟珪，试探性地问道：“你莫非是珪兄？”

“没错，我正是钟珪。”那大汉答说。

钟斌不禁一愣。原来他这位堂兄武艺高强却流氓成性，在他被招进金阳商行当水手之前，就已经下海为盗，再也没有回过家乡。如今突然出现在他面前，不能不使他感到惊讶。

看到钟斌那样子，钟珪伸出手拍了拍他的肩膀，说："阿斌，今天我是来应征入伙的。"

"哦！……"钟斌一想，自己在义师里虽然当了个"头领"，但只是熟悉航务，论武艺比其他头领差多了。如果这堂兄能在我身边，那就大不一样啰……

"好啊！欢迎你加入义师。"钟斌说着，转身正要交代手下办理相关手续。

"且慢。"钟珪连忙将他止住，"我还有一些兄弟决定和我一起入伙。"

钟斌一听，即刻明白，原来这位堂兄是想把他的贼伙一起拉进来。旋而一想，这对我来说，该是大有好处啊！于是，开口问道："你的兄弟有多少人？"

"三百二十三人。"钟珪应说。

钟斌问："船只有多少？"

钟珪答："大船三艘，小船二十六只。"

"好，我全部收了。"钟斌爽快地答应，"不过，你要他们分批前来报名入册，每批不得超过十人。"

"遵命。"钟珪说着，转身向海边走去。

这时，金门和周边村社前来应征者陆陆续续来到卫所。钟珪的弟兄们夹杂在他们中间，经按"三条件，三优先"的规定查验，全部获得通过，并登记入册，领到安家银和购船银。

八月刚过，微风习习，天高气爽，气候宜人。

身穿民服的郑芝龙和颜紫霜，在芝豹、芝鹏、芝莞、芝越和十名原平户金阳商行卫丁的陪同下，前往六个卫所察看"招兵置船"的情况。他们从南往北依次到铜山、六鳌、金门、高浦、围头、崇武，但见各点的招兵班子勤谨办事，招来的丁勇个个英气勃勃，所住的卫所营房井然有序，管银员兢兢业业，庶务员忙于杂务，深感欣慰。

当他和紫霜等人在一天清晨来到晋江围头，刚上岸，一个少年家正迎面走来……郑芝龙见他稚气未除却身材魁伟、五官端庄且颐广额宽，具有英豪之相，便将他叫住，问道：“少年家，你是围头人吗？”

“不，不。”那少年家应说，“我家乡在衙口。”

芝龙：“你家在衙口，这么早就来围头做什么？”

“我啊，”那个少年家挺起胸跷起大拇指，自豪地说，“我已经在这围头加入郑芝龙统领的义师。”

芝龙：“哦，你已经加入义师?!”

少年家：“对啊，我的族叔就是郑统领手下的施福营官。”

芝龙笑了笑：“哦，原来你是施福营官的族侄！名叫什么啊？”

少年家：“我名叫施琅。”

芝龙：“现在准备到哪里？”

施琅：“刚吃过早点，出来走一走。”

芝龙：“如果没有其他要紧事，你就带我们去见一见施福营官，好吗？”

“好啊。”施琅说着，便在前带路，领着郑芝龙一行朝着卫所营房走去。

营房门前的土坪上，施福正在指挥手下的人摆放桌椅、银两和登记册，准备迎接前来要求入伙的民众。偶尔抬起头，看到施琅正领着一群人朝着营房走来，为首的那个人很像是郑统领，再仔细一看，果然没错：施琅领来的正是郑芝龙、颜紫霜和芝豹等护卫人员。他连忙迎了上去，抱拳拜道：“郑统领前来视察，施福有失远迓，请恕罪。”

施琅一听，顿时愣住了：我带来的竟然是郑统领……他连忙转过身，喜滋滋地抱拳问道：“郑统领，我带路带得好不好啊？”

郑芝龙拍了拍他的肩膀，笑了笑，说：“很好，很好！”接着转对施福，夸道：“你这个族侄很不错啊。”

施福赔笑道：“他今年十六岁，从小就苦练武艺，而且生长在海边，水性也很好。这回听到义师招兵，立即从衙口跑来报名。大家都认为不错，就收了。”

“收得对，收得好。”郑芝龙赞道，接着问说，“到昨天为止，收了多少人、多少船？”

施福回答：“到昨天为止共招收一千六百六十名，大船十二艘，小船七十三只。”

“很好，施营官，”芝龙频频颔首，“你们多辛苦了。”

“现在请郑统领到营房和围头湾视察。”施福恭请道。

芝龙笑道：“好啊，走吧。”

于是，施福领路，带着郑芝龙一行视察了营房居室、炊事设施、练武场所。但见营房居室整洁，炊事设施完备，练武场上新招的丁勇正在教官的指导下练拳……

芝龙不禁赞道：“施营官真是高手，将来你这支队伍必将成为我义师的劲旅。”

到了近午，郑芝龙一行回到招兵处，和新招来的丁勇们共进午餐。

餐后，施福恭请道：“今晚请郑统领在围头住上一晚，不知方便否？”

郑芝龙仰起头望了望天空，说：“秋季风向多变，看来明天要转北风。我还是下午乘微南风前往崇武为好。要不，风向一变，又要耽搁不少时间。”

“那就听从郑统领的安排。”施福应道。

郑芝龙在稍歇后，便和紫霜、芝豹等一行人来到海边，搭上洪旭特派的战船，向送行的施福、施琅及招兵班子诸员告别，起锚升帆，朝着崇武方向驶去。

到了崇武卫所，郑芝龙一行在郭怀一陪同下，检查了招兵置船的各项工作；而后乘着刚刮来的东北风，回到厦门。

九月又匆匆地过去了，闽南地区迎来了初冬季节，义师的招兵置船工作也渐渐进入尾声。主持漳浦六鳌所招兵工作的李魁奇已经招收了两千名丁勇，购置了四十几艘大小船只，其中以漳浦县渔民黄庆源和黄逵连船带人入伙，使他非常满意。

这一天午后，李魁奇在卫所前坐了一刻钟，还不见有人前来报名，他站起身正想回居室稍歇，从海边走来了一群人，连忙又坐下等待。

那群人走着、走着，快到招兵处时却停下脚步。领头的一个中年大汉先来到李魁奇面前，抱拳拜道：“小民在此拜见李头领！”

李魁奇仔细一看，来人竟是自己早年在海上做买卖时的伙计谢贯。当时他们一伙多数人被官军歼灭，谢贯曾跟随他逃到一个荒岛上藏匿，后来转回家乡种田。李魁奇投奔李旦后，谢贯曾到平户找他求职，魁奇碍于自己的身份没有答应；谢贯便再次下海为盗，就此便断了关系；想不到现在又找上门来……

“你来做什么？”李魁奇按原定的程序先问。

“我是来要求加入义师的。”来人答说。

李魁奇问道：“高姓大名？”

“小民姓谢，名豪。”来人再答。

李魁奇一愣，心想这小子咋改名了，但又不好说出来，便按程序继续问：“家乡在何处？”

谢豪：“我家乡就在海澄县。”

李魁奇：“海澄县人为什么到现在才来报名？”

谢豪：“我们是一些在沿海为货主运货的船民，共有三百八十五个，前些日子手上还有一些生意，现在承接的生意全做完了，就赶着前来……”

李魁奇：“好，好，现在来还不晚。”随即问道：“你们有多少船只？”

谢豪：“大小船只三十六艘。”

李魁奇一想：谢豪这一伙只要管束得好，准能成为我的贴身亲丁。便招了招手，说：“把你的同伴都招过来，我们要按规矩进行检查，然后再作决定。”

招兵置船班子按“三条件，三优先”的规定进行检查后，全部合格。

书算手当即登记入册，管银员跟着发给“安家银”，庶务员随即领着他们到营房，安排住处。

第五十六章 崇祯帝派员赴闽

天启七年八月，熹宗驾崩；八月，崇祯皇帝继位。

九月，刚即位的崇祯皇帝同时接到两份奏折，分别是福建巡抚熊文灿和福建总兵俞咨皋上奏的。

崇祯皇帝仔细审阅。该两份奏折的内容都是有关“海贼”郑芝龙之事，但双方的主张却截然不同：熊文灿巡抚“主抚”，俞咨皋总兵却“主剿”，而且都说得头头是道，有理有据，令人难辨其是非。

为了探知实情，以便作出决断，崇祯下旨，命兵部派一名侍郎、一名协理，会同吏部监察御史苏琰，前往福建查明真相；并派两名锦衣卫高手陪同，暗中予以保护。

十月，福建籍的监察御史苏琰等一行五人，从天津卫乘兵部专用船来到福州，住进福州府衙，开始进行明察暗访……

这一天上午，身穿民服的苏琰和兵部侍郎汪昭、兵部协理吴青先来到福建总兵府衙，对守门卫兵亮出兵部的证书，便通过大门，径直往前厅走去……

一进入前厅，迎面一座金光闪闪的飞鹏雕像异常夺目。三人不约而同地停下脚步，对这座飞鹏雕像琢磨起来……

“这座雕像该是用纯金雕琢出来的吧。”汪昭先开言道。

苏琰双手掐着飞鹏雕像的翅膀提起来，放下后叹了口气，说：“肯定是纯金雕成的。”

“那该值多少银两啊?!”吴青叹道……

睡到日上三竿才起床的俞咨皋刚用过早餐，接到守门卫兵的报告，顿感来人非同寻常，赶紧从后院来到前厅，一看三个身穿民服的人正站在“纯金飞鹏”前面议论，连忙靠上前去，即刻认出监察御史苏琰和那位权力仅次于兵部尚书的侍郎汪昭，便抱拳拜道：“两位大人莅临，咨皋有失远迓，请恕罪！”

“俞总兵不必客气，”汪昭抱拳回礼，说，“我们三人结伴前来闽省游览并造访同僚，不愿打扰官府、惊动百姓，所以没有事先告知便上门来，请多见谅。”

俞咨皋在官场混了这么多年，对这三人的来意心知肚明，但仍从容应道：“好啊，那就请三位到内厅喝杯茶吧。”

“我看不急，俞总兵！”苏琰抱拳应道，“在这前厅观赏观赏也很不错。”

俞咨皋连忙支开：“这前厅没什么好观赏的。”

“俞总兵此言差矣，”苏琰边应说边转身指着那座纯金飞鹏，“这座纯金飞鹏就很值得观赏。”

“哎，哎……”俞咨皋一时语塞，继而灵机一动，说，“那不是什么纯金的东西，只是铜雕镀金而已。”

苏琰追问：“哦，原来只是铜雕镀金，不知是哪位贵友所赠？”

“这是闽省大海商李旦送给我的。”俞咨皋坦然应道。

苏琰点点头：“李旦乃日本平户唐人的甲必丹，对我闽省贡献也很大，不知他近况如何？”

俞咨皋：“我们好久没联系了，他近来谅必福体安康，生意兴隆。”

苏琰：“这就好，这就好！”

俞咨皋：“现在请三位大人到内厅喝茶吧！”

“好啊，好啊。”汪昭应道，随即领头跟俞咨皋来到内厅。

双方坐定后边喝茶边聊天……

到了近午时分，苏琰等人才告辞返回福州府衙住所。

当天下午，苏琰等三人仍然身穿民服来到巡抚院，向把守大门的卫兵亮出朝廷兵部的证书，径直走进抚院前厅……

正在前厅扫地抹桌的衙役见来人是三个普通的老百姓，对他们闯过府院直接来到前厅感到奇怪，便停下手中的活计，问道："你们三人是怎么跑进来的?"

"我们要见巡抚大人。"吴青应道。

衙役："抚院早就规定，巡抚大人如在省城，每旬一、三、五、七、九上午辰时接见老百姓，这省城里大家都知道。你们应该在规定的时间来找他。"

"哦!?"苏琰颇感新奇，问，"除了这规定的时间，他就不接见老百姓?"

衙役："当然啰。巡抚大人忙得很呢。经常要到各府、县检查，还要召开会议讨论全省大事，还要阅批各式各样的文书……"

苏琰："好啦，好啦，我只请问一下，巡抚大人现在到底在不在抚院里?"

衙役："正在抚院后厅书房里阅批文书。"

汪昭随即亮出朝廷兵部的证书，说："那你就带我们去见他。"

那衙役一看来者是朝廷的官员，连连鞠躬："好，好，我这就带你们去见他。"说着，领着苏琰等人穿过一道长廊，来到后厅书房……

苏琰等一进房门，但见熊文灿正手执毛笔，伏案书写……身后四个书架上摆满书籍……

他们缓缓地走到书案前，熊文灿才抬起头，看到三个穿民服的人已经来到他面前，不禁一愣；仔细再一看，为首者正是朝廷监察御史、老朋友苏琰，其他两位显然是身穿民服的朝廷官员。

熊文灿连忙站起身，抱拳拜道："不知御史大人驾到，有失远迓……"

"别客气了，"苏琰打断他的话，"巡抚大人正忙，我们冒昧而来，请多见谅。"

"岂敢，岂敢。"熊文灿边应道边指着案台前几把交椅，"请坐，请坐。"

双方坐定，苏琰先开言道："巡抚大人公务很忙啊!"

"我只是按朝廷的纲纪办事，稍忙一点也是应该的。"熊文灿谦逊地应说。

苏琰当即叩问："近期闽省的情况如何?"

"唉!"熊文灿深深地叹了口气，"说起这闽省，真是一言难尽。在京城时曾听说福建是'八山一水一分田"，我当时还不信。去年奉旨巡抚福建，我先到各州府走了一圈，才知道这传言不谬。当前闽省人多地少，特别是闽南沿海地区，民众生活困苦，一时很难解决。回顾永乐年间，在三宝公下西洋的带动下，开放了漳州月港，商民纷纷出洋经商，获利丰厚，民众的日子过得很不错。自从倭寇入侵、荷夷袭扰，朝廷不得已施行‘海禁’，出洋经商之利断绝，靠那‘一分田’就很难维持生计。自此，一些不法之徒便下海为盗，搅得沿海地区民不聊生。今年来，由于雨水稀少，水稻歉收，百姓的日子过得更其艰难。我现在正要致书两湖、两广相关部门，请调运一批粮食支援闽省。”

“巡抚大人辛苦了。”兵部侍郎汪昭随即开言，接着问道，“今年二月海贼郑芝龙攻袭厦门，斩把总，逐守备，震撼台海，惊动朝廷，至今尚未处置，不知其近况如何？”

“郑芝龙与其他海贼全然不同，本官已将情况上奏朝廷，谅侍郎大人已经知晓，今天就不必再多说。”熊文灿坦然应道，“至于他们的近况，则大出人们所料。”

“噢!?”汪昭和苏琰一听，颇感意外，同声问说，“怎么大出人们所料呢?”

熊文灿应说:“郑芝龙从今年六月起，派出六个手下的头领，携带巨额的银两和招兵班子，进入崇武、围头、金门、高浦、六鳌、铜山等六个卫所，向留守的士兵分发抚慰金，而后租用空置营房，进行‘招兵置船’……”

“啊!”兵部侍郎汪昭大吃一惊，愤怒地指着熊文灿，“抚台与总兵官怎么能够让他如此嚣张?”

“本官有失职之处，”熊文灿平静地答说，“也有为难之处。”

“你作为巡抚，总管军事、民事，有何为难之处?”汪昭继续责问。

熊文灿叹道:“本官到任之前，全省各卫所因官员贪腐，层层盘剥，致使士兵难以维生，纷纷逃亡。按朝廷规定，每千户所兵员为一千一百二十名；但去年我上任后巡查结果，全都只剩二百名左右。当时本官即向俞咨皋总兵通报；俞总兵也答应彻查，但至今毫无动静；身为同级官员，我也无可奈何……”

“巡抚大人，”一看他们两人争持不下，苏琰连忙岔开，“我看你还是说说郑芝龙的近况吧。”

“现在郑芝龙实际上已接管了这六个卫所，聚众已超万人。”熊文灿应道，“但奇怪的是，如今闽南沿海却比以往平静得多，再也没见到海贼上岸烧杀抢掠。”

“果真如此？”苏琰和汪昭齐声问道。

“依我看，”熊文灿建议，“还是请三位大人亲自到厦门和闽南沿海这六个卫所查访为好。”

苏琰和汪昭、吴青表示接受熊文灿的建议，然后告辞回福州府衙。

当晚，兵部协理吴青在福州府衙寝室，将一天来拜访福建总兵俞咨皋和巡抚熊文灿的实情，详细登录在随带的《兵部记事簿》上。

经数日的准备，并由熊文灿嘱令泉州知府协助之后，苏琰、汪昭、吴青在两名锦衣卫高手的护卫下，乘兵部专用船离开福州前往泉州，住进泉州府衙，受到知府王猷的接待。

经过认真商讨，主客双方共同拟订了进行查访的方案，并由泉州府再派两名捕丁组成陪侍班子，以保证查访得以顺利进行。

翌日，王猷调来了两只民船和六十大麻袋的米粮。身穿商人袍服的苏琰、汪昭、吴青三人，搭乘一只民船；另一只较大的民船装载米粮；身穿随从服的锦衣卫士和身穿船民服的捕丁则分乘在两只船上，于第六天早晨从泉州起航。

两只民船出了泉州湾后，转向北偏东，逆风侧帆行驶，近午时分才抵达崇武海域。

苏琰、汪昭、吴青三人走出船舱，站在船头，放眼望去，只见不远处一片礁石外的海面上，一艘“大贼船”正领着八只单帆六桨的小船，装载着百名“海贼”冲向那片滨海的礁石群。

守卫海防的士兵即刻开炮轰击“贼船”。

大贼船上的头目把手中的小黄旗一挥，炮手即刻开炮还击，掩护小船上的贼伙强行登陆，轰隆隆的“炮声”（鞭炮）震撼海空。

守卫礁石群的士兵一边与贼船炮战；一边用刀枪和长铳与强行登陆的贼伙激战……终于“杀伤”十几个“海贼”，并将其他海贼团团包围，缴下他们的武器。

大贼船上的头目看形势不妙，赶紧升帆准备逃脱，却被迎面急驶过来的三艘卫所的战船包围住，终于投降。

在礁石群上守卫海防的士兵高举手中的武器，欢呼胜利。

汪昭、吴青作为兵部官员，看了这场操练后，齐声惊叹道："如此真刀真枪的操练，在我们正规官军也很少见啊！"

"看来郑芝龙颇具将才。"苏琰接着说。

吴青赞许道："他统领'义师'攻袭厦门乃首次领兵作战，能取得这样的战果，在我大明的战史上还很少见，说明此人具有相当高的军事天赋……"

汪昭略微想了想："依我看，设计这操练课目者很可能是'福凌号'那个营官施福。这个施福一向忠勇多谋，现在可能已经成为郑芝龙的军师了！"

他们正说着，所乘的两只民船已经来到岸旁。

忽然从岸上一间哨所里跑出一个身穿官军士兵服、两个身穿民服的哨兵，指着民船齐声喝道："停下来，停下来，不得靠岸！"

正站在那只民船船头的苏琰等人则齐声应说："我们是来自泉州府城的米粮商户，今天要向你们卫所卖粮！"

为首的那个身穿官军服的哨兵看他们三人穿的是绸衣锦袍，便高声问道："你们真的是来卖粮的吗？"

苏琰应道："你让我们靠岸检查一下就知道了。"

"好吧，好吧，你们就靠岸吧。"为首的哨兵看他们都很和气，终于让他们靠岸。

两只民船靠岸后，三个哨兵下船检查，果然那只大船上的货舱里装着几十包装满米粮的大麻袋。

为首的哨兵即刻交代手下的一个哨兵："你赶紧去请庶务官过来。"然后转到另一只民船，来到苏琰等三人面前，抱拳邀道："请三位客商上岸。"

苏琰等人带着两名随从上岸后，但见卫所营房一排接着一排，全都是用石块、石板砌成的。后面几排营房的墙体比前面营房的墙体干净得多，显然是新近才建成的。

营房的前方是宽阔的土坪，近百对的士兵、丁勇，正在拳师的监看下操练对打，全都是真招实拳，不是在耍花架子。

营房的两旁有一些较为低矮的小屋，屋顶上露出一支支正在冒烟的烟囱，显然是炊事用房。另外还有几间用石块砌成、没有窗户的屋子，该是卫所的仓库。

他们正在观察四周，那个哨兵领着庶务长和管银员匆匆赶来。双方相互致礼后，便一起下到那只装载米粮的民船。

庶务长一看，货舱内堆满装有一担米粮的大麻袋，频频颔首；接着便拿出一支黄铜“验粮管”，从大麻袋的隙缝插进去，抽出一管麻袋中的米粮，放在手掌心验看，果真是上等的糙米，便问道：“你们这批糙米每担要卖多少钱?”

“每担一两银子。”苏琰答说。

庶务长道：“按官价，每担米粮折银七钱，你们要卖一两会不会贵了点?”

苏琰摇了摇头：“现在按官价能买到米粮吗？你们到泉州府城打听打听就知道，现在一担米粮都卖到一两四钱银子，比官价涨了一倍。我们这些商户是为了感谢义师镇守海防、给我们带来平安，才送粮来卖给你们。”

“好吧，好吧，就按你们开的价钱。”庶务长点了点头，旋而问道，“你们这回带来多少货?”

苏琰道：“带来六十麻袋，每袋一担，共六十担。”

庶务长随即交代那个哨兵：“你就近去招呼几个丁勇前来搬运米粮。”

那个哨兵很快就叫来十几个身穿民服的丁勇。

丁勇们一下船，每人扛着一大麻袋上岸，来到一座储藏米粮的专用仓库，整齐地摆放在地面的木板上，很快就搬运完毕。

在岸上点数的庶务长确认正好六十麻袋后，转对身旁的管银员说：“给客商六十两银子。”

管银员立即从牛皮袋子里取出十枚六两重的银锭，交给苏琰。

买卖做成后，已是正午时分。卫所的士兵和丁勇们纷纷到厨房端出一碗

稀粥，来到营房前土坪，就地坐下，用筷子扒进嘴里。

苏琰走到一个丁勇面前，低下头一探，那碗稀粥里除糙米外，还有番薯干和鲜蚝，大感兴趣，便叩问庶务长："时候不早了，我们肚子也饿了，能不能就在贵所先吃一碗蚝仔粥?"

"可以啊，"庶务长高兴地应道，"就怕委屈了你们。"

苏琰赞道："我们走南闯北，好吃的不好吃的全都吃过。我刚才看了一下，你们这蚝仔粥还不错呢!"

庶务长随即带着他们来到厨房，端给他们每人一碗蚝仔粥。

苏琰和汪昭、吴青等人接过蚝仔粥，来到营房前土坪，撩起锦袍的前裾，也就地坐下，边吃边和身旁的丁勇们聊了起来……

"听说义师军纪很严，你刚被招进来能习惯吗?"苏琰问道。

"能，头领对我们都很好，只要你遵守'爱民护民、尽职尽责、勤学勤练'的法规，大伙就像兄弟一般。"那丁勇答说。

苏琰："如果违反了法规，要受处罚吗?"

丁勇："那当然要受处罚。头领们都按照法规处置，毫不留情。"

苏琰："果真如此?"

"我们小队里有一个当过海贼的大汉，因武艺高强被招进来；起先表现还不错，人缘也好，就是贼心不死……"那丁勇娓娓说来，"今年夏天一个晚上，他偷偷地跑出营房，到附近村里一个出过洋的舵公家里偷金器，还把那舵公打死，然后逃走。舵公的家属立即到卫所报案。郭怀一头领一查，发现这家伙的床位上没人，立即召集一百多个丁勇和士兵进行追捕，终于把他抓到。经过审判认定，就按义师'爱民护民，杀人偿命'的法规，判处死刑、立即执行。从那以后，我们卫所再也没有发生违反义师法规的事；附近村社的老百姓对我们也就更加亲热……"

他们相互交谈时，附近村社的村民听说卫所来了府城客商，纷纷前来看热闹。那营房前的土坪顿时变成了闹热的圩场。

但见那些村民有男有女、有老有少，大都衣衫褴褛、面容憔悴，有的甚至瘦如枯柴，一到土坪却喜笑颜开，先围着身穿锦袍席地而坐的苏琰等人，品头评脚一番之后分散开来，和那些吃过午餐的士兵、丁勇，或勾肩搭背，窃窃私语；或嬉笑戏谑，相互打趣；真是亲密无间。

苏琰、汪昭、吴青面对这闹热的场面，感慨万千，随即将碗里的蚝粥吃光，站起身正要与庶务长告别，前方走来了一位身穿紧身衣靠的大汉，身材魁伟，步态稳健，很快就来到他们跟前，抱拳致礼："三位客商亲自送米粮卖给我们，价钱还算合适，今后不妨常来常往。"

庶务长连忙介绍说："他是我们卫所的头领郭怀一。"

苏琰等人随即抱拳回礼，齐声拜道："久闻郭怀一头领大名，今日得以相见，真是三生有幸。"

郭怀一连连摇头："惭愧，惭愧，我只是受郑芝龙统领之命，前来管一管崇武卫所。"

苏琰赞道："泉州府城盛传郭怀一头领武艺高强、称雄一方！听说你本是福建最大海商李旦的得力助手，平户金阳商行的卫丁队长，不知确否？"

郭怀一点头："没错。"

苏琰再问："那为什么要跑到台湾北港，加入郑芝龙的义师，进而转到我们闽南？……"

"唉！"郭怀一叹了口气，说，"都因恶贼杨陆勾结倭寇余孽，毒杀李旦大人，血洗金阳商行，重创颜思齐总管，我等才冒死突围，撤到北港商馆，在李旦大人义子郑芝龙率领下，兴师为李旦大人和颜思齐总管报仇。现蒙上苍庇佑，终于攻取厦门，斩杨陆，逐贪官，招兵置船，镇守海疆。现只希望福建的乡亲们理解我们，支持我们，让我等能够更好为民效劳，为国效力。"

苏琰、汪昭、吴青听后深受感动，齐声应道："我们泉州府的老百姓都会支持你们。"

郭怀一抱拳鞠躬："那就多谢泉州府的老百姓！"

"贵我双方的买卖已经做成了，午餐我们也吃了，"苏琰应说，"现在我们准备乘风回泉州，就此告辞！"

郭怀一高声道："祝你们一路顺风！"

第五十七章　调查组探得实情

苏琰、汪昭、吴青和随从人员一起回到民船上，兜起强劲的东北风，朝南驶回泉州府城，仍住在泉州府衙内。

当晚，知府王猷设便宴招待苏琰等人。

席间，王猷恭问道："三位大人今日查访崇武卫所，不知情况如何？"

"大出我意料之外，"兵部侍郎汪昭首先答说，"本官在兵部任职十年，头一回见到军纪如此严明、操练如此认真的队伍……"

"果如熊文灿抚台所言，"苏琰接着说道，"郑芝龙的伙众与其他海贼全然不同。看来他们非但没有到处烧杀抢掠，而且还跟老百姓打成一片。今日午间我们席地而坐，正在用餐，卫所附近的村民纷纷前来看热闹；随后就与卫所的丁勇们嬉笑言谈，那亲热的情景，令人深受感动。看来郑芝龙宣称'爱民护民'，确实不是骗人的幌子。"

"义师和民众打成一片的缘由是这样，"王猷说，"今年由于雨水稀少，夏、秋两季米粮歉收，穷困村民日食艰难。郑芝龙下令各卫所动用武力，逼迫村里和镇上的大户开仓济民，所以赢得了村民的拥戴。"

苏琰、汪昭、吴青齐声赞叹："原来如此！"

汪昭仰起头想了想，说："不过，我有一点不大明白。有些村民和几个丁勇竟然勾肩搭背，嬉笑戏谑……"

"哎，看起来是有点过分……"苏琰接着说。

"我把其中内情向两位大人报告一下，"王猷解释道，"郑芝龙义师到各地招兵，当地周近村社的村民准定有人报名入伙，两位大人看到的那几个与村民勾肩搭背的丁勇，肯定就是当地人。他们之间有的就是亲兄弟或堂兄弟，所以才敢当众勾肩搭背，嬉笑戏谑。”

苏琰、汪昭齐声道：“哦，原来如此！”

王猷接着说道：“我经几番打探，才知道郑芝龙招兵时都按‘三条件，三优先’的规定查验，准予入伙者都要登记入册，写明是哪个县、哪个村人。自此，该入伙者全家就受到义师的保护；如果一个村社有十人以上入伙，该村村民就全都被义师列为保护对象。正因如此，不仅沿海村民踊跃前来报名入伙，就连内地的村社也都有很多人赶来卫所报名。”

“哇！”苏琰、汪昭齐声赞叹，“郑芝龙这一招可真厉害啊！”

谈过当天查访崇武的情况和感想之后，王猷叩问道：“三位大人下一步准备如何进行?”

“还是请王知府帮我们安排。”苏琰、汪昭答说。

王猷沉吟道：“闽南沿海这六个卫所全都按照郑芝龙的规定办事，情况大致相同。现在北风甚烈，乘船从北到南顺风，从南到北逆风。我的意见是三位大人只需再到晋江围头、同安高浦和金门三个卫所查访，然后直接转到厦门，厦门以南的两个卫所就不必再去。”

苏琰、汪昭点了点头：“就按王知府的意见办。”

“这回前往三个卫所，仍然以粮商的身份。”王猷接着说，“到厦门最好以瓷器商的身份，以售货为名直接跟金阳厦门商馆打交道，乘机打探杨陆、王守备、俞总兵相互关系的情况。据府城宝昌金铺掌柜称，前几年杨陆曾与他的徒弟提着一袋金锭到铺里，定做一尊‘纯金飞鹏’，经府城头号金匠制模浇铸、精雕细琢而成。该‘纯金飞鹏’是否就是总兵府大厅里的那一尊，也可在厦门商馆查明。”

“好，好，这样安排很好。”苏琰、汪昭、吴青齐声应道。

王猷恭谨道：“三位大人同意这样做，下官明天起就照这方案进行准备。”

当晚回到府衙寓所，苏琰、汪昭先行歇息。吴青则在寓室里研墨提笔，将这一天查访崇武卫所的情况和王猷知府的意见，一一登录在《兵部纪事簿》上。

经过五天的准备，王猷调来一艘设有货舱及客舱的大船。两个货舱中有一个装载一百二十麻袋的米粮，另一个则装载两百箱德化瓷器。六间房舱中，有四间供装扮成客商的苏琰等朝廷官员和卫士住宿，另外两间则安排给装扮为“瓷商掌柜”的府衙主簿和两个捕丁。

第六天早晨，苏琰等人在泉州府衙主簿的陪同下，乘大船先后到晋江围头卫所、同安高浦卫所和金门卫所售粮、查访；每个卫所费时半天，情况与崇武卫所大同小异。查访后则转到附近的海湾避风、用餐，交谈意见，并由吴青将情况和意见登录在《兵部纪事簿》上。当晚就在大船上过夜。

金门卫所查访之后，大船就近驶入厦门内港。但见港内樯桅林立，舢板穿梭，一片繁荣景象。他们只好挤进厦门城南门外的海面上抛碇停泊，当晚就在船上歇夜。

翌日上午，装扮成瓷器商的苏琰、汪昭，和装扮成泉州宝昌金铺掌柜的府衙主簿和金铺金匠的吴青，带着随从人员，乘大船上的救生艇登岸，由府衙主簿领路，来到金阳厦门商馆。

守门的卫丁一见来了大客商，连忙到商馆内向主持商务的司帐、司货报告。

司帐、司货来到大门前，将客人迎进商馆的客厅。

双方坐定，司帐先抱拳致礼：“欢迎诸位前来我馆！”接着叩问道：“不知诸位要谈些什么生意？”

府衙主簿先自我介绍：“本人是泉州府城宝昌金铺的掌柜，在我身旁这位是本铺的金匠。”随即指着苏琰、汪昭，介绍说：“这两位是刚到府城的瓷器商。我们是多年好友，因此结伴同来，想拜访贵馆的新掌柜。”

“我馆新掌柜郑芝凤忙于义师的军务，”司帐应说，“商馆商务委托本人全权办理。”

府衙主簿叹道：“哎呀，贵馆的掌柜不在，可惜，可惜！”

司帐问道：“有什么事尽管对我说，我会帮你解决的。”

“情况是这样，”扮装为金铺掌柜的府衙主簿说，“前几年，贵馆原掌柜杨陆曾到我铺定制一尊‘纯金飞鹏’，经当时我铺的一位府城头号金匠制模浇铸、精雕细琢而成。现又有一位客户前来定制一尊‘纯金飞燕’，但该金匠高手已回老家苏州，新来的这位金匠要求先到贵馆察看‘纯金飞鹏’，以便模仿其工艺，雕琢‘纯金飞燕’。现在贵馆掌柜不在，不知能否看到这尊‘纯金飞鹏’?”

司帐听后，半带讥讽地答说：“我馆原掌柜杨陆向贵铺定制的那尊‘纯金飞鹏’早已赠送给俞咨皋总兵。你们想要看就要到省城总兵府衙找俞总兵。”

苏琰赶紧出面圆场，对府衙主簿说：“哎呀，李兄，我早就跟你讲，想察看这尊‘纯金飞鹏’很难，你就不信……”说着，转对司帐：“我是来和贵馆谈瓷器生意的。”

“有没有带现货?”正想要进货的司帐问道。

苏琰：“有，就在船上。”

司帐：“多少箱?”

苏琰：“两百箱。”

司帐：“货呢?”

苏琰：“在船上。”

司帐：“船呢?”

苏琰：“就停泊在南门城外的海面。”

司帐：“现在就看货方便吗?”

苏琰：“方便。”

于是，商馆的司帐和司货领着苏琰一行来到商馆前的码头，乘坐商馆的舢板，划到那艘兼有客舱和货舱的大船，沿着船舷的舷梯，上到大船的甲板；然后打开舱门，下到装载瓷器的货舱。

商馆司货先打开前头的一个木箱，从箱里提出一个竹篾箩，解开箩顶的绑带，取出一个雕花瓷盘，仔细察看。见那盘体厚实，呈乳白色，彩雕在盘体上面的花草五颜六色，可谓是上等的彩盘……往竹篾箩里再一探，每个磁盘之间都垫着一层竹草纸，包装也很讲究；接着，又接连打开两个木箱，进行仔细查验后点了点头，说：“瓷盘和包装都不错。”

苏琰：“这批雕花瓷盘是德化名窑为出口西洋烧制出来的，你们看看要不要?”

商馆司帐：“要，请开个价。”

苏琰：“每箱五十两白银。”

“这价钱太高了吧!”司帐应道。

苏琰："这价钱怎么能说太高呢？你们卖给红毛商户也好，卖给葡萄牙商户也好，都可以买到六十两。"

司帐："现在卖不到那价钱啰，一般只能卖到五十两。"

苏琰："那你还个价吧。"

司帐："难得你们送货上门，我看每箱就四十八两。"

苏琰："好吧，就四十八两，不过必须付现钱。"

"可以，"司帐应说，随即交代司货，"你赶紧安排人卸货入栈。"

当天中午，商馆司帐在水仙宫附近的酒楼宴请苏琰一行。宴毕，二百箱上等磁盘也已全部搬入商馆的栈房。商馆司银从银库里取出九千六百两银锭交给了苏琰等人。

圆满地完成了这宗买卖之后，苏琰、汪昭、吴青将银两交给两名锦衣卫士送到大船上保管；然后在泉州府衙主簿的带领下，到厦门城内外的市街民坊巡查。但见市街的商铺，顾客进进出出，生意甚好；民坊的居所，内外整洁通风，适宜居住，不禁交口称赞。回到大船后，吴青立即将当天的所见所闻登录在《兵部纪事簿》上。

随即，按照事先与泉州知府王猷的约定，大船就近转到漳州月港。已在码头上等待的王猷和漳州知府当即将他们迎进漳州府衙。苏琰等将一路售货所得银两，交给王猷收讫，然后双方愉快地交谈……

话说那位商馆司帐送走了泉州府城来的客商，回到商馆账房，将刚刚做成的这笔生意登记入账后，泡了一壶功夫茶，边喝边想，感到这批客商有些怪相。自己在商界服务二十多年，见过的人太多了，这样子的客户还是第一次遇到。起先是那位泉州府城宝昌金铺的掌柜和金匠，怪里怪气地要来看"纯金飞鹏"；探知"纯金飞鹏"已由杨陆送给俞咨皋后，才谈瓷器生意。而且那两个瓷器商面相贵气，举止高雅，一点也不像是商人。还有，自己上了来客所乘大船验货、卸货之后，那大船的货舱就没有其他货物。难道这一艘兼有客舱和货舱的大船，就只载这么几个客人和这么一批瓷器？

司帐越想越不对头，便漫步走出商馆，来到厦门城南门外海边，举目一看，那艘大船正升帆起锚，乘着东北风绕过鼓浪屿南端，朝向海澄县驶去……

“怪呀，怪呀，就这么匆匆忙忙地跑了……”司帐嘴里叨念着，随即转过身往回走。

用过晚餐，司帐一反常例，不回后落寝室和妻子谈天，自己端了一只交椅，来到商馆大门内坐着，从腰间抽出一支烟管，在烟管前端的小烟斗里装上烟丝，用火绒点着，吞云吐雾地抽起烟来，让守门的卫丁感到有点奇怪……

过了半个时辰，司帐朝门外一看，霎时站起身。

守门的卫丁随着朝门外一看，原来是新任掌柜郑芝凤和新任卫丁队长郑芝越一起回来了。

司帐迎进了郑芝凤，带他来到账房，将今天前来的这批客户的怪情向他作了详细的介绍，然后问说：“近来商馆周边的商铺盛传俞咨皋将出兵清剿义师，夺回厦门城；今天这几个来客会不会是他派来的密探?”

郑芝凤听后点了点头：“有可能，完全有这个可能，我得马上向郑芝龙统领报告。”说着，站起身把郑芝越招来，一起匆匆离开商馆，来到城内守备府衙找郑芝龙，将商馆司帐介绍的情况和这几个客商的疑点向郑芝龙陈述。

郑芝龙专神倾听后凝思片刻，摇了摇头，说：“依我看，这几个令人生疑的客商不会是俞咨皋派来的密探，倒很像是朝廷派来我省调查的官员。”

“朝廷派来我省调查的官员?!”芝凤、芝越颇感惊讶。

“据我了解，”郑芝龙答说，“我们义师斩杨陆、逐守备、占据厦门、招兵置船一事，俞咨皋虽力主对我‘清剿’，但福建巡抚熊文灿却力主‘招抚’；两人均于今年仲夏上奏朝廷。朝廷为了了解实情，应该会派员前来福建。依我看，今天这几位令人生疑的客商，应该是朝廷派来的官员。”

芝凤、芝越听后，频频颔首。

扮装为客商的苏琰、汪昭、吴青和两名锦衣卫士依约到漳州月港后，鉴于冬季北风甚烈，乘船北返将耽搁不少时间。经漳州知府安排，决定从陆路回京。于是在漳州歇息两天后，苏琰一行便沿着以漳州为起点的官道，一路

乘驿车，宿驿站，历经福建、浙江、安徽、河南、河北等省，于十二月下旬抵达京城。

这时的京城已经铺上一层白雪。汪昭、吴青及苏琰不顾路途劳累，只休息一天便赶在除夕之前一起来到兵部，向兵部尚书阎鸣泰禀报前往福建查访的结果、并呈上兵部协理吴青每天记录的《兵部纪事簿》，使这位为官清正、从不护短的兵部尚书拿定了主意。

第五十八章 郑芝龙接受招抚

过了天启七年除夕夜，大明王朝迎来了崇祯元年正月初一。

皇帝少师、太子太师、兵部尚书阎鸣泰，按朝廷规定的礼节，出席了庆贺新年的相关活动……

元宵过后，阎鸣泰除每天早朝及处理日常政务，才定下心来，开始起草上呈给皇上的奏折，几经斟酌和修改，定稿后清抄在奏折上，于崇祯元年二月十二日送呈。

该奏折以《闽将不可不去，闽抚不可不留等事》为题，按照“反官府者皆为贼”的通例，一开始就采用“词贬意褒”的写法，称：

贼首郑芝龙生长于泉，凡我内地之虚实了然于胸。加以岁月所招徕，金钱所诱饵，聚艇数百，聚众数万。城社之鼠狐，甘为爪牙；郡县之刀笔，尽属腹心……

以此描述郑芝龙的出身、智慧、实力和受到贫苦百姓和下层官吏拥戴的情况。

接着，阎鸣泰继续用“词贬意褒”的写法，进一步将郑芝龙“仁义为本，爱民护民”的情况进行描述，称：

复以小惠济其大奸，礼贤而下士，劫富而济贫，来不拒而去不追……官不忧盗而忧民，贼不任怨而任德，一人作贼一家自喜无恙，一姓从贼一方可

保无虑……

写完了郑芝龙的情况之后，阎鸣泰对自己的下属俞咨皋公正地评道：

“志强七尺魁梧，自是将种，奔驰水陆，效有微劳”，但却“倾贼囊以充私囊，敢于孟浪”，并严厉指出俞咨皋对闽省海防空虚负有罪责，称“大将俞咨皋无所逃罪”，并提议“俞咨皋著即解任”。

身兼皇帝少师、太子太师、兵部尚书的阎鸣泰，曾担任京师所在地顺天府的巡抚及京师要地北京经山海关到锦州至辽河一带的蓟江总督，乃万历、天启、崇祯三朝重臣，他这份奏折分量有多重，可想而知。

紧接着，福建籍监察御史苏琰又以《再详臣乡乱形等事》为题上奏。

该奏折在描述郑芝龙“进至中左所，中左之人开城门哀求不杀，芝龙又约众不入”等情之后，称：“故云‘抚’之一字，众议皆同。”积极建议朝廷对郑芝龙实行招抚。

刚刚继位、励精图治的崇祯皇帝接连收到这两份奏折，细加审阅；鉴于辽东铁骑已成大患，权衡得失之后作出决断，下旨命福建巡抚熊文灿负责招抚郑芝龙诸事宜；同时撤销俞咨皋福建总兵职务，回京候查；福建总兵一职由福建巡抚暂代。

福建巡抚熊文灿接旨后，立即召集巡抚院、总兵府的高级官员，及沿海各地知府到省城福州，经郑重商讨，并由泉州知府王猷与郑芝龙沟通后，决定郑芝龙受抚的条件为：

一、必须忠于朝廷，听从朝廷调遣；

二、必须固守海疆，不容外夷来犯；

三、必须坚守海防，剿灭闽海贼寇；

四、必须严管部属，杜绝部众犯案；

五、必须自筹粮饷，自备武器船舰；

六、必须定期赴省，报告任职情况。

朝廷在郑芝龙书面保证遵守以上条件之后，授予郑芝龙“海防游击将军”官职，位列“正四品”，并恩准：

一、拥有对所属武装的指挥权和各级头领的任免权；

二、拥有原金阳所属各商馆的经营管理权和盈利支配权；

三、拥有闽南六个卫所的驻守权和原属卫所的屯田；

四、抗击外夷及进剿海贼时，闽省各府县须予以鼎力支持；

五、施福、洪旭二人官复原职，往后论功提升；

六、原郑芝龙属下头领，继续在原地领兵，往后论功授予官职。

以上关于《受抚条件》及《授予官职及恩准事项》经上报兵部、吏部转呈皇上批准后，福建巡抚熊文灿乃发函召郑芝龙到省城商谈受抚事宜。

在厦门接到巡抚大人召见书的郑芝龙，自去年初泉州知府王猷微服来访之后，就一直盼望着朝廷招抚，并向泉州知府王猷透露接受招抚的意愿和条件，并已被朝廷采纳。现在，这一事关毕生大业的日子终于到来了。

翌日大清早，郑芝龙在颜紫霜陪同下，先乘船来到同安县南端与厦门隔海相望的浔尾社。省抚院派来的用两匹马拉的驿车和两名卫兵已在社里的龙王宫前等候。

郑芝龙夫妻上车后，驿车先沿着崎岖小道行抵同安县城，然后转入官道，经马巷、水头，来到安平桥西端……

郑芝龙连忙命驭车兵紧拉缰绳停下，而后与颜紫霜下车，指着那巨石砌成的桥墩和石板铺成的桥面，说：“这桥长五里，俗称‘五里桥’，共有三百多个桥墩，跨过两条深水港道，素有‘天下无桥胜此桥’之称。”

颜紫霜听后，探下头看了看桥墩，仰起头望了望桥面，不禁啧啧称奇。

两人于是边往前走边环顾四周。但见大桥南面海湾内，停泊着五六艘大船和十几只中小船。大桥东面的北部是一片旱田，因缺水全都龟裂；南面则是一片宽阔的空地，既无田园也无房舍。

他们两人走着，走着，一直走到对岸的安平镇；然后再乘上跟在他们身后的驿车，继续沿着官道绕从安平市街外面往前走。

郑芝龙撩起驿车窗帘，指着官道右边那鳞次栉比的房舍，说：“这就是安平镇的市街，二妈的娘家就在这市街上，我小时候常跟二妈到这里来玩，还跟芝虎在街巷里捉迷藏。”

紫霜：“看来你还顶喜欢这安平镇。”

芝龙：“当然啰，我小时候的事记得特别清楚。”

他们说着说着，驿车已经走出安平镇转向晋江县城，然后沿着官道往北；抵达泉州府城已是夜晚，便在驿站歇息。

第二天清晨，郑芝龙与颜紫霜从泉州驿站出发，经惠安、莆田、福清、长乐，当天初夜来到省城福州，住进巡抚院内，草草地吃过晚饭，就请衙役禀告巡抚大人，要求当晚拜见。

正在后厅书房里阅批文书的熊文灿，一听说郑芝龙已来到抚院并要求接见，当即表示同意。

芝龙、紫霜由衙役领路进入书房，熊文灿已端坐在书案后的虎皮交椅上等待；一见郑芝龙身材伟岸，面容俊美，紫霜则浓眉杏眼、一身英气，真是难得的一对俊杰夫妻……

正当熊文灿感慨不已之时，芝龙、紫霜已经在书案前下跪拜道：“芝龙、紫霜拜见巡抚大人！”

熊文灿连忙走出书案，将他们扶起，说：“二位多礼了，请坐吧！”

芝龙、紫霜于是在书案前的两只交椅上坐下。

双方坐定后，熊文灿开言问道：“郑统领，知不知道这回因何召你到省城来？”

“不知道。”芝龙谦逊地答说。

熊文灿正色道：“去年初你攻袭厦门，斩杨陆，逐守备，全省震惊；照理本该兴兵清剿；后经查实你是为报义父、岳父之仇而来，而且尚能遵守朝廷法纪，因此暂缓处置。今年来，本官接连收到泉州府乡绅禀报，为你求情，乃上奏朝廷；经皇上朱批，准备对你实行招抚。不知你意下如何？”

郑芝龙恳切道：“芝龙我出身于官吏之家，就读于学塾多年，尚知忠孝乃立身之本，仁义为处世之道；对恶贼杨陆毒杀我义父、重伤我岳父致死，愤不欲生，因此兴义师为父报仇。现蒙皇上体察下情，欲招抚芝龙，芝龙我焉敢不从？只是不知受抚后应如何为朝廷效命。”

熊文灿道：“受抚后，朝廷将授予你‘海防游击将军’官职，位列从四品。

但你必须忠于朝廷，为国效命。”说着，递给郑芝龙一份受抚条件和享受待遇的文书。

郑芝龙接过文书，读后抱拳答称：“感谢皇上鸿恩！芝龙誓将效忠朝廷，竭尽全力守卫海防，决不辜负巡抚大人的厚爱。”

“如此甚好，”熊文灿高兴地说，“我将择日在泉州府衙为你举行受抚仪式，你现在先回厦门等待通知。”

“谨遵巡抚大人之命。”郑芝龙抱拳应道。

芝龙与紫霜回到厦门后，立即将朝廷招抚的消息转告诸头领以及在厦门的亲人。

施福、洪旭、陈衷纪、郭怀一、李魁奇、钟斌、芝虎、芝凤，以及蔡师、芝豹、芝鹏、芝莞、芝越、二妈、阿翠等人闻讯后，全都欣喜难名。

举行招抚仪式的吉日很快就选定了。

崇祯元年五月初一上午，泉州府衙大厅已装饰一新。厅堂大门正对的墙上，悬挂着一幅“朱红为底，日月居中”的大明王朝国旗，国旗前方铺上一条红色的地毯。

提前一天从厦门乘福船来到泉州府城的义师诸头领，已经肃立在红色地毯的左边。

接着，来自省城总兵府与巡抚院的官员和来自八闽的知府身穿官袍，也纷纷进入大厅，站立在红色地毯的右边。

吉时一到，站在大明国旗右边的司仪官高声唱道：“恭请巡抚大人！”

唱声未歇，身穿官袍神采奕奕的熊文灿就已踏着红色地毯步入大厅，走到国旗前，下跪三磕头，然后站起身，转向与会的官员和义师的诸头领。

司仪官再唱：“受抚仪式现在开始，受抚人郑氏芝龙入场！”

身穿民服、手拿卷轴文书的郑芝龙立即踏进大厅，在红色地毯上屈身下跪，然后三跪九磕，直到大明国旗下。

司仪官唱：“受抚人郑芝龙宣誓！”

双膝跪在国旗下的郑芝龙即刻拉开卷轴，面对国旗宣誓：“皇天苍苍，皇恩浩荡，芝龙决意忠于朝廷，听从朝廷调遣；自备船舰，自筹粮饷；肃清海匪，坚守海防；严管部属，杜绝犯案；歼灭外寇，固守海疆；如违此誓，天诛地灭；谨以此誓，敬禀皇上。”

誓毕，郑芝龙起立，转向熊文灿，单膝下跪，将签名盖章的《誓词》上呈给熊文灿。

熊文灿接过《誓词》后，递交给司仪官；而后从司仪官手中接过朝廷兵部尚书的《委任状》，宣读：“皇天苍苍，皇恩浩荡。兹奉皇上朱批，授予郑芝龙‘海防游击将军’官职，位列从四品；并嘱郑芝龙切勿辜负朝廷之恩，带领所属部众为肃清闽南沿海匪氛、歼灭来犯外敌、开发所属屯田，为保我大明海疆尽心戮力；如立大功，再行褒奖。皇帝少师、太子太师、兵部尚书 阎鸣泰。”熊文灿宣读毕，司仪官再唱：“授予郑芝龙官印、官服！”

大厅后一位官员手捧一个置放官印、官服的铜盘进厅，捧到熊文灿面前；熊文灿随即将铜盘连同官印、官服转向郑芝龙。

郑芝龙双膝下跪接过，站起身转向在场的官员和众头领，深深鞠躬。

司仪官最后唱道：“受抚仪式礼毕！”

随即，穿上官服的郑芝龙手捧官印，跟在熊文灿身后，踏着红色地毡，迈步走出厅门。

在场的文武官员和义师头领热烈鼓掌欢送。

第五十九章 大练兵开府安平

郑芝龙一走出泉州府衙大厅，就向熊文灿、王猷道别，接着在诸头领的簇拥下走向港口，一路上大家喜气洋溢，谈笑风生。唯有李魁奇和钟斌好似无意地放慢脚步……

看了看离开大伙已经有二十来步，钟斌悄悄地问了问李魁奇："怎么样，李爷，人家够神气的啦?!"

"哼，神气什么?"李魁奇不屑地应道。

钟斌故意跷起大拇指："海防游击将军，四品大官噢！李旦大人花了那么多银子才捐了个五品官，人家赶着我们去拼命就得了个四品，够神的啦!"

"别说了，钟斌。"李魁奇有点恼火。

"怎么啦，我不能说啦?"钟斌反驳道，"想当年李爷是李旦大人的贴身护卫，这小子一来就把你给挤掉了；李旦大人落海时，钟斌我也是冒死下海去救，结果这小子不知要了个什么花招，抢了个头功，又是义子，又是协理；后来又勾引到颜紫霜，成了金阳总管兼义师统领；现在又当上了四品游击将军……这天理何在?"

"天理，我就不信有什么天理。"李魁奇伸出一巴掌，拍了拍自己的胸膛，说，"老子当年也是江湖上的一条好汉，只是运气不好，伙众被官兵打散，我才不得不投靠李旦大人。你等着瞧吧，总有一天这小子要跪在老子的面前求饶。"

"对，对，李爷本来就是个英雄，"钟斌说，"不过啊……到了那一天，你可不要把我这小伙伴给忘了。"

李魁奇笃定地说："忘不了的，钟斌，到时候我当了头号，你就是二号。"

钟斌谦恭地说："那钟斌就先在这里向李爷道个谢！"

他们正说着，忽听到福船上传来了一阵呼喊声："魁奇……钟斌……快呀，快过来呀，福船就要开了……"

李魁奇和钟斌抬头一看，原来是陈衷纪站在舵楼顶向他们呼喊，

"真是贱货，"李魁奇咬着牙骂道，"堂堂一个主船队的总火长，甘心情愿给那小子当伙计……"边骂边迈开大步，与钟斌一起走到福船停靠的海边，踩着跳板上船。

这一天，天朗气清，微风习习，李魁奇、钟斌上船后，福船立即升帆起锚，转向正南，朝着厦门驶去。

郑芝龙与众头领聚集在福船舱面，边欣赏海景边交谈起来。话题很快就集中到义师成为官军之后如何做大做强……

听过了大伙的议论，郑芝龙开言道："义师已经成为官军，首先要按官军的兵制组建……"

李魁奇一听，不屑地说："哼，官军什么兵制呀？"

"按官军的兵制，"郑芝龙继续说，"五人为一伍，设伍长一名；五伍为一队，设队长一名；五队为一哨，设哨长一名；五哨为一总，设把总一名；五总为一营，设千总一名；五总为一镇，由海防游击将军统领。"

"对，对，要按这官军的兵制组建。"大家纷纷应和，"我们义师虽有统领和各路头领，但头领之下的丁勇还没有严密组织起来。现在郑统领已经成为海防游击将军，我们义师就要按官军的兵制组成一支海防军……"

郑芝龙接着说："现在诸位头领手下都有两千多个士兵，虽然还没有达到三千一百二十五人的定员，而且朝廷尚未正式任命，但实际上已相当于一名千总。我建议诸位回到卫所之后，先把伍、队、哨三级组织起来，按照'诚、勇、智'三项兼备的标准临时指定伍长、队长、哨长，并在守卫海防的同时进行大练兵。"

"好，好！练兵乃强师之道。"众头领齐声响应。

"至于'把总'一级，我想仿照戚继光大人的练兵法，开办领军学班，首期先招收六十名，每个卫所十名。"郑芝龙继续说，"学员的条件是：一、年

龄在二十五岁以下；二、出身良家，为人忠诚；三、身体健壮，武艺高强；四、至少在学塾读过三年书；五、生长在滨海村社，熟谙水性和海上风云。这批学员经严格训练后回到各卫所，先在队、哨两级任职，往后经实战检验，再正式提升任命。”

“开办领军学班是件大好事，就照郑统领的意见办。”众头领均表赞同。

郑芝龙继续道：“那就这样定了。你们回到卫所，十天之内挑选出十名符合上述条件的士兵，送到厦门。我将亲自担任这学班的班头。”

福船回到厦门，郑芝龙在码头送施福、郭怀一、陈衷纪、李魁奇、钟斌、芝虎等头领登上各自的快船返回卫所，然后与洪旭、芝凤等人走向商馆。

此时，商馆的卫丁队已备好一匹大白马在等候。

郑芝龙走到商馆门前，跨上白马，在洪旭、芝凤及十个卫丁的护卫下，朝着厦门城慢步走去。

周近的老百姓一看身穿官服、腰挂官印的郑统领骑着大白马过来，纷纷停下脚步，热烈欢呼。一些好事的民众则跟在商馆卫丁的身后，簇拥着郑芝龙一路走去，直至厦门城南门才停下脚步。

郑芝龙进城后下马，抱拳向洪旭、芝凤和商馆卫丁们道别，匆匆来到守备府衙的寓室。

未能参加受抚仪式的颜紫霜，几天来在厦门焦灼地等待着郑芝龙，忽听到“唰”的一声房门被打开，抬起头一看，自己的夫君身穿官服、手捧官印，英姿勃勃地进门来了，真是又喜又惊，禁不住扑上前把郑芝龙紧紧抱住，嘴里唠道：“哎呀呀，哎呀呀，我的阿龙，我的阿龙，你真成了大官啰，你真成了大官啰……”唠着，唠着，两串热泪禁不住涌出眼眶，滴落在郑芝龙的官服上。

翌日，身穿便服的郑芝龙和颜紫霜吃过午饭，回房稍歇，忽听到门外响起敲门声：“笃、笃、笃……”

紫霜听到敲门声，有点疑惑又有点埋怨地说：“正是歇午时刻，怎么会有人来找？”

“笃、笃、笃……”门外敲门声又响。

郑芝龙缓缓地站起身走到房门后，打开门一看，来者竟是身穿民服的泉州知府王猷，正要单膝下跪恭迎，却被王猷拉住。

“想不到王猷大人前来，请恕罪，请恕罪。”郑芝龙一再赔礼道歉。

王猷连忙应说：“现在你已经是海防游击将军，位列四品；我也只是个四品的文官，我们俩算是同级官员，往后就不必这么客气啰。”

他们正说着，紫霜已经端来一把大交椅，请王猷就座；芝龙也自己拉过一只椅子坐下。

两人坐定后，王猷感慨地说：“十年前在澳门初次见面时，你还是个在铸炮厂里做工的少年家，只是在靶场试炮三发三中给我留下了深刻的印象。当时你还跟我说你姓郑、名芝龙、字飞黄，我便戏称你将会成为一只‘飞龙’；万想不到那戏言竟然成真，你现在可谓是‘海防游击飞龙将军’啰！……”说到这里，王猷禁不住哈哈大笑。

郑芝龙被他说得满脸通红，连忙应道：“这回我能受抚当上海防游击将军，都是王猷大人一再向巡抚大人推荐，此情此恩芝龙我将终生铭记。”

“这算不上什么恩情，”王猷摆了摆手，说，“我这只是为朝廷着想。”

“为朝廷着想……”芝龙听后，细细地品味着这句话的分量。

王猷看他有所触动，问道：“你知不知道我为什么赶着来找你？”

郑芝龙想了想，摇了摇头……

王猷接着道：“昨天受抚仪式后，巡抚大人本想留你在泉州和你交谈，不料你却匆匆忙忙和部属返回厦门。所以今天巡抚大人要我前来厦门，问问你受抚之后对加强海防有什么打算？”

“感谢巡抚大人的关心，”郑芝龙胸有成竹地应道，“职下当前第一要务是按照官军兵制组建海防军并开展大练兵；同时决定举办领军学班，培训出一批有能力练兵、带兵的军官，以期在一年之内，使我海防军成为一支能攻能守、敢打敢拼的常胜军。”

“好，说得好！”王猷说道，接着再问，“除此之外，你还有什么其他打算？”

郑芝龙道：“鉴于厦门守备府衙过于狭小陈旧，无法适应全军的调度指挥和武器粮饷的调配供应，我准备建造一座‘海防游击府衙’，以应今后海防和海战之需。”

王猷听后，频频颔首，随即问道：“这‘海防游击府衙’你准备建在何处？”

“建在晋江县安平镇。”郑芝龙应说。

王猷再问：“为何要建在安平？”

郑芝龙：“安平前有海湾，后有官道，水陆交通均便；海湾入口狭窄，只容大船单行；湾内港阔水深，可容多船停泊。只要在入口处两端各设炮台一座，敌舰就无法进港，易守难攻；实为天然军港……”

“你讲得很有道理，”王猷接着说，“安平与厦门相比，既有短处，也有长处，但要建造‘海防游击府衙’，还是在安平为宜。”

郑芝龙一听，乘机求道：“这回乘驿车前往省城，路过安平，我又下车步行走过五里桥，看到桥东头有一块广阔的空地，不知能否拨给下官，作为建造府衙之用？”

“如果你看中了这块空地，我就跟晋江知县说一说，他们准定会大力支持。”王猷慨然答应，随即郑重说道，“不过，有件要事我必须提醒你。”

一向自以为多谋善断的郑芝龙听后有点疑惑，抱拳恭问道：“有何要事，请王猷大人赐教。”

王猷：“这六个卫所在周边都拥有大量的屯田，你知道吗？”

郑芝龙：“略有所知。”

王猷：“当年太祖建立屯田制，卫所的军粮全都取自屯田，你知道吗？”

“卫所的军粮全都取自屯田？”郑芝龙有点意外。

“对。早年这六个卫所垦殖屯田，军粮基本能够自给。后因士兵受不了官长的盘剥，纷纷逃亡，这些屯田已荒废。”王猷应说，“现在你已经誓言要自筹粮饷。饷银可从商馆供给，军粮再花钱去买，那负担可就太重了。为此，我提醒你，在练兵与开府的同时，务必发动各卫所的士兵将所有荒废的屯田重新垦殖，趁此夏种季节栽种番薯，以补军粮之需。”

郑芝龙听后，顿时醒悟，当即抱拳谢道：“我一定遵照王猷大人教示，在练兵与开府的同时，发动各卫所士兵垦殖屯田。”

“好，那我就告辞了！”王猷说着，站起身走出房门。

郑芝龙、颜紫霜连忙送他。

王猷伸手拦住他们，说:“现巡抚大人还在泉州等我的回话，我随带有卫士和快船。你们就不必送我，以免引起意外的纷扰。”

芝龙、紫霜只好抱拳鞠躬:“在下遵从王猷大人的意见。”

当天晚上，郑芝龙和颜紫霜在安泰客栈与亲人们会面，简要地说了说受抚仪式的情况之后，提出“开府安平”一事，获得二妈、阿翠、芝虎、芝凤、芝豹、芝鹏、芝莞、芝越、郑泰等亲人的一致赞同。

于是，郑芝龙郑重地说:“开府安平是海防军的大事。我已经向朝廷许诺要自筹粮饷，每个月的军费开支浩大。而各卫所屯垦开发的收入极其有限，必须大力发展海外贸易获取盈利才能解决。为此我决定安平府衙既要成为游击将军的指挥所，又要成为从事海外贸易的大商行。唯有这样，我这个海防游击将军才做得下去，你们说是不是?”

亲人们齐声应道:“是！是！”

“二妈老家在安平，跟安平方方面面都很熟悉，这回我要请二妈亲自挂帅。”郑芝龙继续说，“紫霜在平户金阳商行居住多年，近期又时常和我进出官府，对商行和府衙的设置比较了解，就当二妈的副手；郑泰在厦门经过这几年的历练，已经懂得如何管理财务，开府安平也很需要；你们三人到安平，务必将开府大事办好。施福营官驻扎在安平附近的围头卫所，他的官职比晋江知县还要高，我已经托他经常到安平帮助你们。至于厦门的安泰客栈就不必继续经营，我已决定将它改名为‘学军楼’。楼下作为领军学班的课堂，楼上供学员居住，并已任命洪旭为领军学班总教习。”

听了郑芝龙这一番安排，二妈回应说:“阿龙想得很周到。我将和郑泰尽快把安泰客栈和酒楼的账目结清，然后与紫霜、郑泰前往安平，争取尽快把安平府衙建成。”随即转向阿翠，郑重交代:“我和你紫霜姐到安平后，你可要把阿龙服侍好。”

“我会的，请二妈和紫霜姐放心。”阿翠红着脸低下头应道。

把“开府安平”这件大事安排妥帖后，各卫所也陆续将精选出的领军学班首期十名学员送到厦门。其中有崇武卫所选送的张永明等，围头卫所选送的施琅等，金门卫所选送的傅元凯等，高浦卫所选送的林显忠等，六鳌卫所选送的黄逵等，铜山卫所选送的吴清义等，总共六十名。郑芝龙把他们安排住在装饰一新的“学军楼”。

崇祯二年五月初五，正值端午佳节，首期领军学班举行开学典礼。

卯时初刻，六十名学员已经齐整地端坐在课堂里。随即，郑芝龙与洪旭走上讲台。

两人站定后，领军学班总教习洪旭宣告：“诸位学员，我们闽南海防军领军学班今天开班，擂响了我军大练兵的战鼓。诸位都是各卫所的精英，经过一年的苦学苦练后将成为各哨各总的领军人。与此同时，全军各卫所也将掀起练兵热潮，极力提高我军的战斗力，担负起清剿沿海匪寇、歼灭来犯外夷之重任。现在请海防游击郑芝龙将军训示。”

郑芝龙跨前一步，朗声说道：“诸位学员，海防军乃我国海疆之长城，百姓之卫士；为此，每一个士兵都必须同时具有海战与陆战的本领；而领军人更需智勇兼备。现在本将就领军学班的总课目，规定如下：一、练勇；二、练智；三、练技。大家都知道，‘窄路相逢勇者胜’，戚继光大将提出‘练胆’，其目的就是‘练勇’；这是一。二、练智：领军人单有‘勇’是远远不够的，还必须有‘智’。古代名将何以能‘运筹帷幄之中，决胜千里之外’？靠的就是‘智’。所以此次‘领军学班’将《孙子兵法》和《三十六计》列为必修课。三、练技。‘技’者‘术’也，以往指的乃拳术、刀术、骑术、箭术等，如今不论陆战、海战，火器已成为作战的主要兵器。因此，‘领军学班’应以操练‘火炮、火铳、火药包’等火器的发射技术为主，兼及拳术、刀术等，同时还要将驾船、爬船、游水、潜水列为‘练技’的课目之一。希望诸位学员遵循总教习的安排，刻苦练勇、练智、练技，以期成为我海防军的各级领军官员。”

听了郑芝龙的训话，深受鼓舞的全体学员即刻报以热烈的掌声……

郑芝龙待掌声稍歇，高声宣布：“今日正值端午佳节，领军学班已在楼前海边安排六艘十桨龙船，各卫所学员各用一艘，进行划龙船比赛，终点设在虎头山下海面。现在各卫所学员立即登船。”

六十名学员一听，即刻站起身奔出楼门来到海边，登上贴有本卫所标志的龙船，持桨待命；一名由学班安排的擂鼓手也手持鼓槌站在龙船后的大鼓前；一条杯口粗的绳索则从停泊在海面上的“福凌号”拉到岸边，紧扎在一

根石桩上，作为起点……

郑芝龙与洪旭随即来到岸边，看一切都已经准备就绪，便高举手铳，朝天扣动扳机。随着轰然一声巨响，擂鼓手即刻在各自的龙船上擂起大鼓，学员们则挥桨破浪，朝着虎头山海面划去。站在岸边看热闹的百姓有的鼓掌、有的欢呼，并随着龙船的前进涌向虎头山下。厦门内港岸边顿时成了欢乐的海洋……

划龙船比赛结果，以施琅为首的围头卫所获得第一名，他们上岸接受郑芝龙授予的奖旗时，被看热闹的百姓团团围住；掌声和欢呼声再次响彻虎头山下的海空……领军学员班的开学典礼也到此结束。

开学典礼结束后，郑芝龙将班务交给洪旭，自己则相继前往六个卫所，发动全体士兵在日常训练和守卫海防的同时，开井取水，垦殖所属的屯田，及时种上番薯。

于是，从厦门到崇武、到围头、到金门、到高浦、到六鳌、到铜山，处处都可以看到海防军的士兵们或在练兵，或在巡逻，或在荒废的屯田里开井取水、掘地松土、栽种番薯。闽南沿海地区出现了多年来少有的安定蓬勃局面。

第六十章 贼刘奔改名刘香

就在闽南沿海地区开始稳定发展之时，沉寂多年的坪山岛也开始在搬演另一场大戏……

五年前，当郑芝龙率义师、攻厦门、斩杨陆、逐一雄的消息传到坪山时，杨陆的贴心师弟刘奔曾一时冲动，想即刻兴兵为师兄报仇。但他仔细一想，自己只有三只货船、六只快船和不上百名的伙计，怎么能打得过郑芝龙、郭怀一、李魁奇等人率领的义师？于是冷静下来，以“君子报仇十年未晚”自慰自勉。

现在可大不一样啰！

经过五年多不断地做“小买卖”和苦心经营，刘奔已购置了一艘福船和八艘大船，配备了几十门火炮和百多支火铳，组成一支强劲的海上武装；并派刘青到福州南门外的台江创设一家新洋商行，把抢劫得来的丝绸、瓷器、蔗糖等货品储藏在商行的货栈里。

这一天，已成气候的刘奔独自一人攀上坪山顶的大石坪，遥望兴化、泉州两府交界的陆地和海上大大小小的岛屿，回忆起自己从小不听父母的管教，整天喜欢打架闹事，惹得村里人都很讨厌，给自己一个外号叫“粪扫”。闽南语所谓“粪扫”者，指的就是“臭垃圾”。从那时起，自己的真名就渐渐被人们遗忘，只记得自己名叫“粪扫”……

我这“粪扫”渐渐长大了，既不愿读书，也不愿种田，整天打拳练腿、舞刀弄枪，终于成了村里一霸，全村人都怕我呀……

那一年夏天夜间，一伙蒙面黑衣的海贼冲进村里，抢走几家大户的金银财宝和一些村民的鸡鸭猪羊，我悄悄地跟在他们后面上了贼船，见到一个身材魁梧的贼头，便跪到他面前，求他收我为徒。那贼头问我名叫什么，我顺口答说名叫“刘粪扫”。师父说“粪扫”很臭，不好，应该按谐音改名叫“刘奔”，从此“刘奔”这名字就沿用至今。

入伙之后，我才知道师父乃昭胜堂三支堂的堂主杨宗德，就诚心诚意向他学到好多本领。可每次师兄弟们叫我“刘奔”时，我都会联想到“粪扫”这臭名。

如今我既不是昭胜堂里的喽啰，也不是金阳商行的买办；我已经是这坪山寨的寨主，而且有了压寨夫人；再名叫“刘奔”可真不对头呀。

我还得改名……我还得改名……当年的“臭粪扫”已经成为“香寨主”了！

对！对！我就改名“刘香”，改名“刘香”……

想到这里，刘奔摸了摸蓄留在唇上多时的八字胡须，自言自语道：“况且时隔多年，人家也不会认得出我。改名之后，‘刘奔’之名就此消失；当年毒杀李旦、抢劫银库、焚烧金阳的罪责就全压在那个杨陆头上，我干起事来不就更方便了吗？……”

想到这里，刘奔禁不住哈哈大笑。随即漫步走下山来，回到山寨，不说缘由，只把决定改名“刘香”之事告诉玲子、吉冈和刘家弟子，然后由这些人分别转告全体伙众。

就此，坪山寨的寨主就不是“刘奔”而是“刘香”！

改名之后，经过半个多月的谋划，坪山寨主刘香开始行动了。

他的第一着棋并不是出海打劫，也不是训练部众，而是大做生意。

这一天，他带了两名亲丁，乘快船来到位于福州台江的新洋商行，交代刘青将这两年劫取后储藏在货栈里的生丝、绸缎、瓷器等货品立即装上货船，准备到大员卖给荷兰人。

刘青接令马上行动，只用两天工夫就把存货装满三只货船。

当晚，刘香带刘青来到台江一家酒楼，点了几盘菜和一壶酒，边吃喝边聊了起来……

“怎么啦，师叔，你现在想跟荷兰人做生意啦？”刘青叩问道。

“是啊，这是我们重出江湖大干一场的第二步。”刘香应说。

“那第一步是什么，师叔？”刘青再问。

刘香傲然道：“第一步是你的师叔刘奔已经改名刘香，今后你再也不能称我师叔，更不能称我刘奔，只能称我‘刘香寨主’。这一点你可要切记，不得有丝毫闪失。”

刘青恍然大悟：“好，我记住了，刘香寨主。”

刘香满意地点头：“现在正值初夏，每天的风向不定，而且都是微风；明天你就跟我带商行这三只货船前往大员，把货品廉价卖给荷兰人，跟他们搭上关系，以后就可以常来常往。这对我们重出江湖可大有好处啊！”

刘青抱拳拜道：“在下明白，刘香寨主。”

翌日上午，三只货船在刘香、刘青的带领下升帆解缆，顺着闽江出海，侧帆兜风，缓缓地驶向台湾，四天后才抵达大员，停泊在荷兰人热兰遮城堡周边的海面上。

刘香和刘青改乘货船上随带的小舢板靠上城堡码头，一上岸就遇到一个红毛军官。

那个军官看他们身着锦袍，猜想是来自福建的商人，便用闽南语问道：“你们是什么人，来我们这里做什么？”

“啊，这红毛军官竟然会说闽南话?!”刘香和刘青不禁一愣。

机灵的刘青很快就定下心来，坦然应道：“我们是福建新洋商行，前来和你们做生意。”随即指着刘香，介绍说：“这位是我们商行的老板刘香，我是商行的掌柜刘青。”

“要来和我们做生意，是先来洽谈还是带来现货？”红毛军官问道。

刘青应道：“我们带来现货。”

红毛军官问：“现货呢？”

刘青指着邻近城堡海面上的三只货船：“就在那货船上。”

“好啊，你就叫他们开过来，靠上码头。”红毛军官边说边领头走向那三只货船停泊的海边。

在他们两人对答的时候，刘香站在一旁仔细端详这戴上少校肩章的红毛军官，很快就认出他是原来在爪哇巴城的那个麦丁少尉，当年在主船队任买办时几乎每年都见过一次面，现在竟然提升为少校。嘿、嘿，他显然没有认出我。这就好，这就好。

刘香边走边摸了摸嘴唇上面那八字形的胡须，心里想着："这八字胡须真不错……"

三人来到货船停泊的海边，刘青朝着货船高声呼喊："把船靠到码头！把船靠到码头！"

船上的火长一听，立即起锚升帆，乘着微风，加上水手们划着两支大橹，缓缓地将货船靠上码头。

那麦丁由刘香、刘青陪同登上货船，下到货舱，检查过舱里的四百担丝绸和三百箱瓷器，脸现喜色地邀道："请到我们公司商谈。"说着，和刘香、刘青上码头，来到城堡商务部的会客室，请客人坐上藤交椅；随即带来一位红毛中校军官，向刘香、刘青介绍说："这位是我们公司的商务主管雷克中校。"然后用荷兰语向雷克介绍说："这两位是福建新洋商行的老板刘香和掌柜刘青。"

刘香、刘青当即起立，按西洋礼节与雷克握手。

四人坐定后，一个台湾原住民的姑娘端来四杯咖啡，在每人面前放上一杯，随即退下。

麦丁首先开言道："我名叫麦丁，是商务部的副主管，刚才我检查了你们送来的货品，虽然稍旧了一些，但还算合格，经向雷克中校报告后，决定收购。请你们先开个价。"

"荷兰东印度公司乃远东最著名的洋商，我公司仰慕已久。"刘香摸了一下八字胡，谦恭地说，"今天我们头回带货前来与贵公司做生意，是希望今后常来常往，把生意做大。至于这批货的价钱，就由我商行的掌柜说吧。"

"遵照我商行老板的意见，这批货价格从廉。"刘青接着说，"那四百担丝绸每担一百两，那三百箱瓷器每箱四十两，总共五万二千两白银。不过，我们要求贵公司付现银。"

这价钱显然比前几年与郑芝龙成交的价钱低廉。

麦丁跟雷克交头接耳商议之后，当场拍板："可以，就按贵商行开的这价格。我公司可以付现银。"

刘香听后，立即站起身，与雷克紧紧握手。

生意成交后，麦丁当即召来台湾原住民苦力，从货船上卸货入仓，并付给刘青五万二千两银锭。

当晚，麦丁将刘香、刘青留在城堡的客房歇夜，随即回到商务部。

在商务部等待麦丁的雷克见他一进门，便示意他把门关上。

麦丁关门后坐到雷克身旁。

"麦丁，你看这刘香、刘青像不像是商人？"雷克开门见山问道。

麦丁对雷克提出这问题稍感意外，低下头仔细一想，答说："既像是商人，又有点不像。"

"哪一点不像呢？"雷克再问。

"这……"麦丁一下子答不出来。

雷克拍了拍麦丁的肩膀，说："他们俩看来不像是普通的商人。"

麦丁追问："为什么说他们不是普通的商人？"

雷克答道："我跟那位老板刘香一见面，就感到他有一股'匪气'。"

麦丁听后仔细一想，不禁点了点头……

雷克接着分析："你看他头大脸粗，双目炯炯，身架壮实，步履稳重；我跟他握手时，虽然只是轻轻一握，就感到他手劲很强，那是长期练武练出来的。一个普通商人绝不可能有那样大的手劲。"

"那怎么办，还跟他们往来吗？"麦丁问道。

雷克思索道："当然还要跟他们往来，而且要更密切地往来。因为这类海盗商人，既能够给我们提供廉价的货品，又能够帮我们垄断远东的贸易，比起普通商人更有用。"

"对，对！"麦丁频频点头，"雷克中校高见。"

雷克胸有成竹地说："明天你送他们回去，要问清他们的联系地址；还要送给他们两张城堡的通行证，请他们随时都可以来。"

麦丁举手行了个军礼，朗声应道："遵命。"

第六十一章 迁饥民赴台垦殖

日出……日落……日出……日落……

这一年入夏以来，闽南地区每天都是烈日炎炎。

海防军的士兵除了部分在垦殖荒废的屯田外，大部分人都在烈日下苦练驾船、操炮、远攻、近战的各项技能。

慑于海防军的威势，福建沿海的小股海匪都不敢出动，船只航行通畅无阻，沿海村社平安无事，令熊文灿巡抚和各府县的官员深感欣慰。

但是，海防军管得了“海”却管不了“天”。

从夏季到秋季，泉、漳两府各县和汀州府的永定、龙岩、漳平等县，竟然没下过一场雨，到秋收时除沿江几个县的水稻有点收成外，其他受旱地区基本上颗粒无收；连耐旱的番薯收成也很少。到了冬季北风刮来，老天才给了几阵小雨，却因风势猛烈，许多田地仍然干裂如初。过大年的时候，穷苦的村民已经把头年夏收时节收成的米粮吃得光光，只依靠堆在墙角的番薯度日。

海防军的日子同样也很不好过。

在接管六个卫所招兵置船时，银两充裕，米粮不缺，时常还有商家、小贩前来卖粮、卖菜、卖肉。

今年过年可大不一样。碗里的米粒少了；猪肉、羊肉十来天才吃得上一次。幸亏重新垦殖的屯田收获了不少番薯，肚子还能吃饱，不像那些穷苦的村民过着半饥饿的日子。

这叫那位海防游击将军郑芝龙能不焦急吗?

过了大年之后，他请蔡师接连放飞三只信鸽，嘱令在台湾主事的龚玉娘与何斌暂停商务，赶紧把北港农户储存的粮食全部收购，用六艘商船装载，分头运送到福建崇武、围头、高浦、金门、六鳌、铜山，供卫所官兵食用;并召龚玉娘随船前来厦门，商讨相应对策。

龚玉娘与何斌接信后，知道情况紧急，当即召集商馆同人，转达郑芝龙的指令，除了卫丁队留守外，其他所有职工分组到北港各村庄，以“每担稻米装好一口麻袋”值一两银子的高价，予以收购。

此时，北港的农户已经发展到三百多户，垦殖耕种的稻田已达三千多亩，每年收成都很好，存粮较多，商馆开的价钱又高，因此只花了三天工夫就收购了六千多担的糙米。

紧接着，龚玉娘调来了六艘大货船，每船装入一千担米粮后，同一天起航，分别由商馆六位可靠的老员工带领，驶往崇武、围头、高浦、金门、六鳌、铜山等六个卫所。自己则乘上开往金门的商船，以便及时到厦门和郑芝龙见面……

可是，老天爷却依然紧绷着脸。过了年春播时节没下过一阵春雨还不罢休，到了这“立夏、小满”节气，往年都是处处雨满水满，今年却是天天艳阳高照。

泉州府的惠安、德化、永春、安溪等县，漳州府的云霄、平和、南靖、华安等县，汀州府的龙岩、永定、漳平等县，大部分地区的水井渐渐枯竭，大多数的溪涧渐渐断流。旱情已发展到“林木憔悴鸟开口，鲢鱼枯干塘底卧”的状况。

省城和各府县的官员，可以从“湖广熟，天下足”的湖广调入官粮，城镇和村社的大户可以到江、浙一带购买粮食，唯有那些穷苦百姓要挨饿。他们在吃完了堆在墙角的番薯之后，纷纷上山剥树皮、挖草根，回到破屋子里熬成“树皮草根汤”充饥。

这一天，从台湾北港送米粮给六个卫所的龚玉娘完成任务后，乘着运送

米粮到金门卫所的货船来到厦门，上了岸径直进入城内守备府衙，报明身份和来意后，由衙役带进府衙内厅，看到身穿官服的郑芝龙正在书案前审看一张地图，便悄悄地走到他身旁，亲热地唤了声："郑统领！"

专注地审看地图的郑芝龙抬起头一看，原来是龚玉娘。仔细再看：这位北港的女强人今天身穿短袖绸衣，下着宽松的锻裤，绾了一球蓬松的发髻，脸上淡施胭脂水粉，显得分外的娇媚，便缓缓地站起身，指着书案前的交椅，说："龚掌柜，请坐！"

龚玉娘坐定后，郑芝龙亲切地问道："北港运来的米粮都送到各卫所了？"

"遵照郑统领的指令，此次在北港收购到六千三百担米粮，"龚玉娘应道，"送给每个卫所一千担，还有三百担在我乘来的货船上，是要给在厦门的弟兄们，现在货船停泊在商馆码头，郑统领就可以通知他们去取货。"

郑芝龙赞许道："哦，你安排得还很周到。"

龚玉娘恭谨地说："郑统领交代的事，我还能不做好吗？"

郑芝龙频频点头，随即转过头朝寝室喊道："阿翠，阿翠！"

正在寝室里整理房间的江阿翠闻声赶紧来到内厅，没留意到内厅里有客人，便问道："什么事，阿龙哥？"

郑芝龙连忙站起身，对阿翠说："北港商馆龚玉娘掌柜来了。"

阿翠向龚玉娘鞠了个躬，说："不知龚掌柜驾到，阿翠失礼了。"

"我当不起、当不起，"玉娘连忙应道，"你是李旦大人和郑统领的救命恩人，北港是尽人皆知，欢迎你到北港做客。"

阿翠高兴地说："好啊，好啊！"

在一旁的郑芝龙担心她们说个没完，转向阿翠交代说："这回龚掌柜专程运米粮来支援我们，你赶紧到商馆通知芝凤，叫他跟码头上那只北港来的货船联系，将船上的三百麻袋米粮卸下来，藏进货栈。"

"好，好，我这就去。"江阿翠应着，跟龚玉娘打了个招呼就跑进寝室，换上一套夏装，快步朝着府衙门外走去……

江阿翠一走，衙役随即领着一个身穿便服的儒士进门来……

郑芝龙连忙站起身迎上，抱拳拜道："不知王猷大人驾到，有失远迓，抱歉，抱歉！"

龚玉娘一听郑芝龙称呼来客"大人"连忙站起身，退到一旁。

“郑将军不必客气，”王猷抱拳回礼后见郑芝龙有客人，问道，“我唐突而来会不会打搅你们？”

“不会，不会。”郑芝龙边应着边指着龚玉娘介绍说，“这位是金阳北港商馆掌柜龚玉娘。”

龚玉娘连忙向王猷深深鞠躬。

这时，衙役已经端来一把大交椅，请王猷入座。

王猷坐定后问道：“这位台湾北港商馆掌柜前来厦门，不知有何要事？”

郑芝龙应道：“她从台湾运送了六千三百担米粮到各卫所供士兵们食用。”

“六千三百担米粮！”王猷有点意外。

“这些都是北港农户储存的余粮，”龚玉娘解释道，“台湾土地肥沃，溪河纵横，阳光温热，雨水充沛，一年两熟，每亩水田稻谷年产都在五六百斤之间，现在北港商馆和市街所有商铺吃的都是本地农户的余粮。在大员的荷兰人吃的，也都是当地原住民种的大小麦。”

郑芝龙补充说：“所以这次我特地要龚玉娘掌柜亲自到厦门，和她商量迁徙闽南饥民到台湾垦殖的大事。”

“正好，”王猷神情严肃地说，“今天我前来厦门，正是要和郑将军商讨此事。”

“那现在就开始吧。”郑芝龙边说边将书案上那张地图转到王猷面前。

王猷站起身俯首一看，原来是一张台海两岸地图；右边是台湾西部沿海地带及澎湖列岛的简图；左边是福建东部从福州到铜山沿海地带兼及泉、漳两府内陆的简图。虽然只有简单的标示，但已经可以看出台海两岸的概况。便问道：“这张地图显然是由两张图拼接成的，对吗？”

“对。”郑芝龙应说，“右边台湾西部沿海地带及澎湖列岛的简图，是当年颜思齐总管创建北港商馆时绘制的……”

一听郑芝龙说起创建北港商馆，龚玉娘连忙也围了过来，一看右边那张简图就说：“对，对，这是颜总管在巡视台湾西部沿海之后，花了好几天画成的。”

“哦，颜思齐总管真是个有心人！”王猷赞叹道。

郑芝龙又指着左边那张福州到铜山沿海地带兼及泉、漳两府内陆的简图，说：“这半边是我这两三年巡视六个卫所和往来省城等地之后在上个月画成的；

然后再把这两张图拼接起来。”

王猷频频颔首：“这可是我看到的台海两岸第一张地图啊！”

郑芝龙：“王猷大人，我先要请问，依你估计，目前闽南地区忍饥挨饿的饥民有多少？”

“我看有三万多人。”王猷心情沉重地应道，“个别村社已经有人饿死。”

“有人饿死?!”龚玉娘暗吃一惊。

“那要赶紧将饥民迁徙到台湾，”郑芝龙焦灼地说，“不论多大困难，我保证他们全都会有粮吃，绝不饿死一人！”

“哎呀……”王猷羞愧地叹了口气，旋而问道，“不过，三万多人，隔着大海，怎么迁徙到台湾？到了台湾怎么安置？安置妥了怎么垦殖？什么时候他们才能自给自足？”

郑芝龙一听，不禁一愣……困难实在太多了，但可以就此罢手吗？……难道就这样眼睁睁地看着那些饥民继续这样下去？

龚玉娘看郑芝龙愣在那里，沉默不语，很显然是被王知府提出的问题难住，便轻声柔语对他说：“郑统领，要迁徙三万多饥民到台湾确实有很多困难。但我想还是有办法解决。”

“你有什么办法？”沉默不语的郑芝龙终于开口问道。

“闽南苦旱成灾的消息已经传遍北港，大家都很关心。”龚玉娘应说，“如果要迁徙饥民到台湾，北港的商户、农户都会支持。如果这三万多饥民能够平安送到台湾，安置的事我们可以负责，请郑统领和知府大人放心。”

听龚玉娘这么一说，郑芝龙连忙将那张台海两岸地图摆到自己面前，仔细看后说：“饥民的起运地点就定在六个卫所，由卫所给每人一份两天航程食用的番薯和饮用的淡水，保证他们能够平安抵达台湾。到台湾后的安置就由北港商馆负责。”随即问道，“龚掌柜，你有把握吗？”

龚玉娘笃定地说：“有，有把握。我在台湾住了这么多年，跑遍了台湾全岛，对西部沿海地区特别熟悉。”说着，站起身，用右手的食指点着西部沿海从北到南的几个港口，说：“崇武起运的船只到这旧港；围头起运的船只到这后龙；金门起运的船只到这梧栖；高浦起运的船只到这鹿港；六鳌起运的船只到这芳苑；铜山起运的船只到这布袋港。这六个港口周边有大片水源丰盛的土地可供开发。我一回到台湾立刻动员北港的商户和农户，分别到这六个港口成立接待站，搭建棚屋，安置闽南饥民。”

王猷一听，赞道：“好！好！龚掌柜想得很周到。”

郑芝龙却沉默不语，想了想才说：“再过一个月就是夏种季节，饥民抵达安置地点后要想办法叫他们赶紧引水垦田，插上稻秧。这样，到秋收时自己就有米粮可供食用。”

“对，对。”王猷接着说，“这次迁徙饥民赴台垦殖，本是官府应尽之责，现在却让郑将军一肩挑起，实在惭愧。现在为了饥民安置后能够立即引水垦田、栽插稻秧，须用大量的锄、镬、犁、耙，我将立即转到漳州，和漳州知府一起筹集这批农具，随船运到台湾，供饥民垦殖之用。”

郑芝龙恳切道：“感谢王知府的关心和支持。为了长远打算，我还准备聘请一批铁匠、石匠、木匠到台湾，和全体商户、农户、渔户一起，把台湾建成大明王朝的又一块宝地。”

王猷深受感动，站起身抱拳拜道：“郑将军雄心壮志令人钦佩，谨祝将军之宏愿早日实现。现本官将立即赶到漳州，向漳州知府通报迁徙饥民赴台垦殖事宜，就此告辞了。”

郑芝龙随即抱拳回拜：“王猷大人一路走好！”

翌日，郑芝龙派一只快船送龚玉娘回北港，筹办接待饥民诸事项。

与此同时，泉、漳两府各县都张贴出《迁徙饥民到台湾垦殖》的告示，分别标明各县饥民搭乘船只的地点。

六个卫所则停止其他活动，集中全力准备船只和淡水、干粮。

为了统一调配指挥，郑芝龙将总指挥部设在原守备府战船队的主战船“中左号”，亲自坐镇。

守备府其他战船由洪旭带领，调到船只较少的高浦卫所负责运送饥民。高浦所头领陈衷纪则调到厦门，和郑芝凤一起，担负向各卫所发放饷银、调拨粮食以及通讯联络、安全保卫等事务。

三天后，泉漳两府各县筹集到的锄头、镬头、犁耙等农具陆续送到各个卫所。

郑芝龙则下令暂停领军学班，在渔姑出身的江阿翠陪侍下，亲自带领六十名学员前往各卫所，对迁徙饥民赴台工作进行检查督促。

五天后，首批赴台船队在郑芝龙亲自率领下，运载六千余名闽南饥民，分别从六个卫所起航，刚由北港运粮到各卫所的六只大货船，也装载饥民在前领路，乘着初夏的西南风，越过台湾海峡，经历两天两夜的航程，分别抵达台湾西部沿海的旧港、后龙、梧栖、鹿港、芳苑和布袋港，住进临时搭建的棚屋。

当这些饥民第一次吃到糙米稀粥时，从眼眶里涌出的热泪滴滴滚落到饭碗里……

随即，第二批运送饥民的船队又从各卫所起航赴台，途中与返航的第一批船队擦肩而过。就这样，两批船队轮番来回，迁徙三万多闽南饥民赴台的大事，终于在夏至节气到来时全部完成。

郑芝龙则继续留驻台湾，督查饥民抵台后的安置和引水垦田、及时栽种等事项……

第六十二章 李魁奇叛变入海

送走了最后一批赴台饥民，李魁奇等待多时的日子终于到来了。

当年组建义师之时，他奉命到闽南一带招收丁勇时就已经招进了一批流氓地痞；近期招兵置船，他又把早年当海盗时的高徒谢贯带来的三百多个喽啰全收进来。

那批丁勇在攻袭厦门时成为他围困厦门城的主力，现在这三百多个海贼无疑更是他最可靠的亲丁。

如今，海防军上上下下全力投入迁徙饥民赴台垦殖之事，防务必然松弛；那个郑芝龙现仍在台湾忙着安置抵台的饥民，十天半个月准定是回不来的；而驻守厦门的头领又是那个多年的老同事陈衷纪和只懂得管理粮饷的郑芝凤。

真是千载难逢的好机会啊！

这一天清晨，李魁奇把谢贯带到卫所滨海一块大礁石上，面向一望无际的大海，亲热地唤道："谢贯，今天叫你来，是要把那桩大事和你商定。"

谢贯一听，先求道："我已经改名谢豪，往后你别再叫我谢贯好吗？"

李魁奇一听，即刻瞪起眼睛："为什么？"

"那是以往我在江湖上用的名字，好多人都知道，"谢豪应说，"传出去弄不好会出事的。"

"对，对，谢豪，谢豪，我记住了。"李魁奇点了点头

谢豪接着说："往后我也别再称呼你'师父'，也别再称呼你'头领'。"

李魁奇疑惑地问："那你要称呼我什么？"

谢豪笑道："我该称呼你'千总大人'。"

“好，千总大人！这称呼好。”李魁奇一听，击掌欢笑，说，“那我就封你为‘把总’。”

“感谢千总大人！”谢豪抱拳拜道。

“好啦，不用谢了。”李魁奇摆了摆手，而后郑重地说，“不过，在众人面前，你还是称呼我‘头领’为好，明白吗？”

谢豪一听，顿时醒悟，应道：“明白。”

李魁奇接着问：“你带来的那三百多个伙计都安插好了吗？”

“郑芝龙受抚之后，遵照千总大人之命，陆续都安插好了。”谢豪应说。

李魁奇又问：“怎么安插的？”

谢豪应道：“全卫所除庶务和其他人员外，实有士兵两千两百五十人，组成四百五十个‘伍’、九十个‘队’、十八个‘哨’。我带来的三百八十五个伙计已安插十人当哨长、五十人当队长、二百五十人当伍长，共安插了三百一十人；连同率领的士兵共有一千二百五十人，编列第一到第十哨；经过这一年来的考察，保证每个士兵都可靠。”

李魁奇：“还有吗？”

谢豪：“另特选三十名最强悍的伙计组成大人的亲丁队，这事大人已经知道了。其余还有四十几个人，都是以往受过伤的，对千总大人没什么用，让他们坐领饷银就可以了。”

“好，好。”李魁奇频频点头，随即又问道，“各哨特需的绳索、竹杠、载重跳板都准备好了吗？”

谢豪应道：“两个月前就准备好了，就等着派上用场。”

李魁奇拍了拍谢豪的肩膀，赞道：“你真不负师父栽培的苦心！”说着，抬起头面朝东方，遥望那无边无际的大海，脑际顿时显现出澎湖列岛上的望安岛……待到那望安岛在脑际消失后，才转对谢豪下令：“不能再等了，明天就出手。”

“遵命。”谢豪朗声应说，随即叩问，“要不要准备粮食和淡水？”

“要，我看准备六天的需用量就够。”李魁奇应道，随即又交代说，“同时，还要准备一批鱼鲜和番薯酒等礼品。”

“礼品？”谢豪有点疑惑，不禁问道，“这些礼品做什么用的？”

李魁奇于是将谋划已久的“奇袭厦门，转入澎湖；攻袭北港，歼灭芝龙；

重返厦门，台海称雄”的大计，详细地向谢豪交了底……最后郑重交代说：“明天奇袭厦门乃该大计的头一仗，务必圆满完成。你现在立即下去，分别向第一到第十哨的哨长秘密转达我的指令，然后再到附近渔村购入鲜鱼等礼品，直接送到各哨长的船上。”

谢豪听后，大感振奋，抱拳一再鞠躬：“师父真是当今的头号枭雄，徒儿一定将所有事项办妥、办好，请师父放心。”

两人在海滨倾谈后，李魁奇带谢豪来到卫所居室，从衣柜里取出一个鹿皮袋，打开袋口，取出二十枚金闪闪的铜牌，交给谢豪。

谢豪接过一看，铜牌正面铸有“金阳北港商馆”六个字，背面则铸有“李魁奇”三字，禁不住啧啧称奇！

“这是我在北港商馆担任总管时铸造的令牌，供外出办事的员工证明身份之用。”李魁奇解释道，接着交代说，“你发给每个哨两枚，这将有利于他们的行动。”说着，从衣柜里取出另一个空布袋，让谢豪把二十枚令牌装好……

谢豪接过令牌，转身刚走出李魁奇的居室，金门卫所头领钟斌就在一个哨长带领下漫步进门。

李魁奇缓缓地站起身，抱拳致礼：“钟斌兄弟，什么风把你给吹来的呀？”

钟斌嬉皮笑脸地抱拳回礼：“是魁奇兄的雄风把我吹来的呀。”

“哈哈哈哈！”李魁奇开怀大笑，“请坐，请坐！”

双方坐定后，钟斌便开口问道：“兄长要叫郑芝龙跪在你面前求饶的机会到了，不知魁奇兄准备怎么干？”

李魁奇心想，这翻手是云、覆手是雨的家伙果然来了……但开口却答说：“这事可不能急啊。”

“机会如此之好，魁奇兄还不出手？”钟斌急切地再问。

李魁奇故弄玄虚地说：“机会虽好，但我还没准备好。匆忙出手，恐怕难以成事，弄不好一旦失手，后果不堪设想。”

钟斌听后，点了点头：“那魁奇兄一准备好，请立即告知小弟，以便配合行动。”

李魁奇连声道：“当然，当然。”

钟斌站起身，抱拳道别："那小弟就先告辞回金门，等待魁奇兄的通知。"说着，转身走出房门……

李魁奇随即站起身，送钟斌到门外，挥了挥手："钟斌兄弟一路走好！"

钟斌离开后，李魁奇照常来到各哨的住所巡视，暗中却在严格督促检查第一到第十哨的各项准备工作。

翌日早晨，六鳌卫所全体人员饱餐之后，纷纷来到卫所前的土坪上。

其中，准备到厦门"协助防守"的第一到第十哨的一千多名士兵，带好随身的武器，由十个哨长领队，整齐地排列在中间；留守的第十一到第十八哨的士兵和庶务人员，则站在两旁。

随即，头戴铜盔、身穿软靠、左佩利剑、右挂手铳的李魁奇，在肩挎弓箭、腰佩大刀的谢豪陪侍下，迈步走上土坪讲台。

两人站定后，谢豪高声宣布："现在请李魁奇头领训话！"

李魁奇跨前一步，朗声说道："本头领奉命带十个哨的士兵到厦门协助防务，各哨乘用的船只和抵达厦门后的哨位，昨天下午已经安排妥帖。厦门乃我闽省最繁华的商港，全体协防的士兵务必听从指挥，严守法纪，违者按义师律令处置……留守六鳌的士兵由各哨长负责，必须坚守岗位，保卫海防，不得擅离职守；违者本头领绝不宽容……"说到这里，李魁奇把话刹住，然后厉声发问："大家听明白没有？"

"听明白了！"全体士兵齐声应道。

在士兵们响亮的应声中，李魁奇挥起右手，下令："前往厦门的士兵……出发！"

第一到第十哨的哨长即刻领着属下的士兵，各自登上停泊在岸边的船只。

李魁奇和谢豪在三十名亲丁的簇拥下，登上那艘用大商船改装成的军舰，升起三幅大帆，领着百艘船只，朝向厦门驶去。

时值盛夏季节，西南风劲吹，李魁奇率领的这支船队顺风顺水，一个多时辰就抵达厦门港外的大担、二担两岛海域。

李魁奇的座舰和负责护卫的第一哨船舰随即就地停泊。

第二、三、四等三个哨的船舰按照原先的部署，乘风穿过大担、二担，相率转向正北，沿着厦门岛东部岸线，前往高崎、五通、胡里山，大约半个多时辰，就先后抵达厦门岛上这三个重要哨所外的海面。

第五、第六两个哨的船舰则直接进入厦门内港，然后绕到员当港口南、北两端的浮屿、官任，抵达厦门岛西部的这两个哨所外的海面。

他们先后抵达哨所外的海面时就降帆停泊，仅由哨长率领十几个士兵，携带备好的鱼鲜、蚝干、瓜果和番薯酒等礼品登岸，出示六鳌卫所头领李魁奇的“令牌”，以慰问、交流的名义，送给驻扎哨所的官兵，受到驻所官兵的热烈欢迎。

第七到第十等四个哨的船舰，则分成两路；一路从大担起，沿厦门岛东面外海，经上屿到同安县浔尾村；另一路从大担起，绕经鼓浪屿后，到厦门岛北的寨上村，组成一圈巡海线，在一天之内禁止所有船只进出厦门港。

预计前往哨所和实施海禁的两路船舰都已到位或即将到位，李魁奇的座舰和第一哨的船舰才升帆起锚，驶入厦门内港，停泊在金阳厦门商馆外的码头和周边的海面。

那艘“座舰”停稳后，李魁奇、谢豪和三十名亲丁相继上了码头。第一哨的一百多个士兵在哨长的带领下，也纷纷乘着大船上随带的小艇登岸。

全体人员上岸后，由李魁奇和谢豪领头，整队走向厦门商馆。

商馆守门的卫丁队长一看那么多携带武器的人朝着商馆走来，显然是海防军士兵；再仔细一看，那为首的竟然是赫赫有名的李魁奇头领，连忙派个卫丁进馆通报。

商馆的司帐、司银、司货一听说李魁奇头领带领一百多个海防军士兵前来，连忙出迎，抱拳致礼，齐声拜道：“不知李魁奇头领前来，有失远迓，请恕罪！”

李魁奇挥了挥手：“免礼！”说着，在司帐等人带领下，和谢豪及三十名亲丁走入商馆大厅。一百多个第一哨的士兵则整齐地排列在商馆门外。

主客双方坐定后，李魁奇先问道：“郑芝凤呢？”

“他昨天前往各卫所发放饷银了。”司帐应说。

“什么时候回来？”李魁奇再问。

司帐回答："我们不清楚。"

李魁奇有些生气："你们怎能不清楚？"

司帐解释道："他有时从北到南，有时从南到北，有时接连发放完毕就回来，有时在卫所耽搁一两天，事先都没有告诉我们。"

"好啦，"李魁奇点了点头，而后郑重地说，"我告诉你们，本头领此次奉命前来接掌厦门防务，厦门商馆作为海防军的庶务总管，也应由本头领接掌。现在我先要查明商馆银库里还有多少存银，货栈里还有多少存货。"

"啊!?"司帐、司银、司货一听，不禁都愣住了。

"啊什么！"李魁奇站起身，口气强硬地说，"走，带本头领去查银库和货栈。"说着，从腰间拔出那支寒光闪闪的利剑。

谢豪和那三十个亲丁也拔出随带的刀剑等武器。

司帐、司银、司货一看，顿时明白。三人强忍着心中的愤怒，先后站起身，由司帐领头，先带李魁奇、谢豪来到银库，那三十个全副武装的亲丁紧跟在他们后面。

"给我打开银库。"李魁奇下令。

司银咬着牙，极不情愿地从兜里掏出银库钥匙，打开银库的铁门，和司帐领着李魁奇和谢豪进入银库。

银库中间过道两旁，各摆放着四十个厚木箱。李魁奇先打开最前面的一口木箱的盖子，低下头一看，箱里空无一物；再打开第二个，依然空空如也……直到后面的几个木箱才看到装有银锭，点数之后，一共才六千二百两。

李魁奇禁不住勃然大怒，责问道："这么大的商馆，怎么只剩下六千二百两银锭？"

"近期因迁徙饥民赴台垦殖，花费很大，"久经世面的司帐沉着地应说，"账簿上都有记载，各卫所领款的收据也都存放在账房里，请李头领到账房查验。"

李魁奇气嘟嘟地说："别查了！"随即朝着亲丁们下令，"全给我拿走。"

三十个亲丁各自掏出随身的羊皮袋，将一个个银锭装进袋子里，扎上袋口，提在手上。

李魁奇接着朝司货吼道："现在到货栈查货。"

司货仰起头："是，是。"边说边领着李魁奇等一帮人沿着过道、穿过前厅，朝着商馆大门外走去。

司帐、司银、司货三人一路边走边看。那馆内长长的过道和宽敞的前厅已见不到员工和卫丁的身影。商馆的前门也已经全由士兵们把守，卫丁们不知被弄到哪里去了。而整座商馆连同货栈的四周，却十步一岗地布满李魁奇带来的士兵。

看到事态如此严重，但他们却无能为力也无可奈何，只得带李魁奇等人先来到商馆左侧的货栈。

司货打开货栈的大门，李魁奇走进门一看，哇！货栈里一边堆放着生丝，另一边堆放着绸缎，便喜笑颜开地问道："这货栈里的生丝有多少？绸缎有多少？"

"生丝两百件，绸缎一百八十件。"司货答说。

李魁奇频频点头，随即交代谢豪说："你立即叫一队士兵前来搬货，全部装在我座舰的货舱里。"

"是。"谢豪领命到商馆前召来一队士兵，由队长带领，一进货栈立即扛起货包，相继扛到码头，踩过坚实的跳板，将货包装进货舱。

眼看搬货上船已顺利进行，李魁奇又转对司货，下令："走，到下一个货栈查货。"

司货不得不偕同司帐、司银领着李魁奇等一伙来到商馆右侧的货栈，打开货栈大门。

李魁奇走进门一看，货栈里一边堆放着瓷器、一边堆放着蔗糖，再次脸绽笑容地问道："这瓷器和蔗糖各有多少？"

"瓷器两百箱，蔗糖三百担。"司货答说。

李魁奇转过身命谢豪："叫两队士兵前来搬货。"

两队士兵共五十名随即被召来，各由队长带领，搬货装船。

搬货事务安排妥帖后，李魁奇相继拍了拍司帐、司银、司货的肩膀，和颜悦色地赞道："你们三位还算是聪明人，现在我们回商馆吧！"说着，在亲丁们的簇拥下一起回到商馆，来到商馆议事的内厅，相携入座……

司帐、司银、司货看他还算客气，坐定后正要泡茶，李魁奇却站起身，说："我还有点事。"说着，站起身走出门外……

李魁奇刚走出内厅，他手下的七八个亲丁即刻涌进厅内，三下五除二就把司帐、司银、司库三人连捆带绑后平放在地面上，将布团塞进他们的嘴巴，然后关上内厅门，用绳索将两扇门的门把绑紧。

眼看预定到厦门商馆要施行的事项已经完成，李魁奇便将装货的剩余任务交给第一哨，自已和谢豪领着三十个强悍的亲丁离开商馆，漫步走向厦门城……

此时，那个唯一躲过这场劫难的机灵小杂差，才从商馆后院的枯井里爬了出来……

原来，当李魁奇和司帐、司银、司货进入银库查验时，近百名的士兵已经把商馆的卫丁和员工全部打昏捆绑，锁进几间大房。唯有这个刚来不久的小杂差悄悄地躲进那口后院里的枯井……

他在井底下把耳朵贴在井壁上监听，直到这时地面上再也没有声息才爬出来，猫着身子翻过商馆后墙，从水仙宫前门进、后门出，然后小心翼翼地来到厦门城内，在守备府衙里找到陈衷纪，把商馆里发生的事情向这位驻守厦门的头领禀报。

陈衷纪乍一听，感到不大可信……自已和李魁奇相处已二十多年，难道这李魁奇说反就反，说叛就叛？……

但这商馆的小杂差却流着泪，发誓称他所说的全都是真话，恳求陈衷纪赶紧前去救人……

陈衷纪经不起这小杂差的苦求，终于站起身，扎上携挂着手铳和利剑的腰带，召来五个卫兵，跟着那小杂差步出守备府衙，朝着南门走去……

刚刚走出府衙十几步，李魁奇领着谢豪和部分亲丁已经迎面走了过来……

那商馆的小杂差一看到李魁奇，便悄悄地转过身，离开现场……

陈衷纪一看到李魁奇，却愣在那里；而他的这位老同事却坦然地来到他面前，抱拳拜道："衷纪兄，好久不见，近来一切都好吗？"

陈衷纪慌忙抱拳回礼："多谢魁奇兄的关照！小弟一切都好。"随即问道："魁奇兄镇守六鳌，因何前来厦门？"

"我此次奉命前来，是为了协助衷纪兄守卫厦门。"李魁奇应说。

"奉命？奉谁之命？"陈衷纪再问。

李魁奇面不改色："当然是奉我李魁奇之命。"

"奉你自己之命？"陈衷纪顿时明白过来，厉声指责，"李魁奇，你怎么能这样？"

"陈衷纪，别生气，"李魁奇坦然答说，"想当年台海群雄争霸，李旦大人独树一帜，武装船队，出洋经商，创立了金阳商行和厦门、杭州、北港等多家商馆，成为闽省最大的海商，我们兄弟俩都为此出过力。如今，金阳商行却全盘落入郑芝龙那小子的手中，令人愤愤难平。现在我已经决定自立雄师，今天特意前来邀请衷纪兄入伙；明年开春我重返厦门成了大堂主，衷纪兄就是二堂主啰！"

"不，李魁奇，你错了，我是绝不会入你的伙。"陈衷纪断然地说，"郑芝龙仗义施仁，心胸坦荡，博学多才，武艺高强，乃李旦大人亲自培育的继承人，现在又被朝廷敕封为海防游击将军，我等应该同心同德帮助他，使李旦大人'民富国强'的遗愿得以实现；绝不能离心离德，相互内斗，割裂我金阳，使李旦大人在天之灵疾首痛心……"

"别说了，陈衷纪！"李魁奇勃然大怒，从腰间拔出利剑，厉声喝道，"你这个贱货，再说我杀了你。"

"你敢，魁奇，"陈衷纪随即也拔出利剑指着李魁奇，正气凛然地责问，"自古邪不敌正，你走上邪路会有好下场吗？"

李魁奇不再答话，挥起利剑直刺陈衷纪的胸膛……

陈衷纪一招"顺风扫叶"把来剑挡开，紧接着一招"旋风抹颈"把剑刃挥向李魁奇的颈脖……

李魁奇一招"金蛇伏地"避开剑刃，随即一招"寒芒冲霄"，自下而上地刺向陈衷纪的下颌……

两人你来我往，你刺我砍……接连斗了十来个回合，陈衷纪终因武艺功底较差，最后被李魁奇一剑刺中心窝，仰身倒地。

李魁奇抽回利剑，用袖口抹去剑上的血迹，还剑入鞘，两眼盯着倒在石坪上的陈衷纪，默默地若有所思……少顷，先紧皱起眉头，继而仰首叹了口气。忽见一只白鸽从西门内的市街里腾空而起，朝着东南方向飞去……

“信鸽……”同时看到那白鸽的谢豪边说边卸弓搭箭，“嘣”的一声，那只刚展翅起飞的白鸽应声中箭，扑腾了几下便掉落在东门的城楼上……

此时，厦门城的四个城门都已关闭，城门内都由李魁奇的亲丁把守着。

谢豪跑上东门的城楼，捡起那只被他射落的白鸽，送到李魁奇面前。

李魁奇接过那只白鸽，但见这白鸽的脚上用细绳绑着一卷白纸。他挑断细绳，取下那一小卷白纸，展开一看，纸上写着：“李魁奇叛变，抢劫金阳商馆，杀害衷纪头领，请速回。六月初八申时初刻。”

“搜，快给我搜。”李魁奇指向西门内那条市街下令。

十来个亲丁先分头到街头、街尾、街面、街后设哨把守；七八个亲丁则跟着李魁奇和谢豪进入一家家店铺进行搜寻。没多长时间就来到益民中草药铺。

药铺里，丁义民郎中正在铺面整理药柜，助手阿香则在他身旁帮忙……

李魁奇手提着那只白鸽踏进药铺，厉声喝问：“你们这药铺有没有养鸽子？”

“有！”放飞时已看到信鸽被射中的丁义民朗声应道。

李魁奇：“养在哪里？”

丁义民：“养在药园子里。”

李魁奇：“带本头领去查看。”

“走！”丁义民站起身，领着李魁奇等人来到药园子……

李魁奇一看这栽满各色各样中草药的园子里，果然有两个鸽子笼。其中一笼养着白鸽，一笼养着黑鸽，便将那只射中的白鸽提得高高，厉声责问：“这只白鸽是不是你养的？”

“是。”丁义民坦然应道。

李魁奇再从兜里取出那张白纸条，责问：“这密信是不是你写的？”

“是。”丁义民照实应说。

李魁奇手指着丁义民：“原来是你这个奸细……”

“你错了，李魁奇，我不是奸细。”丁义民正气凛然地斥道，“我丁义民乃当年金阳义师的细作班头，现在则是海防游击军的细作班头。”

李魁奇气得咬牙切齿：“班头，班头，我现在就要你的头。”

“哼，”丁义民冷冷一笑，“我丁义民只愿国泰民安，个人生死何足挂齿？

你要我的头，尽可以拿去；不过总有一天，你的头将赔还给我。”

李魁奇大怒，挥起利剑朝着丁义民的头部猛力砍去……

丁义民的颈脖上即刻裂开一道喷涌鲜血的伤痕，然后缓缓地仰天倒下……

杀了丁义民，李魁奇一行走出药园子，回到药铺铺面，见那丁义民的女伙计依然端坐在药柜旁，既没哀哭，也没流泪……

李魁奇走到她身旁，问道：“怎么样，小姿娘？”

“没什么。”阿香应说。

李魁奇眨了眨眼睛：“那就跟着我走吧。”

阿香平静道：“等我到园子里摘一些常用的草药。”说着，站起身不慌不忙地走向药园子……

来到药园子后，阿香跪到丁义民身旁，从兜里取出纱布带和治伤药，擦净丁义民颈脖上的血迹，在三寸长一寸深的伤痕上涂抹治伤药，把他的整个身躯摆正，亲了亲丁义民那冷峻的脸庞，亲热地说：“义民兄长，我的夫君，阿香跟着你来啦！”说着，从腰间拔出一支匕首，往自己心窝部位猛插下去，然后紧抱着她的夫君，一起躺在那繁花似锦、绿叶如茵的地面上……

李魁奇在药铺里等了许久，未见阿香出来，便派谢豪到药园子探看。

谢豪进入园子后很快就返回禀报：“那小姿娘也死了。”

李魁奇摇了摇头，随即领着手下那帮人离开益民中草药铺，回到府衙，把搜寻到的卫兵和衙役，全数关进大牢。然后再翻遍守备府衙和四个城楼，将查获到的火炮、火铳连同弹药，装在几辆板车上，在夕阳的辉映下，运到厦门商馆前的岸边，用舢板转送到第一哨的船只上……

与此同时，李魁奇派往高崎、五通、胡里山、浮屿、官任五个沿海哨所的伙计，正在与驻所的厦门守军共进晚餐。大家吃着六鳌送来的鱼鲜佳肴，喝着六鳌送来的醇香番薯酒……待到驻所的厦门守军半醉时才出手，将他们的手脚捆绑，在他们的嘴巴里塞进布团，把他们关进哨所；然后将各哨所里的五门火炮连同弹药搬上船舰，在夜幕初降时才离开哨所，按原先的部署起锚升帆，驶往大担岛外的海面……

第六十三章 寻贼踪兄弟立功

话说郑芝凤昨天上午将备好的六个卫所当月的饷银，分别装在三艘配有火炮、火铳的专用快船上，由三十名武艺高强的卫兵护送，在午饭后驶离厦门，前往第一站铜山卫所，到太阳即将落山时才抵达，受到卫所头领、二哥郑芝虎和卫所庶务长的热烈欢迎。

当晚，郑芝凤就在铜山卫所留宿，和二哥芝虎促膝交谈，度过了欢快的一夜……

今天早晨，郑芝凤用过早餐，把铜山卫所当月的饷银按数交给庶务长，办完交款、签收等手续后与郑芝虎道别，带着三艘快船，来到六鳌卫所。

郑芝凤一登岸，就感到整个卫所冷冷清清，和以往的熙熙攘攘、热热闹闹全然不同。他正感到奇怪，卫所的庶务长就迎面走了过来，抱拳致礼道："芝凤总管，在下有礼了！"

芝凤抱拳回礼："庶务长，别客气。"随即问道："士兵们都到哪里去了？怎么只剩下这么一些人？"

庶务长答道："今天早晨，李魁奇头领带着十个哨、一千三百名士兵前往厦门协助防务。"

"到厦门协助防务？"郑芝凤感到奇怪，"我昨天早晨离开厦门时怎么没听说？"

"啊，这桩事你不知道？"这位出身于平户金阳商行的庶务长更感到奇怪。

芝凤被他这一问，顿感事态严重，但却用平和的口气应说："我回去看看就知道。"说着，转过身就要走……

庶务长连忙把他拉住："芝凤总管，你该是前来发放本月饷银的吧？"

"是。"郑芝凤如实答说。

"那就请你将本卫所的饷银发了再走。"庶务长恳求道。

"卫所里只剩下不到一半的士兵，而且李魁奇头领又不在，这饷银我怎么发放？"郑芝凤感到为难。

"卫所里还有八个哨一千名士兵，还有庶务勤杂人员共一千一百人，你就把饷银发给他们。到厦门协助防务的人员另行发放，你看可以吗？"庶务长求道。

"这……"郑芝凤犹豫难决。

庶务长继续说道："芝凤总管，我求求你了，我们卫所的士兵们都尽职尽责，守卫海防，他们盼的就是每个月发给他们八钱的饷银。"

"好吧。"郑芝凤经不住庶务长的恳求，终于同意发给现驻卫所的士兵和其他人员当月的月饷。接着又说："不过李魁奇头领不在；饷银收据除庶务长签收外，还要长官签名。我看就由八个哨长会签好了。"

"多谢芝凤总管！多谢芝凤总管！"庶务长频频鞠躬，随即领着郑芝凤到卫所后厅，切开一个大西瓜待客，然后转身到卫所各处，将驻所的八个哨长一一请来，办理领取饷银的手续，终于领到驻所士兵和其他人员的当月饷银。

时已过午，郑芝凤和卫兵们在六鳌卫所匆匆吃过午饭，带着三艘快船，转入将军澳，朝向东北，进入海澄县海域；经浯屿、青屿和大担岛，正要进入厦门外港，却被大担岛内的两艘李魁奇属下的船舰拦住……

船舰上一个满脸横肉的大汉大声喝道："不许进港！"

"为什么不许进港？"郑芝凤高声质问。

"这是上峰的命令，再不滚开我就开炮了。"那大汉嚷着，随即命手下将炮口对准郑芝凤带领的快船……

郑芝凤正要亮明身份，忽感不妥；考虑到快船上还存有四个卫所的饷银，只好领着三艘快船离开大担口，转到浯屿，停泊在一个渔村的岸边；然后向当地渔民租用一只渔船，命卫兵队长乘这渔船绕从鼓浪屿后转到厦门岛西部沿海，寻机登岸，打探李魁奇在厦门的情况后尽快返回浯屿汇报。

卫兵队长领命后即刻乘渔船出发，先沿着海澄县东部海岸朝北而上，然

后转到鼓浪屿西部海面，渐渐地消失在茫茫的大海中……

郑芝凤在浯屿耐心地等待……

时间一刻钟、一刻钟地溜过去；日头公也一步步、一步步地朝西走……

郑芝凤有点忍不住了，他站在第一艘快船的船头，朝着厦门岛的海面左顾右盼，直到夕阳即将下山，卫兵队长搭乘的那只渔船才从大担岛外海绕回浯屿，来到快船停泊的岸旁……

卫兵队长一上那艘领头的快船，郑芝凤便急切地问道："厦门的情况怎么样?"

卫兵队长叹了口气，摇了摇头："李魁奇封锁得很严密，实在没有办法上岛。"

"怎么办？怎么办?"郑芝凤凝神望着海面。少顷，朝着卫兵队长下令："快，你领着那两艘装有饷银的快船赶紧到铜山卫所，把六鳌和厦门发生的情况向郑芝虎头领报告，请他带领战船队赶紧前来。我就在浯屿等着。如果你们在浯屿找不到我，就自行想办法进入厦门岛。"

卫兵队长领命，即刻带领那装有饷银的两艘快船，迅速起碇升帆，驶向铜山岛……

日头渐渐地落入西边的太武山后，郑芝凤站在快船上，时而朝南、时而朝东、时而朝北张望，结果一无所获……他终于按捺不住心中的躁动，下令起锚升帆，将快船驶离浯屿，绕从大担岛外到小金门岛的海面，来回梭巡……

天渐渐暗下来了，上弦月开始从东边海面上升起，梭巡到大担岛外的郑芝凤突然发现一艘大船从厦门内港驶向大担口；大船上前、中、后三根大桅张满风帆，桅杆顶的桅灯闪闪发光，船头、船尾各挂着一个大灯笼……

郑芝凤连忙将快船驶到二担岛外的水澳里，取下桅灯，暗中监看着这艘大船……

这艘大船穿过大担口，来到大担岛外海面。熟悉各卫所情况的郑芝凤认真一看，那显然是六鳌卫所头领李魁奇的座舰……

"啊！李魁奇怎么现在就离开厦门，他今天在厦门到底干了些什么勾当?"

郑芝凤正感疑惑，李魁奇的座舰到了离大担岛七八里处却降帆下锚，停泊在海面上……

紧接着，一艘艘主桅杆顶挂着红色桅灯的大中型船只，陆陆续续从厦门内港和厦门岛东部海面驶出大担口，降帆减速，来到李魁奇座舰后的海域……

郑芝凤借上弦月的银光仔细点数，陆续前来的船只共有七十五艘，全是六鳌卫所最好的船舰。

此时，李魁奇的座舰才升帆起锚，领头朝向东南驶去。其他船舰则有序地排列成三队，组成“一主三列”的队形，跟着领头船离开大担岛外海域……

“这伙叛贼到底要到哪里？”郑芝凤心中一凛，随即作出决定，“我必须弄清楚。”

于是，他和十名卫兵驾着那艘快船，在李魁奇船队后面，开始尾随跟踪……

走了两三里路，站在船头的郑芝凤忽见金门料罗湾西南端驶出五艘没挂桅灯的大船，暗中跟在李魁奇船队的左后方，缓缓前行……

郑芝凤借着上弦月光仔细辨认，那为首的大船，竟然是金门卫所头领钟斌的座舰，不禁大吃一惊……难道钟斌也是李魁奇的同伙？他立即命卫兵将快船桅灯卸下，使自己也处于秘暗状态……

一支七八十艘的超大船队、一支五艘的常见船队、一艘单只快船，就这样首尾相连朝着东南方向进入台湾海峡……

黑夜渐渐过去，曙光开始露脸，整夜在快船船头或站或坐的郑芝凤并不感到疲乏，仍然注视着前方的两支船队……

看着，看着，忽见那支五艘船舰的船队突然相继推舵拉帆，离开李魁奇的大船队，转向东北驶去……

“怎么啦？”郑芝凤仔细想了想，“哦！原来他们也是在跟踪。夜里卸下桅灯不容易被发现，如今可是白天，五艘金门卫所的大船紧跟在六鳌卫所船队的后面，李魁奇和他的手下难道都瞎了眼？看来这个钟斌不是李魁奇的同伙。”

郑芝凤终于松了口气，随即在卫兵们的苦劝下，进船舱歇息……

但快船仍然在卫兵们的操控下，或快或慢，或左或右地尾随着李魁奇的船队……

郑芝凤驾着快船尾随叛贼船队渐渐远去……

郑芝虎却领着铜山卫所战船队匆匆赶来……

但是，浯屿东、西、南、北四处海面都找不到郑芝凤和他的快船。

按照事先的约定，前往铜山求助的卫兵队长只得带领郑芝虎和他的战船队，放胆闯入厦门外港，不料竟没有遇到任何阻拦。于是，他们干脆长驱直入，把船舰开到厦门商馆前的海边，陆续登岸……

时已深夜，四周静悄悄，郑芝虎和卫兵队长带着他们手下的人马来到商馆前门，但见商馆大门的门把被绳索捆绑住，卫丁们不知都到哪里去了。

郑芝虎抽出锋利的匕首，将那些绳索割断，推开大门，进入前厅，里面暗摸摸，既看不到人影，也听不到人声……

时常进出商馆的卫兵队长连忙摸到一处壁灯下，用手铳的火药绳将灯里的蜡烛点燃，接着再把前厅里的壁灯全部点亮。

整个前厅完好如初，地面上并无血迹……人呢，都到哪里去了？难道全被李魁奇沉入大海？

卫兵队长从壁灯里取下一支蜡烛，在前引路，进入过道后就看到有几间大房的门把被绳索捆绑住。郑芝虎随即用匕首将绳索割断，推开房门一看，不禁大感意外……

原来这些房间里全都平躺着一个个嘴塞布团、手脚被绑的商馆员工和卫丁。

郑芝虎手下的士兵立即动手为他们解绑……然后转到后厅，让司帐、司银、司货也全都恢复自由……

在查明李魁奇到厦门商馆抢银劫货等情之后，郑芝虎命士兵燃起火把，带他们来到厦门城，先割断南门门把上的绳索，进入城内，相继发现陈衷纪、丁义民和阿香三具遗体，分明都是被李魁奇杀害的……接着又将被关押的二三十名府衙卫兵和衙役，从牢狱里解救出来……

曙光初现，天已微明，郑芝虎先叫几个士兵到城外棺材铺购买三具灵柩，将陈衷纪、丁义民、阿香入殓，安葬在义民中草药铺的药园里；同时派员驾船前往崇武、围头、高浦、金门四个卫所，向郭怀一、施福、洪旭、钟斌等四位头领报告李魁奇叛变诸情，请他们立即前来厦门商议对策。

近午时分，洪旭、施福、郭怀一三位头领先后抵达厦门；而钟斌头领据称已驾船出巡，不在金门卫所，未能出席。

施福、洪旭、郭怀一、郑芝虎等四位头领一碰头，对李魁奇叛变既愤恨又疑惑。

大家都认为他虽然当过海盗，但投奔李旦大人之后一直受到重用，为何说变就变？他叛变后袭击厦门抢银劫货可以理解，但为何要杀害老同伴陈衷纪？还有，他既然成功登陆厦门，为所欲为，但因何不予以占据，而只待了一个白天就匆匆离去？

四位头领你一言、我一语，最后把议题集中到：“他连夜撤离厦门到底要前往何处？还要干些什么比占据厦门更重要的事？”

这时，曾经在北港当过卫丁的郑芝虎才郑重地说：“李魁奇在北港商馆担任过多年的总管，深知北港和整个台湾岛的价值；对北港周围的情况又很熟悉。目前北港商馆只有二十名卫丁，把领军学班的六十名学员算在内也不足百人，防务薄弱。依我看，他连夜撤离厦门准定是前往台湾，出手占据北港。”

大家一听，都感到他说得有理，于是敦请郑芝虎立即率铜山卫所战船队赶赴北港；同时决定从高浦、围头、崇武三个卫所各调集四个哨、共十二哨的兵力和相应的船舰，由主战船“福凌号”施福营官率领，前往北港支援。闽南六个卫所的防务，则由郭怀一、洪旭两位头领共同负责。

分派完毕，郑芝虎赶紧在厦门给战船队补充粮食、淡水后，立即张满帆片，兜着强劲的西南风，赶往北港……

此时，尾随跟踪李魁奇船队的郑芝凤，正单帆孤影在茫茫的大海中忽快忽慢地前行……

从目前李魁奇船队的航向来看，显然是要前往澎湖列岛……但现在距离台湾还有一半多的航程，说不定什么时候他要转向……

日上中天，阳光普照，海面上闪烁着金光。为了避免被发现，郑芝凤缓缓地降低航速，但仍然是紧咬不放……

走着，走着，忽然在快船后面出现五只连家渔船，沿着这条航线破浪而来，很快就驶到快船近旁。真是难逢的好机会，郑芝凤干脆混进这连家船队，站在船头向那领头船的疍民大叔抱拳鞠躬……

于是，李魁奇的船队在前，连家船的船队在后，继续朝着东南方向往前驶去……

太阳渐渐偏西，从快船上朝前望，李魁奇船队的船只都看得一清二楚；而从李魁奇的船上往后看，则阳光刺目，连眼睛都很难睁开，这对快船的隐蔽更其有利……

就这样，郑芝凤尾随着李魁奇船队朝前走，再经过一夜，终于在第二天清晨来到澎湖列岛的虎井屿。

这虎井屿位于澎湖中部海面，呈长条状，东至北港只需一个半时辰，东南至大员也不过三个时辰；因盛产各类海鱼而受到厦门疍民和闽南一带渔民的青睐。

李魁奇的船队来到澎湖中部海域，直接插入虎井屿的北岸，在岸边停泊……

郑芝凤的快船随着连家船的船队先来到虎井屿南部，然后单独转到东部海面梭巡……但见李魁奇的船队停泊后，他的座舰与随后的两艘大型货船却只降帆、并没下碇。

他正感疑惑，李魁奇座舰右船舷已缒下一只小艇，将李魁奇的副手谢豪送到另一艘大船，然后才升起帆片，领着跟在后面的那两艘大货船，朝着南偏东方向驶去……

“这分明是要前往大员。”郑芝凤心里想着，再转过身察看。但见李魁奇这庞大的船队有序地停泊在海岸旁，却没见到有人上岸，看来他们都随身带了足够的淡水和粮食，准备以船为家……

经过这一番观察，郑芝凤感到没必要再逗留，便驾着快船离开虎井屿，一个多时辰便抵达北港，停靠在码头，带着十名卫兵上岸，来到北港商馆。

正值早市时间，北港商馆门前和两旁市街，人来人往，熙熙攘攘，十分闹热……

郑芝凤带着十个卫兵一到商馆门前就遇到龚玉娘，便开口问道："龚掌柜，我大哥有没有在商馆里？"

"有在，有在，"龚玉娘应说，"他昨天刚从布袋港回来，将迁台饥民的安置和垦殖事项检查完毕，准备明天率'领军学班'学员返回厦门。"说着，带领郑芝凤和他的卫兵进入商馆，来到郑芝龙专用寝室。

郑芝龙看郑芝凤突然前来而且神情疲惫，甚感意外，关切地问道："芝凤，你怎么突然到北港来？"

江阿翠则赶紧端来一把交椅，让芝凤坐下。芝凤的卫兵则由龚玉娘安排在外厅歇息。

芝凤坐定后，有气无力地将李魁奇带领十哨士兵袭击厦门转赴澎湖，以及他通知芝虎之后尾随跟踪等情，向郑芝龙作了详细禀报……

郑芝龙听后紧皱起眉头，自问自答："这么大的事蔡师为何没有来信？……可能他已经遇害了！"随即再问芝凤："芝虎率领战船队已经进入厦门了吗？"

"这我就不清楚了。"芝凤眨巴着眼睛答说，"不过依我看，他应该已经进入厦门。"

郑芝龙看他那样子，不再发问，却朝着房门外喊道："龚掌柜！"

龚玉娘应声进门："什么事？"

郑芝龙郑重交代说："你赶紧叫厨房给芝凤和他的卫兵准备一餐午饭，然后安排几间安静的客房，让他们睡个好觉。"

"是。"龚玉娘边答着边走出房门。

郑芝龙转对芝凤："你这两天都没睡觉吧？赶紧吃顿饭都给我睡觉去。"

"谢谢大哥！"郑芝凤站起身走出门，和卫兵们前往商馆的食堂……

第六十四章 郑芝龙布阵擒贼

芝凤离开后，郑芝龙让江阿翠坐到那把交椅上，说：“阿翠，现在要交给你一项任务。”

“什么任务？”阿翠问。

郑芝龙郑重地说：“据芝凤说，有五只连家船跟在李魁奇的船队后面来到虎井屿，估计这些连家船都是来自厦门，其中准定有你的亲朋好友。我要你带着银子乘民船去找他们，在连家船上打扮成渔姑，想办法和李魁奇手下的士兵们打交道，探听他们将要干些什么事，然后转回北港向我报告。”

“好啊，这事好办。”阿翠应说。

“好办是好办，可是很重要，”芝龙叮嘱道，“一来你绝对不能暴露身份；二来你必须探明他们的动向，特别是准备如何攻袭北港。”

阿翠应道：“刚才芝凤所说的，我全都听到了；该怎么做，我心中有数，你尽可放心。”

芝龙点了点头：“那就好。”

阿翠再问：“什么时候动身？”

芝龙果断地说：“现在就动身。”

阿翠伸出手掌：“把银子给我。”

芝龙立即从柜子里取出一枚十两银锭、两枚五两银锭和十枚一两的小银珠，交给阿翠。接着，芝龙将“领军学班”的学员施琅召来，交代他用一只单帆双桨的舢板，送阿翠前往虎井屿，暗中加以护卫，完成任务后才返回……

太阳已西斜，阿翠来到虎井屿南岸的海边时，五只来自厦门沙坡尾的连家船正在钓绳上安置鱼钩，准备夜钓鱿鱼……她借买鱼之名前往探视，在第三只连家船上竟意外地遇到舅父、舅母和表妹阿春……

年轻眼尖的阿春一看头梳发髻的阿翠上船，立即认出是表姐，亲热地唤道："阿翠姐，你怎么来啦?!"

那个送阿翠前来的施琅一听，即刻明白，便悄悄地把舢板划到另一边的岸旁藏匿待命。

阿翠上连家船后，坐到舅父、舅母身旁，帮着安置鱼钩，很快就完成作业……

早知道这外甥女已经嫁给郑芝龙的舅父随即问道："阿翠，你怎么会到这里来?"

"我要在这里办一件事，你们对外不要声张，认我做女儿就行了，好不好?"阿翠说着，从兜里取出那枚十两的银锭送给舅父。

她舅父收下银锭，说："那你还要打扮成渔姑?"

"当然啰。"阿翠应说。

站在一旁的阿春连忙取出一扎红丝线，阿翠接过手，就卸下发髻，缠上红丝线，很快就在头顶上盘出"红线烟筒箍"，然后换穿表妹的衣裳，成为一个地地道道的"渔姑"。

"我们的阿翠又回到连家船啰!"站在一旁的舅母轻轻地拍着手说道。

装扮成渔姑后，阿翠请舅父划着连家船，绕过虎井屿西端，来到北面的海域，自己站在船头察看，但见那些战船一艘接着一艘，整齐地排着长队，停泊在海面上，有七八十艘……

看着，看着，忽见一艘配有好几门火炮的大船带着两艘货船从南边的海面破浪而来，很快就来到战船队的前头降帆泊碇……看那样子准定是芝凤所说的李魁奇的座舰。

这时，太阳正一步步地落入西海，夜幕随即降临。阿翠的舅父、舅母先划着船撒网、收网，捕捞到一网又一网的鲳鱼，接着置放带上鱼饵的钩钓，诱来一只只闪着鳞光的鱿鱼吃饵上钩……就这样忙了大半夜，收获甚丰。

翌日早晨吃过早饭，阿翠请舅父把渔船划向李魁奇的船队，来到一艘大船的近旁，站在船头朝着大船舱面上守哨的士兵高声喊道："大兵哥！大兵哥！……"

那士兵靠到船舷朝下一看，原来是一个漂亮的渔姑站在渔船船头正在喊他，连忙大声问道："什么事，渔姑？"

阿翠仰起头："大兵哥，你们要不要鲜鱼啊？"边喊着边提起一桶鲳鱼晃了晃。

那士兵一看，高兴地说："哇，这些鱼还活着呢！"

"是啊，昨晚刚捞起来的。"阿翠应道。

那士兵随即缒下舷梯："你拿上来给我们看看。"

阿翠随即又用另一只手提起一桶鱿鱼，踏着舷梯上到大船，来到舱面。

几个守哨的士兵纷纷围拢过来，一看桶里的鱼偶尔还在蹦着、跳着，大感兴趣。

领头的伍长立即交代一个士兵："你快去把厨房的师傅请来。"

那士兵离去后，阿翠娇声娇气地问道："大兵哥，你们在这里做什么啊？"

"我们在这里要干一桩大事。"一个士兵应说。

阿翠问道："干什么大事啊？"

那个士兵摇摇头："现在不能说。"

阿翠娇嗔地说："不能说就不说嘛！"

那士兵讨好地说："不过，再过两三天你就知道了。"

阿翠扭了扭腰肢："好啊，好啊，到时候我再送鱼来卖给你们。"

他们正说着，厨房的师傅匆匆赶来，一看两桶鱼都很新鲜，而且个头都比较大，考虑到士兵们多日没吃到鱼鲜，便决定买下来，于是问道："渔姑，你这两桶鱼要卖多少钱？"

阿翠娇滴滴地说："你们大兵哥要吃的，我就卖便宜一点。那桶鲳鱼卖四百文铜钱，鱿鱼卖六百文铜钱，折合一两银子。"

"哦，还顶便宜。"厨房师傅说着，从兜里拿出一枚小银锭，交给阿翠，随即叫士兵拿来两个木桶，分别将鱿鱼、鲳鱼倒入桶里。

阿翠卖了鱼，随带两个空桶回到渔船，将卖鱼所得的一两银子交给舅父，接着又送给舅母一枚五两的银锭，送给表妹三两银珠，然后继续帮舅父在李魁奇船队附近撒网捕鱼……

白天很快又过去了，夜幕悄悄地降临，阿翠再次坐在船头，借着微弱的月色注视李魁奇船队的动向……盯着，盯着，过了大约一刻钟，李魁奇座舰右边的舷梯缓缓地缒了下来。一个身材魁梧的大汉带着七八个随从，下梯后跨进一只事先备好的帆船，朝着北港方向驶去……那个领头的大汉分明就是她在厦门曾经见过的李魁奇。

阿翠连忙请舅父起锚张帆，悄悄地跟在那只帆船后面，来到北港商馆南边约十里路的一处偏僻小澳仔……李魁奇乘坐的帆船一进入小澳，就停泊在一处连片的礁石旁，船上的人员随即上岸，在李魁奇带领下穿过岸上的树林，渐渐消失了踪影……阿翠没有登岸跟踪，反而请舅父将渔船划到小澳外的海面上，边来回梭巡边撒网捕鱼；过了半个多时辰，终于看到李魁奇带着随从返回岸边，登上那艘帆船，驶回虎井屿……

阿翠乘舅父的渔船跟着回到虎井屿后，很快卸下渔姑的头饰，绾上原来的发髻，换上原先的衣服，找到从北港送她前来虎井屿的小帆船，命施琅驾船返回北港……

时已深夜，阿翠不愿进商馆打搅芝龙，自己转到北港市街一家女老板开设的商铺就寝；施琅则返回“领军学班”的住所安歇。

翌日早晨，阿翠在那家商铺里吃过早餐，神色自如地返回北港商馆，来到芝龙的专用寝室，一推门进房，只见房间里除了芝龙、芝凤两兄弟外，芝虎也在房内，不禁大感惊讶，开口问道：“芝虎，你怎么也到北港来了？”

“阿嫂，我是从厦门飞过来的。”芝虎半开玩笑地应说。

阿翠不解其意：“就你一个人飞过来？”

“别再问了，阿翠，我们正等着你，”芝龙挥了挥手，“快把你到虎井屿打探到的情况和消息告诉我们。”

阿翠于是将两天来她有幸碰到舅父、并利用舅父的渔船打探到的情况，详细地叙说了一番……

芝龙、芝虎、芝凤听后，纷纷赞扬阿翠做得很好！接着，四个人就在寝室里开始探讨李魁奇准备如何攻袭北港商馆。说着，说着，忽听到房门外响起敲门声。

“谁人?”郑芝龙高声问道。

“是我，郑统领。”门外传来龚玉娘的应声。

郑芝龙站起身，走到门后，打开房门：原来是龚玉娘与何斌带来了一个客人。仔细一看，这位来客竟然是施福营官，不禁喜出望外，连忙邀道：“施福营官，快请进!”随即又请龚玉娘与何斌一起进来。

于是，这七位头领和掌柜、通事就在郑芝龙寝室里，参照芝凤在六鳌、芝虎在厦门、阿翠在虎井屿打探到的情况，制订出对付叛贼攻袭北港的作战方案。

也就在这一天上午，谢豪和十个哨长奉召再次来到李魁奇座舰的密室，一进门就看到密室正面的木板墙上，挂着一幅手绘的地图，大家纷纷围拢过来。

李魁奇站在那幅地图前，激动地说：“你们都知道今晚要攻袭北港，但你们对北港商馆周围的地形和防御的设施并不熟悉。昨天晚上我特地绘制了这幅地图，好让你们对整体作战方案和各自的任务更其清楚。”说着，顺手拿起一支细木棒，开始指指点点、娓娓道来：

“这是北港商馆码头……码头上方有一座炮垒，里面有三门弗朗机大炮，威力很强……码头左边有一座五丈高的观察哨隐蔽在小树林里……商馆距离码头四五里路……大门内有五门带轮的弗朗机大炮，随时都可以推到大门外对来犯者进行还击……”

说到这里，李魁奇歇了口气，然后将细木棒指向地图上一个小圈圈：“这是北港南边的一个小水澳，距离北港大约十里路，一向人迹罕到；岸上有一座树林，树林里有一条羊肠小道通往北港。昨天晚上我特地和五个哨长前往探察，确实是攻取北港的最佳途径……”

谢豪和哨长们听了李魁奇这一番讲述，全都啧啧称赞……

李魁奇接着说：“今晚，除第九、第十两哨分散到停泊在虎井屿的船舰上留守外，谢豪领着第六、七、八等三个哨的士兵，驾驶配有四尊以上火炮的战船，先到北港商馆码头外的海面，开炮攻击码头上的炮垒，进行登陆前的佯攻，吸引住商馆的防卫人员；与此同时，我将亲自带领第一、二、三、四、五等五个哨全副武装的士兵，扛着十门火炮，悄悄地从这小水澳上岸，沿着树林中的小道奔袭北港，一举占领商馆。这商馆一拿下来，北港所有的商铺和周边的乡村全都会靠过来。你们明白不明白？”

“明白，明白。”谢豪与十个哨长朗声应说。

整个下午，双方的参战人员都紧张地进行各项战前准备工作。唯有北港市街的商铺依然照常营业，大家都没想到今晚将发生一场北港前所未有的大战……

进入初夜，半圆的月亮开始露脸，却被台湾岛中部高高的玉山和阿里山脉挡在东边的海空，没能照耀全岛。

借着依稀的月光，谢豪带领的战船队来到了北港商馆码头外的海面上，将船上所有火炮的炮口，对准码头上的炮垒，开炮轰击。

这炮声刚一响，码头另一边的海滩突然冲出二十几只小艇，快速地冲到谢豪坐镇的指挥船，小艇上全副武装的“领军学班”学员和士兵在郑芝凤的带领下，纷纷抛起“飞绳搭钩”，将铁抓钩牢牢地搭在指挥船左右两边的船舷上，然后脚踏船身、手攀飞绳，迅捷地爬到甲板上，把船上的炮手全部踢翻，高喊：“投降不杀！投降不杀！”

那些被踢翻的炮手以为是天降神兵，纷纷跪在甲板上，颤抖抖地哀声求饶。随即一个个被反绑双手，指挥船上的火炮于是全都成了哑巴炮……

站在舵楼顶指挥发炮的谢豪一看船舰上突然来了这么多士兵，而他手下的炮手却全被踢翻，连忙从舵楼顶沿着竖梯下到甲板上。已经在舵楼下等着他的郑芝凤和施琅等三个“领军学班”的学员即刻把他按倒在地，将他的双手连同上身用绳索捆绑，然后才让他站起身。

谢豪站定后一看，在他面前的竟然是厦门商馆的掌柜郑芝凤，不禁大感惊讶：“郑芝凤，你怎么会到北港来？”

“别问了，跟我走吧。”郑芝凤边应着边押着谢豪来到舷梯旁，下到一只快艇上，朝着码头划去……

这时，其他船上的炮手一看指挥船不再发炮，也都暂停下来，等待新的命令。

他们正等着，突然七八艘正规战舰从外边的海面上疾驰过来。“投降不杀！投降不杀！”的呼喊声随即在海面上震响。

谢豪新的命令一直没下达。“飞绳搭钩”突击队却接连光顾他率领的全部船舰，并在“投降不杀！”的呼喊声中，接受他手下士兵的投降……

在谢豪带领第六、七、八哨的士兵乘船舰前往北港的同时，李魁奇也带领第一到第五哨的士兵乘船舰离开虎井屿，来到北港南边的那个小水澳，泊碇后每艘船上都留下十名士兵驻守……

头戴铜盔、身穿皮甲、左挂手铳、右佩利剑的李魁奇率先从座舰上的舷梯走下，改乘座舰随带的舢板登岸；三十名亲丁紧随在他身后，沿着树林中的小道朝向北港快步前进……接着，第一、二、三、四、五哨的士兵带着火炮，陆续由各自随带的小艇送到岸边登陆，依序跟在亲丁队的后面……

走着，走着，大约走了半个时辰，李魁奇终于走到树林的尽头，即将跨入北港商馆地界……突然从小道两边的树林里传来一阵阵轰隆隆的巨响，随即十几颗炮弹落进亲丁队……那第一哨的哨长连忙将队伍刹住，不敢前进。

李魁奇被这突如其来的袭击镇住，他转过头一看，七八个亲丁已经倒在地上，其他亲丁则纷纷躲进树林……

“都给我出来！都给我出来！”李魁奇声嘶力竭地喝道……

随着他的吆喝，小道两旁的树林里突然响起震天动地的炮声与呼喊声……

“轰隆隆隆！轰隆隆隆！……”

“投降不杀！投降不杀！……”

紧随着炮声与呼喊声，从树林里跑出两千多名从闽南卫所驰援北港的士兵，将李魁奇手下五个哨的士兵团团围住。随即又把躲进树林的二十几个亲丁押到现场。

早先听过李魁奇“占据北港、台海称雄”神话的五个哨长，眼看那神话已彻底破灭，率先放下武器。他们手下的队长、伍长和全体士兵随之也都放下武器，连同那些亲丁，全部跪在地上举起双手……

眼睁睁看着士兵们放下武器投降，李魁奇被惊呆了。正当他进也不敢进、退也不愿退之时，一个熟悉的身影突然出现在他面前。李魁奇盯着那脸孔仔细一看，颤抖抖地指着那个人：“你，你，你这个郑芝虎……”

“没错，我是郑芝虎。”芝虎手提大刀、心平气和地应说，随即劝道，“李魁奇，投降吧。”

“投降？我奸你娘！”李魁奇咬牙切齿骂道，随即抽出利剑，刺向郑芝虎的心窝。

郑芝虎挥刀把来剑挡开，继续劝道：“投降吧，李魁奇，我们对投降者一律不杀。”

李魁奇闭口不应，挥起利剑更加凶狠地对郑芝虎又砍又劈……

郑芝虎也不再劝说，举起大刀连续接招。两人激斗了十几个回合，竟然不分上下。

跟着郑芝虎前来的“领军学班”学员张永明、傅元凯、林显忠再也看不下去，纷纷卸下肩上的“飞绳搭钩”，抛向李魁奇的头部。

叮叮当当……叮叮当当……那绑在绳头上的铁钩不停地敲打着李魁奇头上的铜盔……

李魁奇挥剑砍却砍不到，转身躲也躲不开，脑袋瓜不停地被“叮当”的响声敲打着，整个身躯摇来晃去，终于支撑不住，晕倒在地……

张永明等人缓缓地走到他身旁，用飞绳反绑他的双手、捆绑他的上身，然后将他扛上肩，在郑芝虎的带领下朝着北港商馆走去，把他放在密室里的床上。

翌日早晨，郑芝龙亲自来到密室，看望被捆绑的李魁奇。

已经醒过来的李魁奇叹了口气，说：“郑芝龙，你把我杀了吧。”

“我不能杀你。”郑芝龙应道。

李魁奇：“那你就发发慈悲，把我放了。”

郑芝龙：“我不能将你放了。”

李魁奇：“那你准备怎么弄我？”

郑芝龙：“我将把你押送省城，让官府按大明律法审判处置。”

当天，郑芝龙命手下士兵把活捉到的李魁奇和谢豪带到一艘快船上，押送到省城福州，经福州知府和泉州知府会审，定为死罪，经熊文灿巡抚核准，押赴刑场，斩首示众……

第六十五章 庆班师移驻安平

郑芝龙活捉叛贼李魁奇、招降全体叛军，再次震撼台海两岸。

北港市街商铺和周近乡村的百姓为感谢郑芝龙护卫之恩，纷纷将去年除夕踩街巡游的服装、锣鼓、器具全搬出来，忙碌地作好了准备……

当天晚上一入夜，但见一支长达数里的队伍在灯笼与火把的映照下，从靠近商馆的一个村社出发……

走在队伍最前头的两个大汉，举着两个挂在木棍上的竖式牌匾，一个牌匾上写着:“飞龙将军护民”；另一个牌匾上写着:“北港平安兴隆”。紧随着这两个牌匾的是一支锣鼓队和舞龙队；接着是高跷队、狮队，最后是灯笼队……

这支庆祝队伍沿着村社的大路进入北港市镇，来到商馆门前，灯笼队随即散开，站在商馆前石坪周围。两位商民代表在鞭炮和锣鼓声中，捧着“飞龙将军护民”的牌匾，敬送给郑芝龙与施福；两位村民代表则捧着“北港平安兴隆”的牌匾，敬送给何斌与龚玉娘。两个牌匾随即由商馆卫丁摆放在大门两边。

敬送牌匾后，舞龙队、高跷队、舞狮队相继进行表演，赢得了阵阵掌声，直闹到深夜才收场。

消息传到台海西岸，从闽省抚院、泉漳两府，到沿海各地的民众莫不拍手称快……

这一天，泉州知府王猷喜冲冲地来到省城抚院，拜见熊文灿巡抚，一见面就赞道:“这郑芝龙真是个大将之才！那一年率义师攻袭厦门为义父报仇，神不知鬼不觉就把杨陆斩首，还招降了施福与洪旭，送走了王一雄守备，创下了‘以少胜多，以弱胜强’的战绩。这回单身一人在北港，却临危不惧，调兵遣将，活捉了叛贼李魁奇和惯匪谢豪，招降了全体叛军，创下了‘运筹帷幄，决胜海疆’的战例。巡抚大人力主招抚郑芝龙真是上上之策。”

“别这样说。”熊文灿摆了摆手，“招抚郑芝龙乃皇上英明果断、阎鸣泰尚书细察下情的结果，本官只是为之搭桥而已。说起来你这位知府也是有功之臣。”

“不敢当，不敢当。”王猷连忙应说，接着建议道，“目前，北方局势日益紧张，朝廷不得不倾全力应对；如果东南海域再出乱子，将会给朝廷增加更大压力。从目前的情况来看，东南海疆可依靠的力量，唯有郑芝龙。下官谨提议，晋升郑芝龙为福建海防游击，统辖全省海防事宜。”

熊文灿听后，频频颔首：“这意见不错，本官将呈报朝廷，谅皇上将会采纳。”

但这消息传到大员时，却使荷兰远东舰队司令普特曼大吃一惊……

两天前亲自到大员供货并商定联手掌控台海的李魁奇，一夜之间竟被郑芝龙活捉、部属悉数投降，使公司在远东的利益受到极大的损害，这口气怎能吞得下去。

当天，普特曼召集雷克、麦丁和各舰舰长商议，检讨了过去对中国官府和郑芝龙采取“通好”政策的错误；决定招纳台海潜伏的海寇并想方设法在官军中收买叛徒，对中国东南海域发动一场严酷的战争，歼灭郑芝龙和官军，将台湾海峡的制海权牢牢掌握在手中，以获取在远东最大的商业利益。

设在爪哇巴城的荷兰东印度公司总部经审议后，批准了普特曼的作战计划，并加派五艘军舰增强远东舰队的兵力，以保证该作战计划的胜利完成。

平定叛贼李魁奇之战虽取得胜利，但后续的工作却相当繁杂。

这一天午后，郑芝龙与施福、芝虎、芝凤在商馆内厅，正商议带领归降士兵班师回闽等事，何斌却领着迁徙到旧港、鹿港等六地的闽南饥民代表前来求见。

郑芝龙等人连忙站起身，将来客与何斌迎进内厅……

双方坐定后，为首的饥民代表先开言道："郑芝龙将军千辛万苦把我们迁徙到台湾垦殖，我们三万闽南饥民都感激在心。现在郑将军又活捉贼首、招降叛军，给大家送来平安。我们闽南饥民刚到台湾，无以为报，实在惭愧，大家经商议后，决定在秋收时将收成的米粮拿出三成作为税赋，上交给海防军作为军粮，万望郑芝龙将军笑纳。"

"你们的心意我领了，"郑芝龙恳切地说，"但你们刚刚来到台湾，辛辛苦苦引水垦田；虽然栽下的稻秧生长得不错，秋季有望丰收。可是收获的米粮要吃到明年夏收时节。我看呀，今年秋收你们就不必了，等到明年秋收时再按全年的收成情况交纳税赋，收成好多交，收成不好可以少交。你们看这样可以吗？"

"那就太感谢了，郑芝龙将军！"闽南饥民的代表们齐声应道。

"这回叛贼前来袭击北港，多亏海防军渡海驰援。"那为首的饥民代表又说，"可是海防军以守卫闽南海防为主，不可能每一次都驰援台湾百姓。我们经反复商量，准备自己组织'乡勇队'，在一般贼寇前来袭扰时能够自卫。不知这样做合适不合适？"

郑芝龙赞许道："这样做很好，很合适。你们就放手干吧！"

"可是我们这些人都不懂得怎样对付贼寇，很希望郑芝龙将军能派个领军的长官帮我们组织、训练'乡勇队'。"那为首的饥民代表恳求道。

郑芝龙高兴地答说："可以啊，我回去跟各卫所的头领商量后立即派人过来。"

那些饥民代表纷纷站起身，抱拳向郑芝龙等人深深鞠躬："真多谢郑芝龙将军和各位长官！"

六位闽南饥民代表刚走，龚玉娘又领了一位客人来到商馆内厅……

大家一看到那位来客，又惊又喜，纷纷站起身七嘴八舌，有的问，有的说。

郑芝龙吃惊地问："紫霜，你怎么来了？"

芝虎、芝凤笑道："阿嫂，我们好想念你哦！"

施福、何斌恭谨地说："郑统领夫人，欢迎，欢迎！"

颜紫霜抱拳向大家鞠躬致礼，随即拉着龚玉娘的手大大方方地走进内厅，在长案前与郑芝龙面对面坐下，开言道："我到北港来是向大家报告一个好消息的。"

"什么好消息？"大伙齐声问说。

紫霜宣布："设在安平的'海防游击府衙'已经建成。"

"好，好。"为建造这府衙出过大力的施福赞道，"这回班师就可以移驻安平了。"

"对，对，这回班师就移驻安平。"大家齐声应和。

决定班师移驻安平之后，大家继续商议带领归降人员回闽事宜。

郑芝龙反复叮嘱，要善待率先投降的哨长，继续信任他们、帮助他们，不要打乱原来的编队；并提议郑芝虎兼任六鳌卫所头领，与十个哨的哨长一起，组织滞留虎井屿的士兵乘原来的船舰到北港海面集中，提供粮食和淡水，然后由施福率领的战船队护送，带领他们返回六鳌。

这意见获得大家一致赞同。

最后，整个下午忙于商讨班师回闽并接待饥民代表的郑芝龙等人，和颜紫霜、龚玉娘、何斌就在商馆内厅共进晚餐……

当晚，先回到芝龙专用寝室的颜紫霜，看到江阿翠独自一人坐在几桌旁发呆，顿生怜意，悄悄地走到她身边，亲热地唤了一声："阿翠妹子！"

阿翠一听，清醒过来，看到颜紫霜已经站在她身旁，连忙应道："紫霜姐姐，你忙好了？"

"是啊，"紫霜边应着边坐下，问道，"你怎么一个人在这里？"

"芝龙兄长他们忙着打仗呀，招降呀，班师呀……这些事我全然不懂，当然只能自己一个人在房间里。"阿翠应说。

"你可不能这样讲噢。"紫霜一本正经地说，"今天我一来到北港，就听龚玉娘掌柜说，你到虎井屿探察敌情，立了大功。"

阿翠羞涩地说："那都是按照芝龙兄长的吩咐去做的，说不上什么功劳。"

她们正说着，郑芝龙办完事回到了寝室。

阿翠一看到郑芝龙进门，立即站起身向颜紫霜告辞："我走了，我走了。"

颜紫霜连忙出手把她拉住："别走，别走，你今晚还住这里。"

"不，不，我听龚掌柜说过，这房间是你和芝龙哥成亲时的新娘房。你

既然来到北港，就应该住在这里。”阿翠说着，用力挣脱颜紫霜的手，匆匆离去……

江阿翠离开后，颜紫霜指着郑芝龙责道：“阿翠到虎井屿探察敌情，立了大功，你既没给她犒赏，又没给她表彰，所有的会议都没有请她参加，这太不公平了。”

“我在私下一再称赞她做得很好，但要在公开场合表彰她又觉得不妥。”郑芝龙辩道。

颜紫霜正色道：“有什么不妥？该表彰就得表彰，该犒赏就得犒赏。阿翠可是你的救命恩人，人家不要你报答，只要你娶她。可是你娶了她并没有很好地待她。这回你到台湾，没有她在你身边尽心陪侍你，你能做得这么好？”

“是啊……紫霜妹子你说得对。”郑芝龙终于认错，“我一忙起来什么私事都顾不上。”

紫霜道：“这回建府衙，二妈特地给阿翠单独安排了一间房。这次班师移驻安平，你可要好好款待阿翠才行。”

芝龙频频点头：“遵命，遵命！”

驰援台湾的海防军班师回闽就要起航啰！

北港当地的商民、村民，和来自梧栖、芳苑、后龙、旧港、鹿港、布袋港的闽南饥民代表，已经聚集在码头上。

当郑芝龙站上“中左号”战舰的舵楼顶，手举“日月居中，朱红辉映”的大明王朝国旗挥舞时，码头上即刻锣鼓震天、鞭炮轰鸣。

“中左号”战舰在锣鼓鞭炮声中率先起锚升帆，朝着西偏北方向驶去。

施福和郑芝虎率领的庞大战船队紧随在后，离开北港海面，班师回闽……

经过两天两夜的航行，施福和郑芝虎率领的船队先抵达六鳌卫所，安顿好归降的哨长、队长、伍长和全体士兵。六鳌卫所很快又呈现出亲和融洽、蓬勃向上的景象。

郑芝龙率领的船队则转向晋江县，来到左右两端筑有炮台的安平湾口，由郑芝龙的座舰领头，排成首尾相连的长队，鱼贯进入宽阔的安平湾内，来到五里桥东刚建成的“海防游击将军府衙”门前码头。

“中左号”一靠岸，郑芝龙站在舵楼顶放眼望去，但见这座府衙坐北朝南，长一里多，宽七八十丈，清水石墙，琉璃瓷瓦，三座前门，五大院落。三个大门前设有四个石砌的岗亭。府衙外靠近安平镇一边，则有一列平屋，显然是兵舍。

陪侍在他一旁的颜紫霜当即介绍说：“这府衙的地基和内外墙，都是惠安石匠在附近山岭采下的花岗石材，牢固耐久；琉璃釉瓦则是向德化瓷厂定制的上品，坚实美观。”

郑芝龙频频颔首：“好，好。”随即与紫霜、阿翠沿着竖梯下舵楼，再相继踏上跳板登岸。

早在码头等待的二妈和郑泰领着他们来到府衙三座大门前，介绍说：“这中间大门内是一个大厅，作为迎宾待客和官兵、员工聚会之所；东边紧挨安平镇的大门内是‘军务部’；西边濒临海湾的大门内是‘商务部’；部内的设施相当于守备府衙及厦门商馆。”

接着，二妈带领他们从中间大门进入府衙内，穿过前所未见的宽敞大厅，沿着廊道来到第二院落。院落中间是带有水井的庭院，东西两厢各有十几间寝室，作为军务、商务两部驻部官员、职员的居室和客房。

到了第三院落，但见这宽敞的院落中有两座亭台，四周已栽上四季花卉和油绿的青草。东、西两厢都是兼有内厅和寝室的小院；西厢供芝龙、芝虎、芝凤、芝豹及二妈、郑泰等内眷居住；东厢作为芝鹏、芝莞、芝越及其他族亲的居室。

第四院落为饭堂、厨房、洗涤间及庶务、勤杂人员的住所；庭院中间有三口大井，供应全府衙对淡水的需求。

走出第四院落是府衙内的一条横向的宽阔大路，可通板车、马车。大路两端设有牢固的铁门；大路的后面则是十几幢连接成排的货栈与马厩、车房；一起组成府衙的第五院落。

巡视过这庞大而又实用的府衙之后，郑芝龙和亲人们来到第三院落的西厢房，首先恭请二妈担任府衙的总管家，获得大家一致赞同。接着经过商议，初定由施福、芝虎主持军务部；由芝凤、郑泰主持商务部。

翌日清早，郑芝龙派员前往崇武、高浦、金门、六鳌、铜山等卫所，通知郭怀一、施福、洪旭、芝虎、钟斌、芝豹、芝鹏、芝莞、芝越等头领前来安平府衙，会集后一起乘船来到厦门，步入义民中草药铺的药园子，敬祭陈衷纪、蔡继明两位英烈和阿香；然后在守备府衙商讨相关要事，并决定：

一、委派郭怀一前往台湾，担任北港防卫头领，兼任迁徙赴台饥民“乡勇队”的总队长。崇武卫所头领一职，由郑芝豹继任。

二、洪旭由高浦移驻厦门，另加派芝鹏到厦门协助防务；高浦卫所头领由郑芝莞暂代。

三、施福在协助郑芝虎完成六鳌卫所归降士兵安抚工作之后，到安平府衙任军务部主管；围头卫所头领一职由郑芝越暂代。

四、郑芝凤任安平府衙商务部主管；厦门商馆掌柜一职由原商馆主簿暂代。

五、在北港防卫战表现突出的“领军学班”学员施琅、张永明、傅元凯、林显忠等四人，分别到崇武、围头、六鳌、铜山等卫所担任把总，再经历练，以期成才。

各项任务分派完毕，相关人员纷纷赴任，使多年来一直处于生死关头的郑芝龙大大地松了口气。

如今，安平府衙已经成了他的家。在这温馨的家庭里，上有二妈总管家务，下有紫霜、阿翠相伴，唯一的不足就是首娶的玉桃姐、再娶的慧子妹和长子郑森不在身边，而且离别这么多年。这怎能叫郑芝龙不深切地思念……

这一天晚上，芝龙和阿翠相拥上床后不久，阿翠就沉沉入睡……

但郑芝龙却没有那份福气，他躺在床上，当年在澳门与玉桃姐“相识相怜相爱”到“某大姐，坐金交椅”到“天主教堂结连理”……一幕幕重现在脑际……

他想着、念着，想着、念着……迷迷糊糊中好像自己腾身飞起，来到了日本平户的樱花园里，见到了美女翁慧子……又是义父为他提亲，又是义父为他下聘，又是中元戏水，又是中秋完婚，又是慧子在平户滨海礁石上生下了长子郑森……

一整夜他翻来覆去，直到五更天才眯着眼睡了一会儿。

郑芝龙再也忍不住了，第二天吃过早饭就悄悄地来到二妈的寝室。

二妈看他耷拉着眼皮，紧皱着眉头，感到有点奇怪，关切地问道："阿龙，你怎么啦？无精打采的。"

"我很想念玉桃和慧子，昨晚整夜没睡好。"郑芝龙应道。

二妈犹豫道："这不好办吗？把她们接到安平来不就行了嘛！这府衙内眷院落特地给你安排了四个房间，其中两间主房就是要给玉桃和慧子住的。"

"谢谢二妈！"郑芝龙恳切地说，"我准备叫芝豹拿我的亲笔信前往澳门，先到教堂找多禄神父，探知玉桃的住处，然后恳请玉桃姐返回家乡。"

二妈频频点头："这就对了。澳门离安平很近，七八天就可以来回，你就把玉桃先接回来吧。"继而问道："还有日本平户的慧子和郑森呢？"

"这事就得请紫霜出马。"芝龙应说，"我们商馆好久没和日本商户做生意了，我准备叫芝凤运送一批适销的货品到平户，让紫霜带上礼品与他同行。紫霜是在平户长大的，方方面面都很熟悉；到了平户之后很快就能找到我岳父，就由她负责把慧子和郑森接回国。"

"很好，这样安排很好。"二妈高兴地说，"现在离中秋佳节还有一个半月，去一趟平户来回只需一个月；这样到了中秋节我们全家就可以大团圆啰！"

芝豹是个急性子，说干就干，第二天就带着礼品和两个员工，搭乘安平府衙的快船前往澳门。

抵达澳门一上岸，由那两个到过澳门的员工带路，芝豹很快就来到教堂，找到多禄神父，先送上一个装有整套彩釉碗、碟、杯、盘等餐具的礼盒，然后呈上郑芝龙给玉桃的亲笔信。

多禄神父接过信一看，信封上写着："敬请多禄神父转交玉桃姐亲收 郑芝龙谨启"，顿时满面笑容，说："现在我就带你们去找陈玉桃。"

陈玉桃住在教堂附近的一幢两层楼的小洋房里。当她听到敲门声打开楼门时，看到多禄神父带着三个陌生人前来，甚感诧异，问道："多禄大人，这几位来客是……"

多禄神父将郑芝龙那封亲笔信递给玉桃，随即告辞离去。

陈玉桃一看那信封上写着："玉桃姐亲收，郑芝龙谨启。"即刻热泪盈眶，连忙邀道:“三位请坐。”

芝豹等人在楼门内的客厅坐定后,陈玉桃亲切地问道:“三位同乡跟芝龙是什么关系?”

“我是郑芝龙的四弟,名叫芝豹;这两位是我们府衙里到过澳门的员工。”芝豹应说。

陈玉桃备感惊喜,忙问:“芝豹小弟,芝龙派你来澳门有什么事?”

芝豹恳切地说:“大哥派我前来迎接大嫂回家乡,他要我请大嫂先看一看他的亲笔信。”

陈玉桃拆开信封抽出信笺,将郑芝龙的来信读了一遍,再次热泪盈眶,沉思片刻后神色凝重地说:“你大哥的心意我领了。但是要我现在就离开澳门回到家乡,恐怕有些不便,请你回去告诉你大哥,请他原谅。”

“有什么不便,大嫂?”芝豹颇感惊讶,“现在大哥是朝廷的海防游击将军,新建的海防游击府衙宽敞堂皇;大哥一再叮嘱我,要请大嫂回乡,共享富贵……”

“你所说的情况我全都知道,”玉桃应说,“自从你大哥率义师攻袭厦门以来,他离开澳门到爪哇、赴北港、救李旦、转平户的故事,已经传遍澳门。现在他的一举一动不出三天就会在澳门传遍。澳门的福建同乡都因他而感到很光彩;我也因为有他这位夫君而备受澳门乡亲的尊敬。但我自从流落到澳门,至今已二三十年,在澳门已经住惯了,况且我早已皈依天主教,现在要我离开澳门回到家乡恐怕很难适应。请你回去帮我跟你大哥说一说,好吗?”

听了大嫂这一番话,芝豹甚感意外,自怨自叹地唠道:“这叫我怎么好向大哥交代?”

看到芝豹那么为难,陈玉桃仰起头朝楼上喊道:“桂芬、彼得,快下楼来!”

随着玉桃的喊声,一个年轻美貌的姿娘和一个白皮肤蓝眼睛的西洋男子匆匆地下楼,来到玉桃面前,齐声问道:“阿母,有什么事?”

陈玉桃指着郑芝豹,说:“这位是你阿爹的四弟,名叫芝豹。”

桂芬向芝豹鞠了个躬,亲热地说:“四叔,我名叫桂芬。”接着指向那白皮肤的西洋男子,介绍说:“他是我的未婚夫,名叫彼得,是教堂里的神父。”

听了桂芬的介绍,芝豹暗吃一惊却不敢流露,依然亲热地问道:“桂芬、彼得，你们都好吗?”

桂芬笑道:“我们和阿母在澳门都很好。”

玉桃随即插话说:“桂芬，你出生到现在都还没见过你阿爹。这回你四叔奉你阿爹之命来澳门，要你和彼得回故乡看一看，你高兴吗?”

“好啊，好啊!”桂芬高兴得直拍手，随即问道，“我们什么时候回去?”

“什么时候回去，四弟?”玉桃转问芝豹。

“我们自己有船，明天就可以回去。”芝豹应说。

桂芬热切地说:“阿母，明天你就和我们一起回故乡吧。”

玉桃摇摇头:“这回你们走了，我要留在澳门看家，等下一回再说。”

桂芬转向彼得:“那我们明天就跟四叔一起回故乡，你高兴吗?”

“高兴，我很高兴!”彼得用洋腔洋调的闽南话应道。

第六十六章 嫡长子郑森回国

芝豹奉命前往澳门之后，经三天紧张操办，郑芝凤终于凑齐了一批适销日本的货品，并装载完毕。

起程前，二妈将芝凤叫到她房间，从柜里拿出两个礼盒，芝凤打开盒盖子一看，其中一个礼盒装着一尊玉雕佛像，另一个礼盒装着一对翡翠花瓶，不禁惊赞道："真是宝物啊！"

二妈郑重交代说："这是我们家的传家宝，府衙建成后我从石井家里搬过来，这回你和紫霜就带去平户送给你翁伯伯，请他尽力帮忙，让你大嫂和我那小孙子回故乡。"

"二妈你放心，"芝凤应道，"我一定会跟紫霜嫂子把这事办好。"

一切安排妥了，芝凤就偕同紫霜领着那三艘装满货品的货船起航。

经过十几天的航行，三艘货船在这一天早晨来到了日本"肥前国"（相当于州县级）的平户岛，停泊在岛南岸旁。

郑芝凤一手提着一个礼盒和颜紫霜一起登岸，来到一处山坡下，但见坡下有一幢古朴的日本式平房，平房左邻有一间中国式的店屋，店门左右两边各竖着一面绣上斗大"藥"字的旗幡。

紫霜先走进这家药铺，用日语向铺里的店员问道："请问你们这家药铺是不是翁翌皇大夫开设的？"

"是。"那店员答说。

紫霜指着药铺右邻的平房再问："翁翌皇大夫还住在这里吧？"

那店员应道："是。"

“谢谢！”紫霜按日本习俗垂下双手，深深向那个店员鞠躬，随即领着芝凤来到那平房前叩门，“笃、笃、笃……笃、笃、笃……”

“谁呀？”门内传来了脆亮的问声。

“我是颜紫霜，前来拜访翁翌皇伯伯。”紫霜应道。

平房的大门“哗啦”一声打开了。紫霜一看，开门的竟然是翁慧子。

“慧子姐姐，慧子姐姐！”

“紫霜妹子，紫霜妹子！”

多年没见面的好姐妹边呼唤着边紧抱在一起，四串热泪顿时涌出眼眶，滴落在衣衫上。

正在屋内教外孙郑森读《千家诗》的翁翌皇听到那呼唤声，站起身走到院子里，看到慧子紧抱着一个身穿唐人衣衫的女子，仔细一端详，又惊又喜，禁不住出声问道：“你是不是颜思齐总管的女儿紫霜？”

紫霜一见翁翌皇来到她面前，不得不放开慧子，向翁翌皇深深鞠躬：“是的，翁伯伯！”

“请到厅里坐吧！”翁翌皇邀道。

紫霜再次深深鞠躬，而后带芝凤跟着翁翌皇与慧子进入客厅。

“床前明月光，疑是地上霜。举头望明月，低头思故乡。”正在客厅里默念《千家诗》的小郑森连忙站起身向客人鞠躬，让紫霜高兴得牵起他的手，一起盘腿坐在席垫上。

主客坐定后，紫霜先指着郑芝凤，介绍说：“他是芝龙兄长的弟弟，名叫郑芝凤。”

“哦，是芝龙的弟弟。”翁翌皇点了点头。

芝凤随即站起身，抱拳向翁翌皇与慧子致礼后，将两个礼盒送到翁翌皇面前，说：“这是我二妈交代我带来送给翁伯伯的。”

翁翌皇打开盒盖一看，盒里是一尊玉雕佛像和一对翡翠花瓶，不禁谦让道：“你二妈太客气了，这么贵重的礼品我怎么好意思收下呢？”

紫霜连忙说：“芝龙兄长在平户备受翁伯伯的关照，我们一家人都感激在心，这一尊佛像、一对花瓶只是表示我们的一点心意。”

翁翌皇满怀谢意地说：“那我只好收下了。”随即问道：“你们这回远道而来有什么事？”

颜紫霜应道：“我们是受二妈和芝龙兄长之托，专程前来接慧子姐姐和小郑森回国；顺便运送一批货物到平户出售。”

“哦，要接慧子和郑森回国？”翁翌皇颇感意外。

紫霜说：“是的。”

“这可难呀，”翁翌皇郑重地说，“幕府规定，严禁日本妇女出国，慧子要回中国恐怕很难。”

紫霜一听，连忙恳求道：“翁伯伯在平户是一位备受尊敬的前辈，跟肥前国长官情如弟兄，小侄女谨恳请翁伯伯鼎力相助。”

翁翌皇面有难色，沉思片刻，说：“我看这样子吧，平户福田商行的掌柜是我的好友，你们运来的货品先卖给他，换得中国适销的货品运回去，免得货船空跑一趟。慧子和郑森要返回中国，待我前往肥前府衙恳求长官，能否办成，还很难说。你们就在我家住上几天等待消息。”

“多谢翁伯伯！”紫霜、芝凤齐声谢道。

翌日，郑芝凤随着翁翌皇来到福田商行，与商行掌柜洽谈售货、购货等事……

颜紫霜则由慧子相伴，带着小郑森来到当年慧子初识芝龙的樱花园。

时值盛夏，樱花已谢，但满园翠绿与蓝天白云相辉映，景色依然十分诱人。姐妹俩进了园子，边走边谈。

“真是光阴似箭，一晃就是七八年……”紫霜叹道。

慧子：“是啊，当年我跟芝龙哥成亲时，你还是我的伴娘呢！”

紫霜：“真想不到金阳商行会遇到那么大的劫难，把你和芝龙哥拆散。”

“我倒还好，有父亲可依靠，”慧子说，“你们却不得不逃离平户，撤往台湾北港。”

紫霜：“那都是命中注定。”

慧子：“可惜的是，平户、北港相隔千里，大洋阻隔，音信难通，这些年来听到的一些消息真假难辨，叫人一直挂念。”

紫霜：“没办法呀，这些年我们都处在生死关头，要不是天公祖保佑，恐怕都已经进了阴府。”

慧子：“听说令尊颜思齐总管到了北港之后，就因身受重伤仙逝，不知确否？”

紫霜：“没错，我父亲到了北港不久就去世了。”

慧子：“我们还听说紫霜妹子你在北港嫁给了芝龙哥，这是真的吗？”

“是这样，”紫霜坦然应道，“我父亲临终时一定要我和芝龙哥在他病床前交拜天地。”

“这样很好，我真要谢谢你。”慧子真诚地说，“芝龙哥在那艰危的时刻，是要有人陪侍，我又不在他身边，你嫁给他真是帮了我。”

紫霜一听，激动地扑在慧子的肩膀上，热泪滚滚地唠道：“你真是我的好姐姐，你真是我的好姐姐！”

站在一旁的小郑森看她那样子，焦急地扯着她的衣襟：“紫霜姨妈，你怎么啦？紫霜姨妈，你怎么啦？”

慧子待紫霜情绪稍为平静，才捧起她的脸，劝道：“紫霜，别这样，我们都是好姐妹嘛！”说着，拉起紫霜的手，来到园子里一条双人座的楠木椅前，紧挨着坐下。

跟在她们身后的小郑森看她们俩那么亲热，赶紧跑了过来，硬挤进去坐在两人中间……

“小森仔，你今天怎么变得这么顽皮？”慧子点着他的鼻子批评道。

“我怎么顽皮？”郑森很不服气，翘着鼻子说，“我不是天天都在练拳，天天都在读书？外公要我做的作业我哪一次没做好？今天是紫霜姨妈从故乡来到平户，外公又有事出去了，我才跟你们到这樱花园里来玩。”

“好了，好了，别唠叨了，”慧子口气转缓，“我和你姨妈还有许多话要说，你就老老实实坐在这里。”

“行，行，”小郑森应说，“只要阿母让我坐在这里，我就很高兴。”说着，把两只手放在腿上，眯着眼端端正正地挤坐在母亲和姨妈中间。

小郑森坐定后，慧子转向紫霜：“紫霜妹子，你们这七八年是怎么过来的，能不能给我说一说？”

“可以啊。”紫霜应道，接着把“商行员工撤到北港、父亲寻宝误中邪毒、临终托付芝龙接班、芝龙誓为义父报仇、组建义师攻袭厦门、招降施福洪旭入伙、招兵置船增强实力、乘胜进驻六个卫所、朝廷派员实地调查、接受招抚当上将军、平定叛贼保住北港、班师回闽移驻安平……”等情，一一叙说，慧子听后，真是感慨万千。小郑森则专神倾听、一言不发。

紫霜说着说着，不觉已到近午时分，她仰起头一看，出门时见到的朝阳已经快移到中天。“该回去了吧？”她问了问慧子。

慧子跟着仰头望天，说：“快到正午了，是该回家啰。”说着，与紫霜肩并肩、手拉手，漫步出了樱花园直往家里走……

小郑森跟在她们后面，优哉游哉地用闽南吟诗调吟起诗来：“云淡风轻近午天，傍花随柳过前川。时人不识余心乐，将谓偷闲学少年。”

在翁翌皇的帮助下，郑芝凤五六天就和福田商行做成生意，三艘货船都装满了中国适销的货品，等待运回安平。

可是慧子和郑森返回中国一事却遇到重重阻拦。当时掌握全国大权的德川幕府大将军严禁日本妇女出国；相当于州县一级的肥前小国长官怎么说也不敢违反禁令；经翁翌皇多方奔走，最终只获准让小郑森回中国，慧子只能望洋悲叹……

为了不耽误行程，翁翌皇经与紫霜、芝凤一再商量，把返回安平的日期定了下来。

明天小郑森就要跟着紫霜、芝凤返回故乡、返回祖国了。

当天晚上一上床，慧子禁不住自言自语埋怨道：“怎么硬说我是日本妇女呢？我母亲是日本人，可我的父亲是中国人，怎么不让我回自己的祖国和家乡？怎么不让我回自己的祖国和家乡？……”

躺在她身旁的小郑森听到母亲一再埋怨，忍不住劝道：“阿母，你别焦急，我回去会跟阿爹说，叫他亲自率领战船队前来平户接你回国。”

小郑森如此天真，使慧子的怨气消去了许多，她反问道：“你有这个本事吗？”

“有。”小郑森满怀自信，“阿爹很疼爱阿母，也很疼爱我，所以这次才派三叔和姨妈到平户来接我们回故乡。我回去跟他好好说，他一定会亲自带领战船队来接阿母。”

“小郑森，你太天真了。”慧子说，“你阿爹要守卫海防，整天很忙，哪有时间亲自率领战船队前来平户！”

"嗯!"郑森一听，想了想，口气坚定地说，"那就等我当了将军，我一定亲自带领战船队来平户接阿母。"

慧子笑了笑，问道:"小郑森，你会当将军吗?"

郑森充满自信:"会的，阿母，我回故乡后要跟着阿爹，勤学勤练，练出真本领，将来一定会当上将军。"

慧子激动地把小郑森抱进怀里，高兴地说:"有你这个好儿子，你阿母真是三生有幸!"

翌日早晨吃过早饭，小郑森背起行囊，在母亲和外公的陪伴下，高高兴兴地跟着三叔和姨妈来到码头，登上那升帆解缆即将起航的货船，向岸上的外公与母亲频频招手，缓缓地离开平户，朝着故乡乘风破浪而去……

第一次乘上大船远航的小郑森很兴奋又很规矩。他白天在货船上跑来跑去，看水手怎么操帆、舵手怎么操舵，时不时地缠着三叔和姨妈问这问那；夜里则老老实实地在舱房里安睡。经历十几天的航程，终于在八月初十抵达安平，来到那海防游击府衙。

当他跟着三叔和姨妈进入府衙内眷院落时，就被等待多时的郑芝龙拦腰抱住、高高托起。

"我的儿子回来了！我的儿子回来了!"郑芝龙大声喊叫。

在内眷院落里的二妈、阿翠、芝豹、郑泰和来自澳门的桂芬、彼得听到喊叫声，纷纷从房间里跑出来，看到郑芝龙肩上坐着一个七八岁的孩童，而紫霜、芝凤则站在一旁，大家顿时明白。

郑芝龙看亲人们都围上来了，就把郑森从肩膀上抱下来，让他站在庭院中。

二妈跨前两三步，来到这孩童面前，只见他虎头虎脑却面容俊秀，跟芝龙童年时几乎一模一样，高兴地问道:"你名叫什么?"

郑森一点也不怕生，朗声应说:"我名叫郑森。"

芝龙指着二妈:"她是你的祖母。"

郑森连忙深深鞠躬:"祖母你好!"

二妈将他抱起来:"郑森好乖!"

紫霜随即走上前，向芝龙与二妈解释道:"日本幕府大将军严禁日本妇女出国，翁伯伯虽然费了很大力气，平户的长官还是不敢违反幕府的禁令，我们只好带郑森一个人回乡。”

“幕府的禁令我也知道，”郑芝龙应说，“这回能把郑森带回来就很好了。”

当晚，郑芝龙既不到紫霜的住所，也不到阿翠的房间，牵着郑森来到二妈为慧子安排的居室，两人同床共枕，安享父子亲情……

翌日早晨，二妈和芝龙、芝凤、芝豹领着紫霜、阿翠、郑森、桂芬、彼得，随带备好的全鸡、全鸭、果品、糕点等祭品和香烛、冥纸，乘船来到安平湾口西边的祖籍地石井村，先到郑氏宗祠敬祭开基祖隐石公；再到鳌峰山麓芝龙的父亲象庭公墓前拜祭，使他们了解祖宗、先辈创建郑氏基业和抚养教导子孙的艰辛；然后相率游览了石井村“碧纱环带”等美景；傍晚才回到安平。

到了中秋节，郑芝龙在安排好各卫所和厦门、安平两地官兵欢度佳节各项事宜之后，将芝虎、芝鹏、芝莞、芝越等亲人都召回安平，举行盛大的家宴，共饮美酒，共赏明月……

考虑到未来的女婿彼得神父职务在身，要回澳门，中秋节后第二天，郑芝龙亲自领着儿女一行游览安平的名胜古迹。

他们先来到府衙西面五里桥北端的白塔。但见该塔呈六角形，共五层，浑身涂上白灰，塔顶有个巨型葫芦，指向蓝天，非常显眼，成为船舶进入安平湾的航标……

观赏过白塔之后，郑芝龙领着大家踏上五里桥，沿着石板铺就的桥面，朝西一直走到南安县的水头镇，然后再返回安平，转到千年古刹龙山寺。在寺内大殿向千手观音菩萨合掌膜拜后，又转到安平镇西北部的灵源山，观赏那奇峰怪石、古柏苍松……

游览了一整天，小郑森不但不感到疲倦，反而是欢欣雀跃；而头一回来到闽南的桂芬和彼得神父，对故乡和安平的美景更是赞不绝口。

中秋佳节过后，海防尚属安定，郑芝龙抽空开始督导郑森的课业。

八月十八吃过早饭，郑芝龙带着儿子来到他的书房，问道：“你在平户读过书吗?”

“我没进过学堂读书。”郑森应说。

芝龙:“为什么不进学堂读书?”

郑森:“因为我跟学堂里那些日本孩子合不来，他们老要欺负我。”

“嗯!”芝龙有点心酸，接着问道，“那你还不识字?”

“哪里?”郑森瞪起眼睛，“我已经识得一千个字。”

芝龙:“那你是怎么学的?”

郑森:“是外公教我的。”

芝龙:“哦，原来是这样!”

“我两岁的时候，外公就教我《拍手歌》;三岁就教我《三字经》。”郑森娓娓说来，“四岁就教我《千家诗》;五岁就教我《千字文》;我现在都七岁了,《千字文》里一千字我全都认得，而且知道它的意思……”

芝龙不禁赞道:“好，好!”随即问说:“我现在就考考你，怎么样?”

郑森:“阿爹，你不用先考我。我先问你一下，你会不会念《拍手歌》?”

芝龙:“当然会啰，我小时候也是从《拍手歌》先学起的。”

“那你念一念给我听，好吗?”郑森求道。

“好。”芝龙应说，随即就将小时候念过的《拍手歌》念了一遍。

郑森高兴得拍起手:“阿爹念过的《拍手歌》和我念的《拍手歌》一模一样。”

“是吗?!”芝龙也很高兴。

“阿爹，我们就一起来边拍手边吟歌，好不好?”郑森恳求道。

“好，好!”郑芝龙的童心一下子被他儿子的恳求唤醒。

郑森一听，高兴得不得了，连蹦带跳搬来两只凳子，父子俩面对面按规定的节奏，先自己拍手，再拍对方的手，用闽南语同声吟唱《拍手歌》:

“拍手歌，敲铜锣;外婆家，好踢投;抬交椅，挽仙桃;仙桃枝，龙眼换荔枝;荔枝长了虫，呼狗追贼头;贼头跑去避，龟咬鳖;鳖伸头，龟咬猴;猴脱毛，粽沾糖;糖甜甜，大家都欢喜!”

吟唱到最后一句，大人、小孩四个手掌紧紧贴在一起，两个人都哈哈大笑……

笑过之后，郑芝龙再问道:“你在平户有没有练字?”

郑森："有啊，也是外公教我的。"

芝龙："你练的是哪一家字帖？"

郑森："是颜真卿的《多宝塔碑》。"说着，赶紧跑回跟父亲同住的房间，从背囊里掏出一本字帖和自己的两份作业，双手送到父亲面前。

郑芝龙接过来一看，字帖果然是颜真卿的《多宝塔碑》；两份作业有一份是模仿字帖，另一份则是用颜体字书写的《千字文》，都写得像模像样。禁不住赞道："森儿，我看你还是蛮用功的。"郑森稚气地说："外公字写得很好，对我督得也很严，我不用功会挨骂的。"

"往后你还要更用功读书、用功练字。首先要把《千字文》的一千个不同的字全默写下来，然后再读四书五经和《孙子兵法》。读书益智，智从学来。这些经书对你的将来是大有好处的。"郑芝龙亲切地说，"同时，你还要勤练武艺、苦练水功。明天早晨我要先看看你的拳术练得怎么样；下午再考一考你的水功。"

翌日早晨天刚亮，郑森就跟着父亲来到庭院中，面南站定后，只听父亲一声令下："练拳开始。"

郑森立即抱拳托掌，请拳敬礼，紧接着便开始出拳……

但见他左穿花手、右穿花手、黄莺落架、怀中抱月、左冲天炮、右冲天炮、马裆冲拳、雁落沙滩、白鹤亮翅、丹凤朝阳……最后"流星赶月""七星收手"……一招一式都很到位。

郑芝龙不禁频频颔首："你这少林拳练得不错啊！"

郑森自豪地说："这都是外公教我的。"

"看来你外公是下了功夫教你。"郑芝龙说，"这样子吧，过几天我派个人到泉州南少林寺，请寺里的武僧教头到安平教你练好拳术、练好剑术。"

"多谢阿爹！"郑森抱拳谢道。

"好啦，今天早晨就这样。"芝龙说，"下午我再考考你的水功。"

"还要考水功？"郑森感到有点意外。

"对，水功也很重要。"郑芝龙应道，"在北方平原地带行军作战，都要靠马匹，所以北方的将士都要练马术。我们南方沿海地区作战，都在海上，所以要练好水功。"

“这水功怎么练呢?”郑森叩问。

郑芝龙解释道:“这水功包括游水、潜水、跳水和水中搏斗。今天下午我先看看你游水游得怎么样，再告诉你今后该怎么练。”

当天午后，正值退潮，父子俩换上游水衣靠，从府衙大门外的码头跳入水中。码头前两只救生艇也随着解开缆绳，陪伴在他们身旁。

一下水，芝龙就交代郑森说:“你尽管自己朝前游去，我在后面跟着。”

于是，郑森便用力划水踩水往前游；芝龙在后面慢慢地跟着看……游了一里多路，郑芝龙突然猛赶上去，把郑森拦腰抱住，问道:“小森仔，你游水是跟你阿母学的，对不对?”

郑森:“是啊，阿爹你怎么知道?”

芝龙:“我在平户经常和你阿母一起下海游水。”

郑森:“哦，怪不得阿母常说阿爹游水游得比她还要好。”

“她跟你这样说过?”郑芝龙问道。

郑森:“是啊，每一次她带我去游水都这样说。”

“难怪啊，难怪你们母子俩游得一模一样。”郑芝龙叹了口气，接着说，“现在我们就改为潜水。照样你在前，我在后。记住，一定要尽力往前游，到确实憋不住气的时候再浮出水面。”

“好。”郑森应道，随即埋头钻进水中，憋着气划水踢水往前游……

郑芝龙也钻进水里，跟在他后面。

郑森潜水游了七八丈就浮出水面，不停地喘着气。

郑芝龙跟着也浮出水面，说:“还不错，还不错，个子这么小能潜游七八丈，长大了就可以潜游二三十丈；如果再练会水中换气，那又是一条蛟龙啰!”

父子俩就这样顺着退潮，有时游水，有时潜游，一直游了五六里路才歇下来，攀上救生艇返回府衙，在内眷院落里的水井旁吊淡水冲洗，然后进房间擦干身上的水渍，穿上衣服，喝了几杯热茶，吃了几块盒饼度过了很有意义又很愉快的一天。

第六十七章 被收买钟斌再叛

话说李魁奇被斩首示众的消息传到金门卫所，钟斌既大吃一惊又稍感自慰："要不是李魁奇背弃诺言，这回陷进去可就惨了！"

"可是，接下去我该怎么办？我该怎么办？"

"继续在郑芝龙手下待着，万一事情败露，我这颗脑袋恐怕就保不住。"

"要是不继续待下去，我又该走哪条路？"

这一天早晨，被这事闹得食不甘味、睡不安寝的钟斌，在堂兄钟珪的陪伴下，来到金门岛东南角的料罗村海边，忽见一艘荷兰人的杂货船缓缓驶来。

料罗的哨兵正要把它拦住，站在船头上的一个穿便衣的荷兰人却频频向他们招手。

随着那杂货船渐渐靠近，钟斌认出那个向他招手的荷兰人竟然是老熟人麦丁，便对钟珪说："这荷夷名叫麦丁，会讲闽南话，当年他是个中尉，我跟李旦大人到爪哇时曾经和他打过交道，现在已经在大员的荷夷远东军任职。"

钟斌正说着，那杂货船已经来到岸旁降帆泊碇，从船舷推出一条跳板，搁在沙滩上；麦丁随即走下跳板上岸，来到钟斌面前，按闽南人的习俗抱拳拜道："钟斌兄啊，多年不见，听说你现在是金门卫所的头领，今日一见，果然风光满面，小弟在此向你祝贺！"说着，深深鞠了个躬。

"多谢，多谢！"钟斌抱拳回礼，问道，"今天是什么风把麦丁兄吹到金门来了？"

麦丁叹了一口气："我们在大员的日子并不好过，长官和士兵都吃惯了牛肉、鸡肉等肉类食品，几次催着我办；可大员那地方哪里有牛肉、鸡肉？我思来想去还是要跑一趟闽南，买它一批牛羊鸡鸭，今天先到金门，正好碰到钟斌兄，我这运气还不错吧？”

“牛羊鸡鸭我们金门有的是，”钟斌应道，“先出个价吧。”

麦丁：“大黄牛一头三两银子，猪羊每头一两，鸡鸭一只两钱。”

钟斌：“价钱还不错。”接着问道：“什么时候要？”

麦丁：“今天就要，天黑之前我就得赶回去。”

“好。”钟斌点了点头，随即交代哨兵，“你们三人赶紧回到卫所，把这价钱告诉庶务长，叫他立即组织一批人到各村社，愿意卖牲畜和家禽的就直接送到这里来。”

三个哨兵得令，拔起腿就往卫所跑去。

哨兵们离去后，钟斌就和麦丁、钟珪攀上海边的一块大礁石，面向大海坐下。

麦丁朝钟珪瞄了一眼，问钟斌：“这位在你手下当什么官啊？”

钟斌应道：“他是我的堂兄，名叫钟珪。”

“哦，是你的堂兄，”麦丁朝钟珪再瞄一眼，“看来也是江湖上的一条好汉啊！”

钟珪一听，抱拳拜道：“惭愧，惭愧，今天能拜识麦丁中尉真是三生有幸！”

“我已经不是个中尉啰。”麦丁傲然应说。

钟斌看他那样子，问说：“看来麦丁中尉已经升官了，对吗？”

麦丁答道：“东印度公司总督前年已经授予我少校军衔。”

钟斌、钟珪一听，连忙抱拳鞠躬：“我们真是有眼不识泰山！”

“别客气，钟斌兄，我们是老朋友嘛。”麦丁谦辞道，继而弦外有音地问说，“你在郑芝龙将军手下过得还好吗？”

钟斌被他这一问，一时不知该怎么回答：“这，这……”

麦丁一看他那样子，知道已经点到他的痛处，也感到普特曼长官确实英明，于是打了个圆场，拍了拍自己的头：“哎呀，我怎么忘了……临行时普特曼长官还交代，要请钟斌兄上我这杂货船参观，不知钟斌兄意下如何？”

“好啊。”钟斌当即应说。

麦丁指着钟珪，问道：“你这位堂兄……”

钟斌明白其意："他既是我的堂兄，又是我的军师，有事我都和他商量，就一起上船参观吧。"

"好啊！"麦丁爽快地答应，"现在就请上船吧。"

于是，麦丁领头，钟斌、钟珪随后，一起下了礁石，来到杂货船泊碇处，踏着跳板上船，下到铺满稻草和麦秆的货舱，走到舱后的一间密室门前。麦丁掏出钥匙打开密室铁门，点亮烛灯，但见室内摆放着二十几个大小不一的木箱。

麦丁先揭开一个长条形的木箱，里面装的竟然是长铳；再揭开一个长方形的小木箱，里面装的是手铳；接着又揭开一个正方形的木箱，里面装的是手雷。

钟斌、钟珪甚感惊讶，不禁齐声问道："麦丁少校前来买牲畜鸡鸭，为何还要带这些火器？"

"普特曼长官很关心钟斌兄的处境，特意要我顺便送这些火器给你，供你在急需时使用。"麦丁边应道边指着那些木箱，说，"那两箱长铳每箱五支，共有十支；那五箱手铳每箱十支，共五十支；那二十箱手雷每箱三十个，共六百个。"

钟斌、钟珪喜出望外，连声道谢："多谢普特曼长官！多谢普特曼长官！"

"普特曼长官还交代，"麦丁继续说道，"如果钟斌兄确实感到金门不好住，可以转移到澎湖列岛最南端的七美屿，那里离大员很近，可以相互照应。"

至此，钟斌、钟珪完全明白麦丁的来意，当即坚定地应说："我们绝不会辜负普特曼长官的恩情。"

"很好，我会把你们的情况向普特曼长官报告，"麦丁说，"现在我们已经在七美屿、船后礁、虎井屿、渔翁岛布下观察哨，有事可以及时联系。"

"知道了，"钟斌点了点头，随即交代钟珪，"你赶紧去把那只铁皮船开过来。"

"是。"钟珪应道，转过身踏着跳板上岸，沿着岸线快步走去，很快就和铁皮船上的伙计将船驶过来，紧靠在荷兰人杂货船的外舷，将麦丁送来的那些木箱搬到铁皮船里；由钟珪带领，悄悄离去……

钟斌则留在荷兰人的船上继续与麦丁交谈并共进午餐。

午后，卫所庶务长和三个哨兵领着各村村民，赶着一头头牛羊，挑着一笼笼鸡鸭，来到料罗村海边。

麦丁在庶务长的帮助下，按照上午开出的优惠价付现银收购。

村民们一收到现银，都很高兴，纷纷帮着将牛羊鸡鸭送进船上那铺满稻草和麦秆的大货舱。

装载完毕后，麦丁抱拳向钟斌和庶务长告别，然后登上货船。

船上的水手立即收起跳板，升帆启碇，推舵转向，朝着台湾南部的大员扬帆而去。

时光飞逝，倏忽又过了一个多月，经过紧张努力，船只改装和人员配备终于在中秋节前完成。一支拥有五十只中型船舶和五百名善战兵勇的大船队终于组成，使钟斌、钟珪松了一口大气。

该船队的船只虽然样式不一，但每只船上都配有双帆、六桨、一支手铳、十二个手雷，和十名佩刀剑、携弓矢的兵勇；并按“五船一伍”的兵制组成十个伍，每个伍加配一支长铳；所有船只全都设有炊事房，备有大量粮食、淡水和慢燃火绳、快燃火把。

八月十五那一天，钟斌按郑芝龙的安排，与全卫所的士兵共度中秋佳节。

五天后，忽听到郑芝龙的嫡长子郑森从日本平户返回祖国的消息，钟斌于是乘着那艘用大商船改装成的座舰，前往安平。在靠近安平湾口时放慢航速，与钟珪细察石井村沿岸的地形后，才转入海湾，在安平府衙门外的岸旁泊碇。钟斌独自一人提着一坛高粱酒、一袋花生仁上岸，进入府衙。

正在府衙书房内督导郑森课业的郑芝龙，听到卫兵前来报告说金门卫所头领钟斌求见。立即和郑森站起身。

这时，钟斌已经来到书房门前。

郑芝龙连忙出迎：“钟斌兄大驾光临，欢迎，欢迎！”说着，把钟斌迎入书房。

钟斌先把带来的高粱酒和花生仁放在桌子上，谦恭地说：“金门地瘠民贫，没有什么好东西，这高粱酒和花生仁都是当地土产，真是不成敬意。”

“钟斌兄太客气了，”芝龙应说，“你我多年老同事，能来看望我，我就很高兴了。”

钟斌转向郑森，问道：“这位就是刚从平户回国的贵公子？”

“正是。”芝龙边说边向郑森介绍，“这位是你的钟斌伯伯。”

小郑森连忙向钟斌深深鞠躬：“钟斌伯伯，你好！”

钟斌亲热地牵起郑森的手：“长得好俊好美噢，将来又是个大将军哦！”

“谢谢钟斌伯伯！”郑森再次向钟斌鞠躬。

“好啦，卫所事情很多，”钟斌抱拳告辞，“我该回去了。”

“多坐一会儿吧。”芝龙挽留道。

“不必了，芝龙兄你事情也很忙。”说着，再次抱拳致礼，转身走出书房。

郑芝龙带着郑森一直把他送到府衙大门外。

当天晚上，下弦月刚露出半边脸，钟斌、钟珪悄悄组建的那支大船队，已经集中在金门岛料罗村外的海面上；随后，那艘舱面、船舷、桅杆座都包上铁板的领头船也来到船队中。

下弦月缓缓落入西海，一片片乌云蒙住海空，四周暗摸摸。

没见到桅灯，没听到号令，那支大船队却“五船一伍”井然有序地跟在领头船后面，驶离僻静的料罗村海面，转向朝北，缓缓驶去。

那支船队离开金门一个多时辰后，正在酣睡的石井村滨海住户被屋后杂物间燃起的大火惊醒，赶紧起床一看，火势已经烧进屋内，打水灭火已经来不及了，只得纷纷逃出住屋，却不料屋外一群匪徒迎面扑来，挥刀就砍。毫无防备的村民死的死，伤的伤，逃的逃……

火光和喧嚣声把全村的村民惊醒，大家跑出门一看，滨海一带的房舍已经陷入火海；火光中一群匪徒正在追杀族亲。

义愤填膺的村民有武器的抄起刀、剑、火铳，没武器的抄起锄、镬、斧头，朝着滨海房舍奔去。可是他们冲到遭袭的现场时，那群匪徒却已经跑到海边，上了贼船。

手持火铳冲在前头的村长赶紧追了过去，那些贼船已经扬帆挥桨离开石井，很快就消失在暗夜中……

“怎么办？怎么办？”紧随着追到海边的族亲们焦急地问村长。

“我赶紧去找芝龙。”村长高声应道。

“对，对，赶紧去找芝龙。”族亲们齐声应和。

几个族亲很快找来了一艘带帆的渔船，陪着村长驾船绕进安平湾，来到海防游击府衙，简要地向守哨的哨兵讲述石井村遭袭的情况，要求立即面见郑芝龙。

那几个哨兵听后，感到事态严重，立即领着他们进入府衙，来到郑芝龙的寝室。

被叫醒的郑芝龙一听故乡遭袭，连忙穿衣披褂，携剑带铳，把二妈、紫霜、阿翠和芝凤全叫醒，一起跟着前来报信的村长和族亲，乘快船来到石井。上岸一看，滨海房舍已全被烧毁，地面上躺着七八具尸体；二三十个族亲正在为受伤者涂药包扎。

郑芝龙面对眼前的惨状，禁不住泪流满面，扑跪在地上，悲切而又坚定地说：“我的亲人！我一定要为你们报仇，我一定会为你们报仇！此仇不报，我誓不为人！”

村长和几位年老的前辈见芝龙如此悲痛，纷纷上前劝道：“芝龙，请起，请起！”

但芝龙却仍然跪在地上，二妈再也看不下去，上前伸出双手，一把将他抱起来，说：“现在有很多事情要你做，你必须冷静下来，赶紧设法追剿贼寇；村里的善后事宜先拨一笔钱拜托村长安排，往后进一步妥善处理。”

郑芝龙听后，忍着泪点了点头。

二妈对村长说：“现在我们该回安平，明天先拨银一千两给村里应急。村里还需要多少钱请随时报给芝龙。”说着，牵起芝龙的手，连同芝凤、紫霜、阿翠等人一起离开现场，到海边乘快船回府衙。

一回到府衙，郑芝龙立即派员连夜前往铜山、六鳌、金门、高浦、围头、崇武等六个卫所和厦门，通知各位代理头领尽快前来安平府衙，商讨追剿贼寇和加强海防等事。

翌日午后，厦门的洪旭、崇武的芝豹、围头的芝越、高浦的芝莞、六鳌的芝虎、铜山的施琅，和府衙总部的施福、芝凤、郑泰先后来到安平府衙议事厅。只有金门卫所的钟斌迟迟未到。

大家正感到诧异，金门卫所的庶务长急匆匆地赶来，报告说：“卫所今天早餐时，没见到钟斌头领和他的堂兄钟珪，还有五百名士兵也随之失踪，不知道他们都到哪里去了。”

郑芝龙一听，怒气冲冲地拍案站起：“原来是钟斌这个狗头！”

“对，对，”大家一听，愤恨地骂道，“钟斌这狗头叛变了！昨晚袭击石井准定是他干的。”

接着，庶务长将上个月荷兰人前来金门购买牲畜、家禽，以及过后钟斌、钟珪行动异常诡秘等情，向在座的众头领做了详细报告……

“这钟斌的叛变，一定是受到荷夷的收买。”郑芝龙愤恨地说。

“没错，荷夷表面对我们友好，实则处心积虑要灭我们。”大家齐声应道。

正当众头领愤恨难忍之时，忽报福建巡抚熊文灿大人与泉州知府王猷大人驾临安平。

众头领连忙离开议事厅朝府衙大门跑去，刚出大门，熊文灿与王猷已经在一队卫兵的簇拥下，朝着府衙正大门阔步走来。

郑芝龙领着大家迎上，下跪拜道：“熊文灿大人驾到，职下等有失远迓，敬请恕罪！”

熊文灿挥了挥手：“请起！”

郑芝龙站起身，领着熊文灿和王猷进入正大门，来到大厅内的贵宾堂。众头领随后也跟进。

坐定后，熊文灿神情严肃地说：“今日早晨本官先后接到兴化、福州两府急报称，莆田平海卫、长乐梅花所周边的村社，昨晚午夜后遭到一股悍匪袭击，损失惨重。鉴于该两府海防力量薄弱，现特命闽南海防军立即前往清剿。”

“啊……”郑芝龙与众头领一听，都很惊愕。

“怎么啦？”熊文灿责问道。

郑芝龙急道：“禀告巡抚大人，昨晚午夜前，职下的故乡石井也遭到悍匪袭击。现已查明这股悍匪乃金门卫所叛贼钟斌手下的匪徒，我等正准备兴师进行清剿。”

“啊！？”熊文灿甚感惊讶，“这股悍匪竟然又是海防军的叛贼？”

“职下失察，请大人治罪。”郑芝龙低下了头。

“清剿叛贼乃当务之急，本官命你三个月内将叛贼剿灭。”熊文灿毅然下令，接着又说，“为了配合清剿，本官决定将福建水师主战船“福平号”等五艘船舰，及福州、兴化两府卫所，暂时划归闽南海防军指挥。望尔等不负重托，出师剿灭匪寇，以此上报朝廷，下护民众。”

“属下一定不负巡抚大人重托，在三个月内，将叛贼剿灭。”郑芝龙挺起身，朗声应道。

送走了熊文灿和王猷，郑芝龙与众头领就“剿灭叛贼战役”进行部署。针对贼寇“日伏夜出，行动诡秘”的特点，经商讨后决定抽调闽南六个卫所的主力，连同领军学班学员，组成“两支战船队三张搜索网”，务必在三个月内将叛贼彻底歼灭。

第一支战船队：由福建水师主战船“福平号”等五艘战舰和两支快船队组成，郑芝龙亲自指挥；第二支战船队：由“福凌号”及原厦门守备府战船队组成，施福营官负责指挥。

“三张搜索网”的第一张：从闽东北福鼎县外海的台山列岛至霞浦县外海的四霜列岛；由霞浦大金卫所负责；第二张：从闽江口南的海坛岛到台湾北部的旧港，由崇武卫所与驻台头领郭怀一负责；第三张：从金门岛经澎湖吉贝屿到台湾北港，由金门卫所和北港商馆负责。

经紧张的多方联系和调兵遣将，“两支战船队三张搜索网”终于在五天内完成部署；并约定，发现贼船时立即“连发三炮”作为信号，通知附近的战船和搜索船。

但就在这五天内，钟斌匪寇又相继袭击闽东北的罗源、霞浦、福鼎等县沿海村社，并进犯浙江温州地区……每次袭击都在深夜进行；在村社逗留的时间都不超过一个时辰；得手后立即逃遁；而且夜间航行不挂桅灯，逃遁后就去向不明……

第六十八章 率水师追剿叛贼

再也不能拖延了。

随带两支快船队到省城的郑芝龙立即登上"福平号"，率领第一支战船队和搜索船队在闽东北沿海及浙江温州海域进行搜索。

由快船和民船联合组成的搜索船队分成几个小队，从霞浦福宁湾出发，朝北进行了两天两夜的搜索，一直搜到温州海域，却没发现贼寇的一点踪影。

到了第三天上午，大金卫所接到霞浦县的渔民前来报告称："在本县南部海域的魁山岛，发现三艘双帆、六桨的外地船只，上岛截留山泉取水。"

大金卫所哨长立即带着全哨的士兵，分乘五只快船向驻守在福宁湾的郑芝龙汇报。

郑芝龙一听，当即亲自带领属下的快船队，与卫所的哨长、士兵会合，乘着深秋的东北风一路南下，包围魁山岛，将三只贼船连人带船抓获，押回座舰"福平号"。

反绑着双手的三十个贼伙一押上"福平号"，其中一个人立即扑跪在郑芝龙面前哀哭："大统领，我有罪，我有罪！我不该听从钟斌的唆使利诱，犯下了这天大的恶罪。"

郑芝龙仔细一看，原来这个贼伙是金阳义师的老丁勇，当年由李魁奇和钟斌在闽南一带招来的，参加过攻袭厦门的战役，如今却随着钟斌叛变，真是令人痛心。他深深地叹了口气，问道："你名叫什么？"

"我名叫吴阿贵。"那贼寇答说。

郑芝龙气愤道："你是义师的老丁勇，是有功之臣，怎么会落到这个地步？"

“我一直在钟斌的手下，一向听他指挥。”吴阿贵应道，“这回他唆使我们一些老丁勇，说卫所饷银微薄，天天蹲守孤岛，没出息。在大员的荷夷有钱、有船又有铳、有炮，待人又好，一再鼓动我们去投靠荷夷；组建船队时又封我当头目，说抢劫到的金银财宝当头目的都有份。我经不起他一再鼓动，就跟着他走……”

郑芝龙：“这回你们果真抢劫到金银财宝了吗？”

吴阿贵：“在温州沿海村社抢到不少。”

郑芝龙：“你这个当头目的有份吗？”

吴阿贵：“有。”

郑芝龙：“你在抢掠时有没有杀过人？”

“没有。”吴阿贵应道，“动手杀人的都是招兵时钟珪带来的那批海贼。”

郑芝龙：“你们现在船上没淡水了，对不对？”

“只剩下一点点，只够今天喝，”吴阿贵说，“所以钟珪派了六个小队到附近一些渺无人烟的荒岛，截山泉取水。他对这一带的情况很熟悉。”

郑芝龙：“现在你们的大船队停泊在哪里？”

那贼寇：“钟斌怕目标太大，不敢集中停泊，大小船只都在四霜列岛附近海面漂荡。要集中行动时由领头船打旗号通知。”

“好啦，你就留下带路。”郑芝龙对吴阿贵说，接着郑重地交代大金卫所的哨长，“你们将这些抓获的贼寇连人带船，全部押到卫所严加拘禁，留待巡抚大人查验。”

“遵命。”大金卫所哨长应道，随即命手下士兵将双手被反绑的贼寇，押上卫所的快船；另派十五名士兵负责驾驶三只贼船，离开郑芝龙的战船队，驶回大金卫所……

大金卫所的哨长和士兵离开后，郑芝龙即刻下令升帆起锚，带领战船队和快船队，快速开往四霜列岛……

回头说一说钟斌和钟珪，他们率领贼船队离开金门时，带了半个月的粮食和淡水，照理说是足够用。但因一路烧杀抢掠，屡屡得手，顾不上停下来补充；到了温州大肆抢掠之后，才发现剩下的粮食只够吃一两天，而淡水则基本上已经喝光，不得不转回闽东北四霜列岛周近海域，设法补充；然后再直奔澎湖列岛的七美屿，投靠荷兰人……

这一天早晨，熟悉闽东北海域的钟珪派出六支小船队，前往六个渺无人烟却富有山泉的荒岛截泉取水。一个时辰后，五支取水的小船队陆续回到大船队，将截取到的山泉水分送到其他船只。但前往魁山岛取水的三只船却还没回来。

钟斌开始有点焦灼不安，钟珪却安慰他说："他们对魁山岛的地形不熟悉，要花点时间去找山泉，依我看再过一刻钟就会回来。"

可是他们等呀等，一刻钟很快就过去了！再等呀等，又过了半个时辰，却还没见到他们回来。

高度警觉的钟斌再也忍不住了，朝着钟珪吼道："他们准定出事了！我们要赶紧离开！"

钟珪至此，也感到情况不妙，连忙攀上领头船的舵楼顶，挥起一面大黑旗。

在四霜列岛周近游荡的贼船一看到领头船挥起大黑旗，立即升满全帆，兜起东北风，随着领头船朝南而去。

待到郑芝龙领着他的战船队和快船队赶到四霜列岛进行搜索时，连一只贼船的影子都见不到了！

"怎么见不到贼船呢？"站在舵楼顶的郑芝龙责问身旁的吴阿贵。

"他们撤走了，"吴阿贵应说，"钟斌十分狡猾，一看派往魁山岛取水的贼船迟迟没回去，将会认定是出了事，所以赶紧撤走。"

郑芝龙点了点头："他们将撤到哪里？"

吴阿贵答道："现在贼船上的粮食只够吃一两天，他们应该会直奔澎湖七美屿。"

郑芝龙赶紧将近旁的一支快船队招来，叮嘱快船队长："你赶紧领着快船队分两路，以最快航速分别到第二搜索网和第三搜索网，通知他们倾全力拦截叛贼船队。"

快船队长领命，立即带着快船队分两路，迅捷地离开四霜列岛。

郑芝龙则领着战船队和另一支快船队，日夜兼程朝南直追。

福建沿海地形复杂，较大港湾就有二十几个，大小岛屿则多达一千四百多个，要拦截并剿灭一支五十只贼船的船队，其难度可想而知。

这一天下半夜，崇武卫所一只哨船在惠安外海大竹岛海域发现一支船队，共五六十只，全都没挂桅灯，却首尾相连，朝南疾行，显然是叛贼船队，立即返回向新任的头领郑芝豹报告。

郑芝豹当即命该哨船转赴围头和金门等卫所通报敌情。随即率领崇武卫所战船队，奔赴大竹岛海域，在朦胧的曙色中看到该船队渐渐分散成七八支小船队，朝着同一个方向继续航行。

领头在前的郑芝豹座舰先降半帆减慢航速，悄悄地尾随最后一支小船队，待到天开始亮了，才升起满帆，急速前进，咬住小船队最后一只贼船，开炮猛击。想不到该贼船反应迅速，运用六支船桨使船只忽左忽右，竟然躲过第一波的炮击，然后朝着越来越近的战船抛掷手雷。而在它前方的所有贼船竟然没有一只转回头帮它，而是更加快地逃走。

轰隆隆的炮声和手雷的爆炸声在整个海域震响。

从四霜列岛全速南下的郑芝龙战船队，终于听到了前方传来了隐隐约约的炮声和爆炸声，于是竭力加速，终于赶到了该海域。

站在“福平号”舵楼顶的郑芝龙一看卫所的座舰被一只贼船缠住，其他贼船却扬长而去，而随后赶来的卫所战船却追不上那些逃逸的贼船……

正当郑芝龙为此感到焦急时，郑芝豹一炮对准，将那缠住他的贼船击碎，又随即拔出手铳，将落水的贼寇一一击毙……

击毙了落水的贼寇，芝豹仰起头一看，“福平号”已经朝着他驶过来。他赶紧迎了上去，朝着郑芝龙喊道：“我已经派人赶到围头和金门卫所，叫他们立即收紧搜索网，不要让贼寇逃掉。”

“好啊。”郑芝龙高声答说，“我们现在赶紧左右包抄，追歼叛贼。”

于是，一大一小两支战船队加上一支快船队，紧跟在贼寇船队后面，往前直追……

遗弃殿后的同伙，赢得潜逃的时间，钟斌、钟珪感到很值，两人继续领着贼船队快速奔逃。

但黑夜已经过去，朝阳已升上海空，贼船队的一举一动全都暴露在光天

化日之下。

钟珪竖起右手中指，戳向那初升的太阳，咒骂道：“奸你娘的，你出来干什么?”

那太阳公公却依然笑脸相迎，似乎在对他说：“你们的末日已经到了。”

当贼船队冲出惠安海域掠过泉州港外逃向澎湖列岛时，从围头卫所突然插出一支战船队，拦住了他们的去路。

站在领头船舵楼顶的钟斌一看，那正是原厦门守备府的战船队。他蓦地一惊，连忙下令转舵向东，改向台湾本岛逃窜。

东北风依然刮着，转向朝东的贼船队的航速即刻减缓。贼伙们凭借熟练的操帆术，让船队仍保持一定的速度。

但官军的战船队并没有紧追上来，只保持一定距离跟着他们后面。

正当钟斌为改变航向躲开官军战船队之时，从台湾本岛方向又出现一支武装的船队，顺着东北风很快就来到他们前方，把他们拦住。

站在船队领头船上的一个大汉朝着他高声骂道：“钟斌你这个叛贼，竟敢到处烧杀抢掠!”

钟斌仰起头一看，那个汉子竟然是新近派往台湾的头领郭怀一。

“怎么办？怎么办?”钟斌开始浑身发颤。

轰……轰……轰……轰……轰……轰……

郭怀一率领的武装船队开始向钟斌的贼船队开炮。

接着，跟在贼船队后面的原厦门守备府战船队也向贼船队猛烈发炮。

贼船队那些双帆、六桨、十个贼寇的船只，瞬间就被猛烈的炮火打成碎片，贼寇们在激烈的炮声中一个个飞上天再跌入海，随后才缓缓地浮出海面。唯有那领头船不知因何一直没受到炮击；两个贼首钟斌、钟珪仍然站在领头船的船台顶发呆。

此时，从四霜列岛一路追赶叛贼的郑芝龙，和郑芝豹率领的崇武卫所战船队，已经来到这海域。

郑芝龙座舰“福平号”随即降帆减速，滑行到贼寇那艘领头船的前面，站在舵楼顶的郑芝龙从身边卫士手中接过一支长铳，瞄准钟斌扣发扳机。

站在贼船船台上的钟斌应声倒下。

钟珪一看钟斌倒下，慌忙欲逃。

郑芝龙迅捷地从另一个卫士手中接过另一支长铳，瞄准钟珪扣发扳机。

钟珪中弹后竭尽最后一点力气，从船台跳下。

郑芝龙持长铳补发一弹，钟珪中弹后颠走了两步，终于扑倒在舱面上……

击毙了钟斌、钟珪，郑芝龙转身朝向故乡石井，双膝下跪，眼含泪水合掌默祷；然后撑开双手，遥向受难的族亲三磕头。

至此，剿灭叛贼的战斗以全胜告终。

熊文灿巡抚限定三个月内剿灭叛贼，郑芝龙却在一个月内全歼贼寇。巡抚大人经派员进行核查，确认郑芝龙率领的水师已击毙贼首钟斌、钟珪；击毁双帆、六桨的贼船四十七只；击毙贼伙四百七十人；俘获贼船三只、贼伙三十人。而我方却无一伤亡。

原已准备晋升郑芝龙职位的熊文灿，乃具文禀报兵部转呈皇上，终于获准晋升郑芝龙任福建省副总兵，位列从二品；施福任游击将军，位列正四品；洪旭任都司，位列从四品。同时授予郑芝虎“游击将军衔”，位列从四品；郑芝凤任厦门守备，位列正五品；郭怀一、郑芝豹任千总，位列正六品；领军学班的学员施琅、张永明、傅元凯、林显忠、黄逵、吴清义等任把总，位列正七品。并在省城抚院举行隆重仪式，向八闽文武官员宣读《晋升文告》后，授予郑芝龙等十三人相应的印信及官服……

第六十九章 投靠荷军刘香凶狂

荣获晋升的郑芝龙，对朝廷隆恩满怀感激之情，同时也深感肩上责任之重。

现据探知的消息，隐藏在福建沿海荒岛的海贼正蠢蠢欲动，盘踞在大员的荷兰人更是虎视眈眈。福建水师如不尽快加强，恐怕就难以应对。

他本非行伍出身，根浅底薄，从武以来之所以每战皆胜，靠的是遵循《孙子兵法》及同人的辅佐。现在要统领全省水师、统管沿海卫所、确保海防稳固，就深感自己的不足。于是在荣任新职之后，他便在逗留省城的日子里，拜访了几位闽籍的水师老将、老兵，获悉大明水师在鼎盛时期的舰队除大型的“福船”外，尚有“海沧船”“苍山船”“连环船”“子母船”“火龙船”“赤龙船”“网梭船”“鹰船”等型号。各种型号的船舰各有特点及用途，作战时舰队的大小船舰相互配合，因之每战必胜，成为全世界最强大的水师。

但目前的福建水师仅有“福平”“福翔”“福凌”等三艘“福船”级的战舰；各守备府的主战船如“中左号”等，均为“海沧”级的战船；而“连环船”“火龙船”“网梭船”等小型而又实用的船只则很少，难以组合成强大的战力。且福建海防之巩固，除依靠水师外，还应该发动沿海各村社的百姓，组织乡勇队，遇到小股海贼可予以抵挡、减少损失，遇到大股海贼可报告卫所，进行围剿。

接连拜访省城的水师老将、老兵之后，郑芝龙先写了一份《组建乡勇队配合卫所加强海防》的呈文呈送给熊文灿巡抚。接着经反复思考，他感到目前要添加新型军舰，必须请造船所建造新船。这样做不但资金难以筹集，时间也来不及，唯一可行的是充分利用现有的船只。这使他再次想起拜访老兵杨家全所听到的有关“连环船”的故事。

于是，郑芝龙再次到杨家全的家中请教，决定将招兵置船时收进的数以百计的小船，改装成“连环船”；并聘请杨家全担任师傅，一起回到了安平府衙。而《组建乡勇队配合卫所加强海防》的呈文也很快获准，并由省抚院转发给全省各府、县执行。

正当郑芝龙为加强福建海防殚思竭虑之时，盘踞在大员的荷兰官长们却正上演一出闹剧。

这一天，因收买钟斌袭击福建沿海和温州而受到表彰的麦丁，获悉钟斌贼船队最终被郑芝龙全部歼灭，不敢隐瞒，只好硬着头皮，偕同雷克前来向普特曼长官报告。

麦丁说着，说着，当他说到钟斌被郑芝龙击毙时，普特曼突然拍着桌子猛站起身，指着麦丁骂道：“你这个少校是怎么当的？当时你一直鼓吹说，只要给钟斌提供武器，钟斌就会使福建沿海火光冲天，血流满地；还说钟斌会将那个美女般的郑芝龙押到大员，跪在我面前向我求饶。现在，现在竟变成这个样子……你，你，你……”

麦丁站起身，低下头：“我有过失，我有过失……”

“你有过失？不！”普特曼吼道，“你有罪，我要治你的罪。”

眼看自己的部属被长官痛骂，雷克连忙上前，扶着普特曼坐下，低声下气地说：“普特曼长官请息怒。这回招降钟斌，我也有责任。当时主要考虑到我远东舰队兵员较少，需要招降敌方头领为我们打先锋，损耗敌方的力量，使我们远东舰队能顺利进军，占据厦、金两岛，掌控中、日两国通往南洋和欧洲的通道。没想到钟斌力量薄弱，以致造成如此严重的后果。”

雷克说得有道理，普特曼听后，火气消了许多，深深叹了口气：“唉！”

随着普特曼的叹息，远东舰队几位军舰舰长相携推门而入。

资格最老的“西卡号”舰长威克先来到他面前，说：“普特曼长官，去年我荷兰东印度总督已下令，命我远东舰队夺取厦门、金门，控制台湾海峡，以获取最大的商业利益。可是到目前为止，我们却让那个郑芝龙继续霸占福建沿海。此次收买钟斌遭到惨败，使我们几位舰长认定，要完成我远东舰队的使命，必须亲自动手。为此特来向普特曼长官请战。”

“请战！”一看到舰长们集体前来请战，普特曼连忙挺直腰杆，问道，“你们有必胜的把握吗？”

“有！”舰长们朗声应说，“我们战舰大，航速快，火炮大，火力强，具有压倒的优势。”

普特曼一听，大受鼓舞，正要开口，雷克插话说：“但我们兵员较少，地形不熟；郑芝龙又诡计多端，前一次李魁奇叛变，率一千多名士兵攻袭仅有几十名卫丁的北港，却被郑芝龙打败……”

“别说了，”西卡号舰长威克怒气冲冲地打断雷克的话，“你一个商务部的总管，凭什么老是插手我远东舰队的军事行动？”

“我现在仍是荷兰王国的海军中校，对远东的军事行动仍然负有一定责任。”雷克凛然应说，“远东舰队虽然舰大、炮大，但兵员仅有一千多名，而且在战争中牺牲一个就少一个，不像在欧洲打仗，可以得到补充。我们现在单独对明朝政府开战，万一有所闪失，后果不堪设想。”

“那你还是老一套，”另一个舰长半带讥讽地问道，“寻找海寇帮我舰队打先锋，对吗？”

雷克点点头：“对，这是最佳的选择。”

“这回你找了个钟斌又怎么样？”那舰长再问。

雷克正要回答，门外响起了敲门声。

麦丁上前打开内厅门，城堡哨兵领着一个身穿锦袍、器宇轩昂的中国商人已站在门前。

普特曼和雷克一看，来客竟是商务部的老主顾刘香，于是相继站起身。

刘香迈着稳健的步伐来到普特曼面前，与他亲热握手：“午安，普特曼长官！”

“午安，刘香先生！”普特曼回礼，然后领着刘香来到几位舰长面前，介绍说，“这几位都是我们远东舰队的舰长。”

普特曼的介绍经麦丁翻译为闽南语后，刘香立即伸出手掌，亲热而又豪放地与他们一一握手道安，显示出类似欧洲绅士的派头，使舰长们感到很亲切。

普特曼随即招呼道：“大家都坐下吧！”

舰长们坐定后，由麦丁翻译，双方开始交谈……

普特曼先指着刘香向舰长们介绍说：“这位是我们商务部的老主顾，也是我们可以信赖的老朋友，名叫刘香。我看呀，今天他来得正好。”

“我来得正好吗，普特曼长官？”刘香微笑地问道。

“是啊，”普特曼应说，“我们现在正在议论郑芝龙。如今他剿灭了叛徒钟斌，已经晋升为福建全省的游击将军。”

刘香点头：“这我知道。我还获悉钟斌的所作所为，得到贵军的支持，不知确实否？”

普特曼听后，一时不知如何回答才好。

“贵军总的策略没错，”刘香继续说，“先把水搅浑，然后再浑水摸鱼，自然容易得手。可惜你们这回找错了对象。”

“刘先生有何高见？”普特曼问道。

刘香应道：“钟斌乃郑芝龙的部属，郑芝龙对他的底细很清楚，当然很容易对付；加上贵军给予钟斌的武器实在太少，结果就是‘以卵击石’，粉身碎骨。”

普特曼若有所思：“刘先生既是福建海商，又是江湖好汉，不知能否帮我们介绍个好对象？”

“可以啊。”刘香爽快地应说。

普特曼大喜：“那就请刘先生谈一谈这位好对象的情况。”

刘香微微一笑：“贵军在福建沿海要找的最好联合对象就是我，刘香。”

“哈哈哈哈！”普特曼仰头大笑，“原来刘先生此来是为了和我军联合作战！”

几位舰长和雷克、麦丁至此也大感兴趣……

西卡号舰长威克禁不住问道：“不知刘先生凭什么和我军联合作战？”

“舰长大人问得好，”刘香坦然应说，“我凭什么能和贵军联合作战？请诸位到贵城堡的码头看一看我乘坐的福船便知。”

普特曼和他的手下们听他口气那么大，都感到有些意外。

“普特曼长官，”机灵的雷克建议道，“既然刘先生邀请，我们就去看一看吧。”

于是，由普特曼和刘香领头，几位舰长和雷克、麦丁随后，一起来到城堡的码头。

普特曼等人一看，码头上停泊着一艘明朝水师常用的“福船”。这种大船以往都是在海上见到，现在却摆在眼前。但见这“福船”高如城楼，长三十多米、宽六七米；大桅三支，首昂尾翘，舵楼三层，气派非凡……

刘香等他们看够了，才邀请道：“请普特曼长官和诸位上船看看。”说着，领头沿着舷梯上到舱面。

普特曼等人在舱面一站定，就像站在球场上，而且海阔天空，四周的景物一览无余，禁不住暗自赞叹。

少顷，刘香继续介绍说：“本船有四层船舱，第一层装载火炮、火器及弹药；第二层为士兵、水手的居室；第三层为炊事用房并装载食品及淡水柜；底层装压舱石。全船可乘两百多人。”

普特曼听后，频频颔首，然后举目扫视舱面，反问道：“但这‘福船’连一门火炮都没有，能投入战斗吗？”

“普特曼长官说得没错。”刘香坦然应说，“现在贵我双方既然要联合作战，船上需要装备的火炮就请贵方提供。”

普特曼笑了笑：“哦，原来刘香先生此来是要我方提供火炮。”

刘香坦然道：“没错，我现在已经组建了一支拥有一百五十艘船舰、兵员三千多人的队伍，全都配有火器；但因面对郑芝龙这个强敌，必须有一艘能压住阵的主战船，因此花了巨款购置了这艘福船。这对我来讲已经是尽了力。贵方的火炮有的是，如果不愿提供，我可以另找合作对象，也可以接受朝廷招抚。”说完，抱拳辞道：“刘香告辞了，请诸位下船。”

雷克一看刘香要告辞，连忙上前拉住他的手，劝道：“刘先生，普特曼长官并没说不给你提供火炮嘛。我看你还是像以前那样，今晚就在贵宾客房住上一夜。我们城堡目前没有多余的火炮，待我们向公司总部调进，再提供给你，好吗？”

刘香听雷克这一说，便傲然地点了点头：“好吧。”

当天晚宴后，刘香在麦丁的陪同下来到城堡的贵宾客房，边喝着咖啡边用闽南语闲聊。

普特曼则召集手下的舰长们和雷克，商议如何对付这个海盗商人刘香。经过一番讨论，议定先由威克舰长会同雷克和麦丁，以拜访的名义前往刘香的营寨，探明他的实力，然后再决定要不要给他提供火炮。

翌日早餐后，雷克邀请刘香来到城堡内厅，由麦丁翻译与普特曼进行会谈。

双方坐定，普特曼先开言道：“昨天贵我双方有点误会，请别介意。”

“没事，没事。”刘香连忙应说。

普特曼继续道：“昨天刘先生提到已经组建了一支拥有一百五十多艘船舰、伙众三千多人的队伍，而且都配有火器；如此大的队伍堪称是一支雄师，也准定有自己的营寨，对吗？”

刘香炫耀地说：“当然啰，我不但有营寨，而且还有压寨夫人呢！”

“哇，刘先生真了不起，”普特曼夸道，“那我们应该前往贵营寨拜访才对啊。”

“欢迎，欢迎！”刘香高兴地说，“普特曼长官亲自前来最好，派代表来也好，我们都欢迎。”

普特曼乘机道：“那我就派几个代表前往贵营寨拜访。”

刘香显得迫不及待：“行啊，现在就可以动身。”

普特曼转对雷克和麦丁：“你们两人会同威克舰长备好礼物，随福船前往刘先生的营寨拜访。”

用过午餐，雷克将备好的三十箱洋酒、三十箱椰果命士兵搬上福船，并携带一串珍珠项链和一对翠玉手环，和威克、麦丁跟着刘香上船，由普特曼派一艘快船护送，离开大员，经过五天五夜，来到了惠安县外海孤悬于海中的坪山岛，停靠在岛南部平直的岸旁。

岸上的哨兵一看是刘香头领的座舰，即刻朝着岛内喊道：“刘香头领回来了，刘香头领回来了！”

正在石砌房舍里的吉冈，连忙带着玲子、瑰子跑到岸旁。

其他在井边打水、在山上砍树、在周边巡逻、在平台练武的伙计们也都纷纷围拢过来。

雷克、威克、麦丁一看那热闹的场面，感到刘香在这营寨里确实很有威望。他们随着刘香上岸，已经加上中国姓氏的吉冈和玲子、瑰子首先来到他们面前。

刘香指着这一男二女，通过麦丁向雷克、威克介绍说：“这位是我的副手刘吉冈……这位是我的夫人吴玲子……这位是刘吉冈的夫人谢瑰子……”

雷克随即将携带的一串珍珠项链送给玲子，将一对翠玉手环送给瑰子。

两位夫人深深地向他们鞠了个躬。

送过礼之后，雷克等人随着刘香和刘吉冈来到依坡建造的一排排石屋前，朝向大海一看，那宽阔的海面上停泊着百余艘、大小不一的船只，不禁频频颔首。

翌日早晨，雷克等三人在刘香和吉冈的带领下，沿着山间小道往上走，一路上在苍松翠竹之间，见到不少水井和田地，显然是营寨的伙计们开挖、垦殖的。他们往上走着、走着，终于来到山顶的大石坪，展眼四望，海天茫茫，唯有那石坪上的一座哨所，监看着四周海面过往的船只。

下山后，雷克等人又沿着环岛的小路转了一圈，见四周海面都有营寨的船只，感到刘香所说“拥有一百五十多艘船舰、伙众三千多人”并无虚夸。

当天下午，刘香和吉冈邀请雷克等贵客来到那间设有银库的石屋，经由麦丁翻译进行会商。刘香提出希望普特曼长官提供一门“大发贡炮”、四门“千斤佛朗机炮”，分别装在福船的船首和左右两侧，以组成强大的火力；其他“碗口铳”“火药弩”等火器，则由营寨自备。

雷克和威克则表示对营寨情况很满意，回大员后将向普特曼长官汇报，预计可以满足刘方提出的要求。届时再派远东舰队的炮长、炮手运送巨炮前来进行安装。希望今后双方紧密联系，通力合作，歼灭敌手，共享战果。

刘香和吉冈听后，极感振奋，当晚举行丰盛的晚宴，共饮荷兰远东舰队送来的洋酒，相互预祝胜利！

时光飞逝，冬春交替。来年一开春，大员的荷兰人果然派出一名炮长和十名炮手，由麦丁率领，运送一门“大发贡炮”和四门“千斤佛朗机炮”来到坪山岛，分别安装在福船船首和舱面的左右两侧；并帮助训练出二十名合格的“操炮手”，使刘香拥有一艘强大战力的“座舰”。

过了“立春”“雨水”，迎来了“惊蛰”“春分”，神州东南海面有时刮南风，有时刮北风……

这一天正值暗夜，十几艘停泊在福州台江沿岸的货船，悄悄地拔锚起航，朝着闽江口缓缓驶去，过了马尾，来到闽安镇的岸旁，放下跳板。两三百个凶徒在吉冈的率领下，手持各种凶器，迅捷地下了船，踩过沙滩，冲进闽安镇，用大铁锤砸开所有商行、商铺的大门，杀害住在店里的伙计，不到一个时辰就把全镇商行、商铺里的银两、货品抢掠一光；并快捷地将抢到的货物搬上货船，然后沿着闽江出海，来到连江县黄岐半岛海面，与停泊在那里的主船队会合，乘着南风继续北上。

闽安镇商铺被抢掠、员工被杀害的消息震撼了整个省城。

歼灭了钟斌叛贼，给福建沿海地区赢得了半年的平安。如今在老百姓欢度新年之后却发生了如此巨大的惨祸，熊文灿巡抚一接到消息，立即派员赶到安平，命郑芝龙回省城清剿残暴的海寇。

正在高浦卫所主持小船改装成连环船的郑芝龙一接到熊文灿的命令，立即将改装作业交代给施福、洪旭和杨家全师傅，自己则率领福建水师主船队北上，在闽安镇发生惨祸的第三天抵达闽江口外，开始在闽东北沿海搜索凶匪的踪迹……

此时，经过两夜两天的航行，刘香率领的主船队与吉冈率领的货船队近百艘船舰，却已经来到浙江省宁波的外海，三五成群分散停泊在海面上。

当晚又是个暗夜天，这百艘船舰悄悄地来到商铺集中的宁波海滨，两千多个凶徒下船后冲进宁波市集，疯狂地进行烧杀抢掠，历经整整一个时辰才把抢掠到的财物搬上贼船，扬长而去……

离开了宁波，正值海上刮起北风。这百艘船舰转向南，来到温州沿海一带。凶徒们下船后分两路：一路到繁华的市街抢掠货品、财物，见人就杀；另一路转入附近的村社，抢掠牛、羊、猪和鸡、鸭、鹅等牲畜和家禽，还挑着水桶从井里打水到船上，撤离时斩下五个头颅带走，并放火焚烧村里的房舍，燃起冲天火光……

浙江南部沿海遭此浩劫，使浙、闽两省的官兵民众痛入骨髓。苏松巡按林栋隆在上疏中写道："百艘万众乘风突犯宁波，沿海一带残毁甚惨。温州复受辛螫，得祸尤甚于宁。瓯城岌岌，弁将束手，残毒有不忍言者。"

第七十章 大败荷军芝龙称雄

“如此狠毒的贼寇到底是从哪里来的？烧杀抢掠之后又躲到哪里去了？”

从闽江口到闽东北海面，从闽东北海面到比邻福建的温州、宁波……郑芝龙率领福建水师舰队和快船队接连搜索了五天五夜，仍然找不到这股海贼的踪影，更谈不上对这股贼寇进行清剿。身为福建副总兵，如何向闽、浙两省抚台大人和广大民众交代？

郑芝龙苦苦思索，终于认定要弄清这股海匪的情况，必须从源头查起。于是他把细心而又善思的三弟芝凤召来，两人都换上民服，在五名卫士暗中护卫下，先到闽安镇进行调查，了解到这伙海贼所乘货船，是从福州台江方向驶过来的；于是又转到台江，向摆渡的船工了解那天夜里从台江起航的船只情况。其中有个船工说，那天傍晚，他正在新洋商行前方的岸旁待客，见到商行的员工纷纷抬着一些木箱到岸边，搬上停泊在岸旁的货船；员工们搬完后关闭商行大门，一起上那些货船；到初夜时分，那十几艘货船结队离开台江，朝着闽江口驶去。

按照这位船工的介绍，芝龙和芝凤经分析，认定这货船队显然就是抢掠闽安镇的贼船队；而台江这家新洋商行显然与贼船队有关系。于是，兄弟俩立即到新洋商行周近的商家进行了解，找到一个经常在新洋商行打杂的帮工，获知新洋商行是前几年开办的，店屋是向别人租用的；商行的老板名叫刘香，是个四十多岁的魁梧大汉，但很少来商行；行里的事情都是一个三十来岁的掌柜刘青在掌管；员工全都是他们的同乡，生意做得很大，时常有大批进货，然后再用货船运出去卖。前几年曾偶然听店里一个员工说，这些货是卖给在台湾的荷兰人。最近刘青掌柜说生意不好做，决定关店，租来的店屋也退给了业主，剩下的银两、货品和账簿等，前些天都搬上货船运走了……

回到了省城，芝龙、芝凤把两天来调查到的情况进行了一番分析，认定这家新洋商行的掌柜刘青，就是原厦门商馆卫丁队的那个刘青；商行的老板刘香，就是毒害李旦大人、血洗平户金阳商行的主犯之一刘奔。当年袭击平户金阳商行之后，杨陆慷而慨之回到厦门，而刘奔却不知去向，显然是跟他的大师兄分道扬镳，隐藏在外海的荒岛上，改名刘香，另立山头，经过这十几年的经营成为巨寇，如今才以凶残的烧杀抢掠重返江湖，其目的除了要展现其威风，主要应是针对郑芝龙而来。还有，据那打杂的帮工说，该商行有个伙计曾向他透露，行里的货品都是卖给在台湾的荷兰人，这表明刘香已经跟荷兰人挂上钩。此次在闽安、宁波、温州烧杀抢掠，准定得到荷兰人的支持；抢掠到的货品也一定是运送到大员卖给荷兰人……

翌日，郑芝龙来到省抚院拜见熊文灿巡抚，将几天来调查的情况向巡抚大人禀报，并预计刘香贼伙现在已经不在闽、浙交界一带海面，而且可能已经到了大员，下一步很可能与荷兰远东舰队联手，袭击闽南沿海，甚至攻袭厦、金两岛。为此，建议“福凌号”原所属的十艘战舰调回闽南，组成以“福凌号”为首的舰队。省城周围沿海及闽东北的海防，由“福平号”及“福翔号”为首的两支舰队和各相关卫所负责。

熊文灿听后甚感忧虑，说：“荷夷远东舰队乃荷兰东印度公司最强大的舰队，如果与凶悍的刘香贼寇联手，那就很难对付。”

“巡抚大人请放心，”郑芝龙慨然应道，“职下将会想出办法对付荷夷与刘香，确保闽省海防安全。”

熊文灿盯着郑芝龙，问：“你有何良策？”

“职下正在筹划，尚未成形。”郑芝龙应说，“而且海战不像陆战，除了船舰大小、炮火强弱等因素外，还受到风向、潮水、云雾和作战海域的影响和制约，开战后必须因时、因地制宜。为此，作战现场的指挥也至关重要。”

熊文灿听后，频频颔首。

“目前敌方在船舰、武器方面处于优势，”郑芝龙继续说，“但对作战海域就不如我方熟悉。只要我们善于避开敌方的优势，发挥我方的优势，就可以在作战中取胜。”

熊文灿郑重地说：“好，如果战端一开，我就全权托付给你。”

“不过，”郑芝龙至此才提出要求，“有三件事职下请求巡抚大人支持。”

“哪三件事？”熊文灿问。

郑芝龙说道：“头一件，严令全省沿海各县组建乡勇营，由县令亲任营长，各村社组建乡勇队，由村长亲任队长，以配合海防军抵御夷寇、战胜夷寇。第二件，请巡抚大人调集全省官办铁器作坊的机工，仿照歼灭叛贼钟斌缴获到的手雷，在一个月内制作出三千枚供军用。第三件，请向浙江、广东两省各调用火炮六十门、共一百二十门，以加强我军的火力。”

熊文灿应道：“好，你放心，我一定帮你办好。”

关于刘香，果不出郑芝龙所料，他在洗劫宁波、温州之后，立即领着船队直下台湾，这一天上午来到大员海面。

热兰遮城堡的哨兵们一看来了这么多中国船只，为防遭袭，正准备发炮示警，忽见那为首大船的主桅上升起了荷兰国旗，大感惊讶，连忙向城堡内的长官报告。

正在内厅议事的普特曼、雷克、麦丁即刻来到城堡码头，看那为首的大船正是刘香的大福船座舰，当即命哨兵升起欢迎的旗帜……

见到哨所升起欢迎旗帜，刘香当即领着所乘的大福船座舰和吉冈那艘用货船改装成的主战船，缓缓地进入港内，停靠在码头上；然后招呼手提布包的吉冈一起下船，跟普特曼、雷克、麦丁一一握手，相携来到城堡内厅。

双方坐定，普特曼见刘香喜气洋洋，便改换称呼，开口问道：“刘大头领此次袭击闽、浙沿海，一定是大获全胜，对吗？”

“托普特曼长官之福，还算顺利。”刘香笑了笑，答说。

普特曼也笑：“请问战果如何？”

刘香应道：“战果都在我带来的那百艘船上，大约一半是生丝和绸缎，都是在宁波和温州缴获的。”

“太好了，”普特曼高兴地说，“巴城的东印度公司总部正来了一支货船队，准备收购一批适销的货品运往欧洲。这生丝在欧洲可是最畅销的货品噢！”

"那我就以优惠价全卖给贵公司，"刘香应道，"不过，其他货品也希望贵公司能全部收购。"

普特曼满口答应："当然啰，雷克中校会帮你将收购的事情办好。"

"那就多谢普特曼长官，"刘香接着说，"还有，这次行动我们还获得另外一项战果。"

普特曼大感兴趣："哦，什么战果？"

吉冈随即将手提的布包放到桌面上，解开扣结，包内现出五颗被斩下的头颅……

普特曼一看，跷起大拇指哈哈大笑："干得好，干得好！刘香大头领不愧是如今江湖上的头条好汉！"

"不敢当，不敢当。"刘香谦辞道，接着问说，"接下去我们该怎么办？"

普特曼道："接下去我们首先要灭掉郑芝龙；然后占据厦门、金门两岛，控制台湾海峡，垄断远东地区与西洋、南洋的贸易，获取最大的商业利益。"

"好，普特曼长官说得好。"刘香朗声应说，随即问道，"这次决战获胜，贵我双方该是利益均沾吧？"

普特曼盯了他一眼，点了点头："当然啰。"

刘香慨然道："那我方愿在这次决战中打头阵。"

普特曼大喜："好，贵方愿打头阵，很好！"

于是，两人开始就作战方案进行商讨。

经过三个多月的紧张准备，这场大决战先拉开了序幕……

初秋时节，风向不定，在一个暗夜里，金门料罗湾南部百里外的海面上，停泊着一支由十几艘荷兰巨舰组成的舰队，和一支由上百只大小不一的船舰组成的贼船队。

过了大约半个时辰，为了执行特殊任务，刘香换上行商的锦袍，乘上一艘卸掉火炮的快捷货船，离开荷兰舰队和属下船队，朝北顺风而去；第二天早晨抵达大担口外。

站在船头的刘香举目扫视，但见从浯屿到小金门岛的海面上，五六只官军的巡逻船正在来回逡巡……他放胆进入大担口内，却没受到巡逻船的阻拦或检查，于是便缓缓地来到厦门内港，停泊在厦门商馆前的码头，带着两个

随从下船，走到商馆门前，向守门的卫丁抱拳致礼后，说：“我要拜访贵商馆的掌柜。”

为首的卫丁恭谨应道：“本商馆的掌柜不在，不知先生有何贵事？”

刘香道：“我是苏州的行商，想来推销一批货品。”

为首的卫丁应说：“推销货品可以找本商馆的司货。”

刘香道：“那就请向他通报。”

为首的卫丁说道：“不必通报了，你们就跟着我来吧。”随即带领刘香和他两个随从进入商馆……

刘香一进入商馆，当年与大师兄杨陆用“对时追魂散”毒害李旦未遂的情景，立即在脑际显现。他暗自叹了口气，继续稳步随着卫丁来到商馆内厅与司货见面。

双方坐定，卫丁献茶。

刘香一看这个司货还不到三十岁，已经不是十几年前的那位老司货，便更其从容地自我介绍说：“本人姓郑，名天生，祖籍泉州府南安县，成年后随先父到苏杭一带经商，专为江、浙、闽、粤一带的海商与苏杭的丝绸厂牵线搭桥。贵商馆乃著名的海商，每年对丝绸的需求量很大，本行商愿竭诚为贵方服务。”

“感谢郑先生的好意。”那商馆司货应说，“本商馆需求的丝绸，都是直接从苏杭一带调入。目前更因巨寇刘香袭扰闽、浙，郑芝凤掌柜忙于军务，商馆货品的进出量减少，实无须郑先生帮忙。”

“没关系，没关系，我们行商就是这样，到处寻找主顾，找了十位主顾能做成三宗生意就很不错了。”刘香忙应说，随即站起身，抱拳道别，“那我就告辞了。”

离开厦门商馆，刘香领着两个随从沿着滨海大路走向员当港，一路上默默无语，心里头却如同针刺：早年师父临终时命大师兄杨陆和他除掉李旦、夺取金阳；经几番谋划，几番出手，终于将李旦毒杀，并重创颜思齐，原以为就此成为金阳的大老板，却被郑芝龙硬给毁掉，大师兄还惨遭斩首……转而一想：所幸我当年临机应变，隐姓改名，经营荒岛，联络荷兰人，聚集力量，现已成为东南沿海头条好汉。此次攻取厦、金两岛，掌控东南海路，垄断通洋贸易，获取巨额收益，已成定局。

思念至此，刘香才舒展愁眉，抬起头察看厦门内港，但见港内从厦门城外的海面上到员当港口，停泊着原守备府的舰队，舰上的火炮都已褪下炮衣，炮位上的士兵已经备好炮弹和慢燃火绳，随时可立即投入战斗……察看过内港情况，刘香转过身朝着厦门城走去，见市街仍然熙熙攘攘，人来人往，老百姓显然不知大战即将来临……他随即来到厦门城南门，门前虽有两个士兵站岗，但是对进城、出城的人都没有进行阻扰或搜查，于是带着那两个随从进入城内，转了一圈……时已近午，他们来到一家酒肆，点了几道菜和一瓶酒，边吃边喝边跟同桌的一位常来厦门的客商攀谈，才知道郑芝龙已经移驻安平海防游击府衙，不在厦门；驻守厦门的长官是原守备府的洪旭……

在城内吃过午饭，刘香转回厦门商馆外的码头，上了那艘快捷货船，升帆起航，来到金门料罗湾西侧，停泊在金门城南门外的海滩上，放下跳板，带着那两个随从下跳板后踩过沙滩，一上岸就看到岸上临海有五座石砌的炮垒和两个哨所。

哨所里的三个哨兵看他们上岸，立即前来查问："你们来做什么？"

"大兵哥，"刘香谦恭地抱拳应道，"我是苏州的行商，听说金门高粱酒用古法酿制，又醇又香又有烈度，很适合北方人的口味。这回我到厦门给金阳厦门商馆运送一批丝绸，特意转来品一品金门高粱酒，如果合适将会前来大批采购。"

哨兵们看他态度很好，又是来做生意的，便指着金门城，说："这城内有一家酒铺，你找他们的掌柜就行。"

刘香一听，连连向哨兵们鞠躬："多谢，多谢！"然后绕过炮垒后一处长满灌木和杂草的土坡，走到南门，再次向守门的士兵说明来意，顺利过关，进入城内，转了一圈；然后找到那家酒铺，品了品一小盅金门高粱酒，便赞不绝口，当场掏出银子买了四坛，让酒铺的掌柜十分高兴。双方于是就聊了起来。

据酒铺的掌柜说，自从钟斌叛变后，金门城的生意就很萧条；卫所的士兵减少了一半，又没有常驻的头领，民众缺乏安全感，许多人都搬到隔海的同安县村社。城外岸上虽然设有炮垒和哨所，但也只是做做样子……

双方聊过之后，刘香又掏出一枚十两的银锭，向酒铺掌柜订购二百坛金门高粱酒；约定四个月内前来取货。

喜出望外的酒铺掌柜当即写了一张收条给刘香，然后派两个伙计挑起四坛酒，送到刘香的货船上。

完成了探察厦、金两岛的任务，那快捷货船即刻收起跳板，升帆起航，并在离开金门岛后加上八支大桨，于当晚深夜回到了金门料罗湾南部百里外的海面上，向坐镇在那里的普特曼报告此次执行特殊任务的情况，并对攻取厦、金两岛的战斗作了适当的调整。

第三天早晨，做好了战斗部署的普特曼，乘坐荷兰远东舰队旗舰“密得堡”号，率领十四艘巨型战舰和刘香的贼船队，从料罗湾南部百里外的海面上出发，午后来到料罗湾西端金门城南门外的海面上，开炮轰击城外沿岸的五座炮垒。炮垒内早已作好准备的官军士兵立即发炮还击，双方进行了激烈的炮战。

震天的炮声惊动了金门城内的老百姓，各家各户扶老携幼，纷纷从金门城的西门、北门逃出，在卫所士兵的护卫下，在西门外的海边乘船逃往海对面的小金门岛……

站在旗舰“密得堡”号舵楼顶的普特曼看到那些百姓惊慌出逃的情况，傲然一笑，下令舰队逼近海岸集中火力，轰击岸上的炮垒和哨所，很快就把哨所掀掉。

岸上的炮垒经过一番顽强的抗击后，火力渐渐减弱，炮垒内的士兵奉命撤出，钻进炮垒后的小土坡，隐藏在土坡上的杂草灌木丛中。五个炮垒随即被荷兰舰队的火炮摧毁……

摧毁了岸上的炮垒，普特曼举起战旗一挥，刘香即刻派吉冈率领两百个贼寇登岸巡查，见炮垒周近已渺无人迹，便放胆走到金门城，推开南门进城搜索。见城内既没有官军士兵也没有当地乡勇，百姓全都逃走了，住屋里的金银财宝也全都带走了。吉冈经搜查后登上南门城楼，朝着普特曼的“旗舰”挥动手中的白旗，说明“没有遇到任何抵抗，金门城可予以占领”。

普特曼看到吉冈发来预先约好的旗号，极感振奋，立即派一百名全副武装的陆战队员，携带荷兰国旗上岸，进入金门城，将荷兰国旗插在南门的城楼上。

料罗湾内所有荷夷的军舰和刘香的贼船，即刻响起震天的欢呼声。

就在荷兰士兵与刘香贼寇欢呼胜利的同时，郑芝龙与施福、洪旭率领以“福凌号”为首的主舰队和厦门守备府舰队，快速绕过金门岛东南端的母屿，进入料罗湾东部海域；另一路由郑芝虎率领新组建的战船队，则绕过小金门岛南的复鼎屿，进入料罗湾西部海域，形成主舰队居中、守备府舰队和新组建战船队为两翼的战阵，将荷兰舰队和刘香贼船队包围在料罗湾内，并开炮轰击……

事态的变化来得太突然，但普特曼并不慌张。他指挥舰队快速转向，以旗舰居中、以远东舰队和刘香船队为左右两翼的战阵，凭借自己舰队强大的火力，下令开炮还击。

双方舰队正展开激烈炮战时，由郑芝凤率领的一支由数百只小船组成的船队，像飞鱼一般绕过母屿钻进料罗湾。

全神贯注指挥炮战的普特曼起先并未加留意，待到那些小船逼近他的舰队时，才探头往下看，但见那一只只小船实际上是由两只更小的船组合而成。后面的小船稍大，配有一幅风帆和六支划桨，船内有六个划桨手和一个像是头目的年轻人；前面的小船则较小，船上堆满干柴和枯草……

普特曼猛然醒悟：这些小船分明是“火船”。他正想提醒各舰留意时，那几百只连环小船已经分散成十几支小分队，飞速划到远东舰队各军舰的后部，将小船船头一排尖利的铁叉，牢牢地钉在舰体后部左右两侧的船板上。坐在连环船后船船头的那个年轻人随即点燃前面小船上那些撒上火药的干柴和枯草，然后迅捷地解开勾连前后两船的铁链钩，快速离去……

普特曼连忙从舵楼顶下到甲板上，伏在旗舰船舷往下探看，却因整个舰体上宽下尖而未能看清。他焦灼地站起身，突然看到旗舰右边的一艘军舰后部冒起了火光，而舰上的官兵仍然专注于炮战，毫无察觉。

此时，在郑芝龙指挥下，福建水师舰队和战船队更激烈地加强火力对敌舰进行攻击，吸引住敌舰官兵的注意力。

眼看着自己手下所有军舰后部船板有的已被烧焦，而舰上的官兵却茫然无知，普特曼再也无法忍受，他冲上旗舰舵楼顶，挥舞“撤退”的蓝色令旗，命令各舰撤出战斗。

双方炮战正酣，长官却在旗舰上挥舞“撤退”令旗，各舰官兵颇感惊讶，但还是遵令用强烈的炮火冲开包围圈。这时才相互发现，舰体后部燃起了熊熊火光。

荷兰军舰上的官兵开始慌了，赶紧下到底舱，看到那厚厚的船板已经被烧穿，海水开始涌入舱内，怎么堵都堵不住。

涌入底舱的海水堵不住，落到舰上的炮弹却越来越密集。

桅杆被打断了，帆片躺在甲板上；舰体被打穿了，放在船舱里的弹药爆炸了。六艘战舰还没冲出包围圈就被郑芝龙的舰队击沉，身受重伤的士兵落到海里就归天了；幸未受伤的士兵落到海里就拼力往岸上游去，留下一条命当俘虏。

普特曼的旗舰“密得堡”号和其他八艘大型战舰，凭借船板厚、未进水、航速快、火力强而冲出包围圈，朝向大员奔逃。

郑芝龙当即率领福建水师和厦门守备府等两支舰队紧追。

在前奔逃的九艘着了火的荷兰战舰，边逃边向追上来的明朝水师军舰开炮。

两支明朝水师舰队在后面紧追，边追边向奔逃的荷兰军舰还击。

双方的炮弹在台湾海峡南部海面上交叉而过，落入海中。

过了一个时辰，九艘奔逃中的荷兰军舰有四艘的船体又被烧破进水，被追上来的明朝水师军舰击沉。再过半个时辰，又有两艘荷兰军舰航速骤然减缓而被追上击沉。

与此同时，埋伏在金门城四周村社的千余名卫所士兵一拥而上，将城内准备逃窜的一百个荷兰陆战队员和两百个刘香贼寇团团围住，掷出手雷，炸死其大部，并活捉了十几个荷兰兵和二十几个贼伙。

幸免一死的普特曼回到大员，只剩下他的旗舰“密得堡”号等三艘受了严重烧伤的战舰，和不到两百名陆战队员。

世界海上强国荷兰横行于远东的舰队，遭遇到组建以来最惨烈的失败。

第七十一章　歼灭刘香芝虎牺牲

当连环火船队绕过母屿快速进入料罗湾逼近荷兰舰队时，刘香因相距较远并没看到；直至那些小船分头插进所有荷兰军舰后部船板并燃起大火时，他才暗吃一惊："郑芝龙竟然用这火船战术对付荷兰舰队……"

接着，荷兰舰队相继有六艘船板被烧透的战舰被击沉；普特曼已经在旗舰上挥舞"撤退"的旗号，命令舰队撤出战斗，并领着九艘着了火的战舰，朝向东南奔逃。

"这次决战大势已去！""三十六计，走为上计。"

诡计多端的刘香即时以座舰福船上的五尊荷兰巨炮为主、整支船队百炮齐发，朝着挡住他的郑芝虎率领的战船队猛轰，终于打开一个缺口，领着贼船队冲出包围圈，朝向西南逃逸。

一时疏忽的郑芝虎赶紧重整战船队，跟在贼船队后面紧追。

掠过了六鳌外海，贼船队突然转向，朝向东北顺风疾驶。

正在猛追猛赶的郑芝虎船队一时刹不住，依然往前直冲。

站在座舰舵楼顶的刘香傲然一笑："你走你的吧，我走我的啦！"

郑芝虎赶紧领着战船队转向，在战船队滑出五六里路才转过身，朝向东北。

"赶紧追上！"郑芝虎下令各船帆桨齐用，才渐渐拉近了与贼船队的距离，继续往前直追。

芝虎边追赶边思索："这贼船队为何转向东北？他们究竟要逃到哪里？。"

此时，郑芝龙在金门岛南部海域追击过程中，又相继击沉六艘荷兰军舰后，眼看着那旗舰已经远去，才率领福建水师舰队和厦门守备府舰队返回料罗湾。

激战后的料罗湾漂浮着被击沉的荷兰军舰碎片和士兵的尸体；岸边则停泊着一百只连环船的后船，但却没见到芝虎的战船队和刘香的贼船队。

芝龙在心里想着："芝虎一定是率领战船队去追击刘香的贼船了……"

追击荷兰军舰的两支舰队泊碇后，郑芝龙偕同施福、洪旭上岸，来到金门城。

正在城内打扫战场的士兵们一见长官到来，纷纷向他们鞠躬致礼。

郑芝龙招来一位哨长，问道："城内的战况如何？"

"全歼敌军，"那个哨长应说，"除炸死者外，活捉荷夷十五人、贼寇二十一人。"

郑芝龙问道："活捉的都关在哪里？"

哨长答道："分两拨关在大牢里。"

郑芝龙道："带我们去看看那些贼寇俘虏。"

于是，哨长领着郑芝龙等三人来到金门城大牢，请狱吏打开关押贼寇俘虏的牢门。

郑芝龙、施福、洪旭一进入牢狱，那些被反绑双手、坐在地面上的贼寇俘虏即刻站起身。

郑芝龙一个个盯着他们的脸孔，仔细端详。在盯视一个三十来岁的贼寇之后，开口问道："你名叫刘青，对不对？"

那贼寇被他这一问，突然浑身发颤，话都说不出来。

"你就是当年厦门商馆的卫丁刘青，对不对？"郑芝龙语气亲切地再问。

"是的，郑将军。"刘青应道。

郑芝龙靠前一步，将反绑住他双手的绳索解开，然后牵起他的手腕，抚摩着那被紧绑的勒痕。

刘青眼含着泪盯着郑芝龙的脸，突然扑通跪到他面前，两行热泪涌出眼眶，滚落在地面上，嘴里喃喃而语："我有罪，我罪不可赦……"

"你是有罪，"郑芝龙边说边将他扶起，然后问道，"我现在给你一个立功赎罪的机会，你愿不愿意？"

“我愿意。”刘青边应说边再次下跪，脸朝天举起双手：“我发誓，只要给我一个悔过自新的机会，赴汤蹈火我都愿意。如违此誓，五雷轰顶。”

郑芝龙再次把他扶起：“你现在就跟着我走吧！”说着，与施福、洪旭带着刘青离开大牢，边走边问道：“这回料罗湾决战的情况，你都看到了吧？”

刘青：“看到了，将军真是神人。”

郑芝龙：“水师的舰队追击荷夷舰队时，刘香这恶贼乘机逃走了，对不对？”

刘青：“是的，但官军的战船队一定会追上去。”

郑芝龙：“你预料他会逃到哪里？”

刘青：“逃回他的老窝坪山岛。”

“坪山岛？”郑芝龙显然感到陌生，“坪山岛在哪一段海域？”

刘青应道：“在惠安县东南百里外，孤悬海中，以往渺无人迹，刘奔跟着他师兄杨陆在平户攻袭金阳商行后没跟着回厦门，转到坪山岛隐姓改名，自立山头。”

“好，你现在就带水师舰队前往坪山岛。”郑芝龙说着，转对洪旭，“我和施福营官到坪山岛剿贼，厦、金两岛及闽南沿海的海防就由你负责。”

“郑将军请放心，”洪旭抱拳应道，“我一定确保厦、金两岛及闽南沿海的安全。”

郑芝龙接着又交代说：“关押在大牢里的俘虏必须管紧管严，决不许出一点差错。”

“是。”洪旭郑重应道。

各项要务交代完毕，郑芝龙、施福带着刘青，快步返回料罗湾，登上座舰“福凌号”，背朝夕阳，面向东北，领着舰队顺风扬帆，破浪而去。

话说郑芝虎从料罗湾追赶刘香贼船队掠过六鳌外海时，贼船队突然转向东北，他急忙跟着转向，紧咬着刘香的贼船队猛追。

这时，天渐渐暗下来了。

在朦胧的夜色中，郑芝虎眼看着贼船队转向东北后正加快逃窜。

“这贼船队为何转向东北？他们究竟要逃到哪里？”芝虎边追赶边思索……

一个时辰过去了，又一个时辰过去了，贼船队的航向始终没变。“为什么？为什么？”

“对了，”郑芝虎突然悟到，“这刘香恶贼准定是要逃回他的老窝。”

“好啊，这下子我就连他的老窝也给端掉。”芝虎禁不住自言自语道。

于是，为了避免被刘香发现，郑芝虎指挥着战船队忽而快，忽而慢；忽而偏左，忽而偏右；但却紧紧地咬定目标……

夜色褪去，曙光初现，海面上笼罩着薄雾，在座舰舵楼的舱房里歇过夜的刘香走出舱房，攀上舵楼顶，透过薄雾放眼四顾，突然发现船后六七里外有一支船队跟在他的船队后面。

“这分明就是昨天海战后跟踪我的那支官军船队。”刘香顿时警觉，旋而又甚感振奋，“这可好啦，我就把他们引到坪山岛海面，在我的山寨前把他们全部歼灭。”

就这样，两支船队继续一前一后顺风疾驶，越来越靠近坪山岛。

快到那孤悬在茫茫大海中的小岛时，贼船队突然拐了个大弯，以刘香的座舰居中，船队展开为左右两翼，面朝官军船队，摆好迎战的战阵。

在料罗湾与贼船队交过手的郑芝虎一看，知道刘香将依仗座舰拥有五尊远射程巨炮的优势，先开炮遏制我官军战船队；然后从两翼包抄过来歼灭官军……但刘香不知官军这支战船队，是从各卫所精选出的船只和士兵组成的，每只战船上都配有四尊以上的火炮，总体实力比他的贼船队要强。

于是，临阵的郑芝虎作出决定，先灭掉刘香的座舰，再灭掉他的贼船队。他命座舰松帆减速，让紧跟在后面一艘载有百多名士兵的大型战船靠上来，与该战船的领军商定夹击方案，然后从左右两侧朝向刘香座舰加快航速猛冲上去……

刘香一看官军船队为首的两艘大船朝他的座舰冲过来，立即命射程七八里的船首巨炮开炮轰击。可惜他的炮手才刚学会操纵这荷兰巨炮，在料罗湾猛冲猛打还可以，在这里瞄准目标却不灵，接连击发三炮都落入海中……而两艘官军的大战船已经越过那巨炮的远射程，开炮轰击刘香的座舰，并一步步逼近，刘香座舰五炮齐发依然挡不住……郑芝虎带领的这两艘战船终于来到刘香座舰面前，在即将撞上时迅捷地岔开，分别靠上刘香座舰的左右两舷，水手们立即用长竿搭钩将那贼舰勾住，让两艘战船的士兵越过船舷跳进贼船，与贼寇展开激战……

与此同时，领着士兵跳进贼船的郑芝虎手持大刀，冲向万恶的贼首刘香，一招“泰山压顶”朝着他头顶猛砍下去。刘香迅捷地侧身避开，挥舞利剑一招“白蛇吐信”刺向芝虎的颈脖。两人开始过招，斗了十几回合，芝虎乘刘香退避的刹那间横刀一扫，砍断刘香的左臂，再一腿将他踹倒在地，把刀尖刺进其前胸。没料到临死的刘香拼尽最后一口气，举起利剑往上一捅，刺中芝虎的心窝，随即撒开双手，断了气。

被利剑刺中心窝的郑芝虎手捂左前胸，双脚站定，眼望大海，大口大口地喘着气，但终于撑持不住，仰身倒在舱面上。

即将杀尽贼寇的士兵们见郑芝虎仰身倒下，赶紧围拢过来，看他左前胸鲜血直流，但却脸带微笑……士兵们大惊失色，纷纷跪在他身旁高声呼唤着：“芝虎统领！芝虎统领！……”

此时，由刘青领路的福建水师舰队已经进入坪山岛海面，站在“福凌号”舵楼顶的郑芝龙，听到前方传来“芝虎统领！芝虎统领！”的呼唤声，急忙加速来到刘香座舰旁，看到恶贼刘香已经被杀；而二弟芝虎却躺在舱面上，士兵们正跪在他身旁呼唤……芝龙连忙从舵楼顶跳下，架起跳板冲到刘香座舰，在芝虎身旁跪下，唤道：“阿虎！阿虎！你醒醒！”

听到大哥的呼唤声，芝虎缓缓地睁开眼睛，一看到郑芝龙就脸展笑容，轻声地说：“阿兄，你来啦!?”

“是啊，是啊，阿虎，我现在就在你身边。”郑芝龙悲泪盈眶，哽咽地应道。

“那小弓弩你带来了吗？”芝虎盯着芝龙问道。

“带来了，带来了！”芝龙赶紧应说。

“那我们再一起到鳌峰山的树林里打鸟，好不好？”芝虎再问。

“好，好，我们现在就一起到树林里打鸟。”芝龙强忍着悲泪应道。

听了哥哥的话，芝虎微微一笑：“多谢阿兄！”说着，闭上了眼睛再也没有睁开。

“阿虎，阿虎，阿虎！……”郑芝龙连声唤道，满眶悲泪随即奔涌而出，伏在芝虎的遗体上恸哭……

凶狂狠毒的刘香连同他的贼伙终于全部被歼灭；藏在坪山岛银库里的十几万两银锭被收缴；那艘福船级的座舰改名“福安号”，连同一百多艘大小贼船被改编为官军的另一支舰队：原留在岛上的两个压寨夫人和一百多个贼伙被活捉。这些贼伙连同在金门被活捉的贼伙经审讯查实，凡杀过人者一律处斩，没杀过人者流放充军。吉冈则被查出乃倭寇余孽且为毒害李旦首犯，因之判处凌迟酷刑后斩首示众……

大败荷兰人歼灭刘香，这事关朝廷东南安危的决战取得了重大胜利。郑芝龙为此倾资犒赏全体参战的官兵，抚恤为朝廷牺牲及负伤的将士：

所有参战的官兵每人赏银三两；立功者论功加赏；立大功者除加赏外上报朝廷和巡抚予以晋升。

为朝廷牺牲的将士，按级别由朝廷或抚院追授官职，世代荫袭；受重伤者享受终生抚恤并加赏银一百两；受轻伤者予以治疗并加赏银二十两。

第七十二章 丝路畅通父子俱荣

战荷兰人灭刘香取得大胜的喜讯，传遍了台海两岸和神州大地。特别是海上强国荷兰称霸于远东的舰队，竟惨败于郑芝龙率领的福建水师手下，更是在南洋各国和日本引起轰动。郑芝龙的英名自此传扬于海内外。

福建巡抚在崇祯五年九月给皇上的奏折《奉剿红夷报捷疏》中描述道：

窃唯红夷一小丑，狡焉。勾寇首刘香等，横掠于海上，岂独八闽一大患，且为中国一大耻。……芝龙慷慨男子，誓天剿夷，虽借力于诸将，已拼死于前锋，劳苦功高。……

随后，兵部尚书等又接连上奏朝廷，盛赞郑芝龙，称：

五虎游击加升副总郑芝龙雄经百战，勇冠三军，遏狂除患，烽息烟销。……盖名将材也！……

另一奏折称：

副总兵郑芝龙壮志凌空，忠肝揭日，其部将俘斩多功，皆属芝龙节制之兵也。

鉴于郑芝龙大败强敌荷兰人、歼灭巨寇刘香，消除了东南海疆巨患，为朝廷立下赫赫战功，崇祯皇帝特下旨，晋升郑芝龙为统辖福建海、陆军的福建总兵；赐予为朝廷牺牲的郑芝虎镇国将军衔，并由郑芝龙将第二子郑渡过继为其子，世代荫袭；郑芝凤则因足智多谋、掌管粮饷并屡立战功授副总兵衔。施福、洪旭、芝豹、芝鹏、芝莞、芝越、施琅等也都荣获晋升。

随后，郑芝凤考中进士，改名鸿逵，奉调江苏省挂镇海将军印，驻守镇江。

获晋升为福建总兵的郑芝龙，更其兢兢业业，带领福建水师"福平""福凌""福翔""福安"为首的四支舰队，以及各守备府、各卫所的战船队，日夜轮班在祖国浩浩的东南海疆巡逻，守卫海防。

自此，多年来饱受外夷、贼寇烧杀抢掠的东南海疆，匪寇绝迹，海氛清靖。曾经繁荣极盛的海上丝绸之路，又恢复成为通往南洋、西洋及东洋的商贸大道。

于是，郑芝龙乃以安平府衙为总部，以厦门、杭州及台湾北港等三个商馆为分部，着力开展通洋贸易……

省内外各地的海商也纷至沓来，主动捐助军饷给总兵府，以加强福建水师的兵力；福州、泉州、漳州又恢复成繁华的商港。丝绸、瓷器、茶叶、蔗糖成了主要的出口商品，每年的输出量激增。

为了供应海商的大量采购，江苏、浙江各县的养蚕业、缫丝业、丝织业急速发展；一些纺织作坊还按照东西洋消费者的不同爱好，织造出各式各样的绫罗绸缎。

海商对瓷器的大量需求，则带动了江西、福建两省制瓷业的发展。江西的景德镇、福建的德化、平和两县，遍布着大小瓷窑，工艺也不断改进提高，制作出的青瓷器和雕花瓷盘畅销南洋和西洋各地。

茶叶早在宋朝就已经输入欧洲，成为当地珍贵的饮品。如今随着海上丝绸之路的恢复通畅，也成了出口的重要商品，并带动了福建、江西、台湾茶种植业和制茶业的发展。

甘蔗含有高度糖分，制成的蔗糖味道甘甜，使用方便，深受欧洲人的喜爱。福建与台湾地处亚热带，盛产甘蔗和蔗糖。海上丝绸之路一畅通，蔗糖便成为又一大宗的出口商品。为了满足海商的需求，闽、台的甘蔗种植业和制糖业快速发展，有的村社甚至将稻田改种甘蔗，以获取更大的收益。

丝绸、瓷器、茶叶、蔗糖等商品出口到欧洲、东非和阿拉伯地区，获取的利润往往超过成本的两三倍，大大激发了海商的炽热之情。随着海上贸易的大发展，对船舶的需求量也激增，这又带动了造船业的发展。福州本是全国最大的造船基地之一，如今更是日夜不停地加班加点。而盛产造船木材的闽北穷困山区，也随之富裕起来。

自此，八闽大地呈现出前所未有的蓬勃繁荣景象。数万闽南饥民垦殖的台湾则成为百业俱兴的宝岛和祖国东南的大粮仓……

在这大好形势下，郑芝龙的商业经过几年的努力，也得到大发展，除了原有商馆扩大经营外，又在南洋的西贡、金边、曼谷、马尼拉等地及日本长崎设立分支机构，组成国际性的商贸集团。

获取巨额利润之后，郑芝龙鉴于原福建水师的装备尚落后于英格兰、西班牙、荷兰等世界海上强国，乃斥巨资相继再建造两艘“福船级”的战舰和数十只炮舰、哨船、快船，组成两支新舰队和数支哨船队、快船队，装备英格兰巨炮和各种手持火器，与原有的舰队、战船队组合成具有强大战力的新福建水师，守卫着祖国的东南海疆……

与此同时，忙于军务和商务的郑芝龙也不忘督导长子郑森的文武课业。

文课的“四书”，要求依序精读《大学》《中庸》《论语》《孟子》。郑芝龙有空就亲自予以讲解；出征时就委托商务部的秀才司帐代课。

武课的“拳术、剑术”，继续师从泉州南少林寺的武僧教头。“火器的运用”则从澳门特聘一位葡萄牙炮师常驻安平授课；课目包括“手铳、长铳的速射”“火炮的瞄准射击”“手雷、炸药包的抛掷”等。

经过这几年的努力，郑森的文、武课都有很大长进，并在十四岁时考中秀才，踏进仕途的第一站；随后又进入南京太学，师从名儒学者攻读四书五经及《孙子兵法》，受到师长的高度赞赏，被誉为“文武全才”。

然而，在祖国东南海疆蓬勃繁荣之时，北方却遭受严酷战争之苦。

缘起于明朝万历年间、居住于东北地区的满族，在其领袖努尔哈赤领导下统一了各部落，建立后金国，攻占了辽河以东地区，并迁都沈阳。明天启年间，努尔哈赤去世，其子皇太极继位称帝，改国号为“清”，进一步向中原地区推进，与明朝军队展开激战……

就在明朝军队与清军激战的同时，西部的陕西省发生严重灾荒，当地官吏又横征暴敛，广大农民忍不住残酷压迫，群起反抗，在其领袖李自成领导下组成起义军，占领省城西安，并向东挺进。

遭受东、西两面夹击的崇祯皇帝穷于应对，屡战屡败，终于全面崩溃……

崇祯十七年（1644年）三月十八日，李自成率领的农民起义军攻占京城，崇祯皇帝自缢身亡。山海关守将吴三桂乃引清兵入关，进军北京，驱走李自成。

清朝定鼎北京后，刚继位的顺治皇帝在诸臣辅佐下，继续向南进军。

原明朝皇室的后辈则相继在南方继承明朝法统，称帝抗清，史称“南明”。

第一位在南方继承帝位者，乃崇祯皇帝之堂弟、福王朱由崧；由马士英等明朝遗臣在南京拥立，号“弘光”。但福王登基后不思上进，腐败无能，即位仅一年南京城就被清军攻破，并在逃到芜湖后被追击的清军杀害。

福王被害之后，蒙受崇祯皇帝鸿恩的郑芝龙、郑鸿逵（芝凤）兄弟，在福建省城福州拥立太祖九世孙唐王朱聿键，号“隆武”。隆武帝即位后布衣素食，励精图治，力图抗击清兵，匡复江山，对郑芝龙兄弟及部属恩宠有加。即位后不久，晋封郑芝龙为平国公、郑鸿逵为定国公。同时敕封施福为武毅伯、洪旭为忠振伯、芝豹为澄济伯。随后并加封郑芝龙为“太师”。

“太师”为皇朝“三太”（太师、太傅、太保）之首，乃皇帝赐予大臣的最高封号。郑芝龙于是成为隆武朝职位最高的大臣。

隆武元年八月十七，正值黄道吉日，怀着复杂心情的郑芝龙特地带郑森进宫，见到了隆武帝。芝龙、郑森父子当即下跪叩拜：“吾皇万岁，万岁，万万岁！”

坐在龙椅上的隆武帝见芝龙带一个青年进宫叩拜，随即应道：“爱卿平身。”

芝龙和郑森站立后，隆武端详郑森，见他身材魁伟，面容俊秀，两眼透出一股灵气，甚感欣喜，问郑芝龙：“这美少年是何人？”

“他是臣的嫡长子，名郑森。”郑芝龙恭答。

隆武微微一笑：“你们父子长得真是太相像，都如此姣美英俊！看来芝龙爱卿年轻时就像郑森；郑森过了不惑之年就是芝龙。”

芝龙和郑森连忙下跪拜道：“谢皇上！”

隆武：“爱卿不必多礼。”说着，挥手将郑森招到身旁，问道：“你读过多少书？”

郑森：“臣读过四书五经和《孙子兵法》。”

隆武：“朕考一考你，如何？”

郑森：“皇上考臣乃臣之万幸。”

隆武：“那朕就念上句，你就连上全文。”

郑森：“谨遵皇上之命。”

隆武：“大学之道……”

郑森：“在明明德，在亲民，在止于至善。”

隆武：“为人君止于仁……”

郑森：“为人臣止于敬，为人子止于孝，为人父止于慈，与国人交止于信。”

隆武：“子曰，好学近乎知……”

郑森：“力行近乎仁，知耻近乎勇。知斯三者，则知所以修身。知所以修身，则知所以治人。知所以治人，则知所以治天下国家矣。”

隆武：“天将降大任于斯人也……”

郑森：“必先苦其心志，劳其筋骨，饿其体肤，空乏其身，行拂乱其所为，所以动心忍性，增益其所不能。”

隆武：“孟子曰，鱼我所欲也……”

郑森：“熊掌亦我所欲也，二者不可得兼，舍鱼而取熊掌者也。生我所欲也，义亦我所欲也，二者不可得兼，舍生而取义者也。”

隆武：“伏羲八卦、四象、两仪……”

郑森：“伏羲八卦：乾、兑、离、震、巽、坎、艮、坤；四象：太阳、少阴、少阳、太阴；两仪：阳、阴。总曰：太极。太极生两仪，两仪生四象，四象生八卦。”

隆武：“孙子曰：故知胜有五……”

郑森:“知可以战与不可以战者胜;识众寡之用者胜;上下同欲者胜;以虞待不虞者胜;将能而君不御者胜。此五者,知胜之道也。故曰:知己知彼者,百战不殆;不知彼而知己,一胜一负;不知彼不知己,每战必殆。”

隆武见郑森对答如流,禁不住击掌赞道:“爱卿如此熟读经书,难得难得!今后用之于修身,用之于实战,必成旷世大业。”

郑森一听,立即下跪拜道:“臣将遵旨,把所学用之于修身,用之于实战,报效皇上隆恩!”

隆武将他扶起,再次端详着郑森那俊美且又充满灵气的脸庞,抚摩他的肩背,充满爱怜地说:“朕没有女儿好招卿为驸马,真是可惜。现特赐卿国姓,并赐名‘成功’。”

皇上赐郑森“国姓朱”并赐名“成功”,这可是天大的喜事。郑芝龙一听,连忙拉着郑森一起下跪叩拜:“谢皇上隆恩!谢皇上隆恩!”

眼看儿子被皇上赐国姓并改名“成功”,自己又已被皇上加封为“太师”。美男子郑芝龙历尽艰危磨难、险道坦途,终于攀上人生顶峰。

这一天,郑芝龙带着四名卫士,驱车来到省城福州东郊的鼓山,攀上山顶……

他低下头俯视大地,但见省城已成京城,房舍鳞次栉比。他转过身远眺海天,但见清波连接彩云,大海无际无边,禁不住浮想联翩……

“生我育我者,是母亲!是父亲!或是大海?!”

“锤我炼我者,是艰险?!是仁义?!或是志气?!”

郑芝龙想着想着,渐渐进入半醒半睡的梦境,在朦胧中忽见台海西岸海面上先后钻出几群飞龙,各自在为首的金色飞龙率领下朝向东南飞去……时而扇动翅膀冲上云霄,时而收起翅膀下海搏浪……终于飞到台湾岛上空,相继徐徐降落在那广袤的沃土上。祖国的宝岛台湾呈现出一派日新月异、欣欣向荣的景象。

至此,郑芝龙才醒过来,脸现喜色挺立在鼓山顶上,让大海送来的清风吹拂着他的衣裳……

（全文终）

后记

我在厦门港出生，在鼓浪屿长大，当年一提到郑成功，不论是长辈还是老师，都跷起大拇指，赞他是个大英雄；但一提到郑成功的父亲郑芝龙，全都摇头摆手，说他是个大海贼。

“大海贼生了个大英雄”，年纪轻轻的我只感到有点奇怪，并不大在意；直至 1998 年 5 月，老战友方友义送我一本他主编的《郑成功研究》，建议我撰写一部《台海演义》，讲述郑芝龙、郑成功和施琅三代人开发祖国领土台湾的故事，我才关注这题材。当时我已经离休，身体还挺好，就把他主编的这部包括 67 篇论文、长达 875 页 724 千字的巨作仔细读了一遍；还到鼓浪屿向郑成功纪念馆馆长张宗洽求教，于 1998 年 10 月底草拟出《创作方案》，并打印成“征求意见稿”；后因接受撰写《陈嘉庚的故事》稿约而搁置下来。到了 2005 年，自己掂量掂量，实在无力完成《台海演义》的创作，才决定专写郑芝龙的故事。于是着手搜集相关的史料、资料、论述及传说：在图书馆借到的就复印装订，在书店里买到的就妥为保存，相关单位和亲朋好友赠送的就道谢收下……而且边收集边研读，发现这些史料、资料和传说，有些相互矛盾；有些则不合情理、不足为凭。

如郑芝龙与李旦的关系：明末《野史无文》载：“芝龙少随李旦贩货日本国，旦与芝龙同卧起，遂抚以为子，并为芝龙娶于长崎士家。”把两人的关系说成情同亲父子，这说法合情合理，而且与史实相符。但另一本《难游录》却说：“李旦者，闽之巨商也；芝龙少年姣好，以龙阳事之。”把郑芝龙说成是出卖肉体给李旦的无耻之徒，这根本就不合情理。

还有，荷兰东印度公司文档中，有一份李旦的儿子李国助于1633年致荷兰驻台湾长官的信，控告郑芝龙背叛他父亲，吞没他父亲的财产。据查证，李旦乃逝世于1625年，当时遗下的巨额财产被侵吞，作为李旦的亲生儿子李国助不闻不问，而是八年后才提出控告，显然不足为凭。

由于郑芝龙一些重要关节有多种说法，因此我在进行总体结构之前，不得不对收集到的史料、资料和相关论著进行一番分析、考辨，舍其末而求其本，去其伪而存其真，从石井郑氏的家世起步，到他只身远赴澳门等地，到他早年与荷兰人的关系，到他被李旦收为义子……一步步走进郑芝龙的人生历程，渐渐地看出他原来是一位从磨难中成长起来的狂涛英豪。

于是，我便“据正史，采传说”，而后“求新意，谋突破”；立足于原创，参照影视文学的创作手法，进行通盘结构。

当然，我是“据正史”而不全囿于正史；“采传说”则择我需者而用之，并进行适量的虚构；力图塑造出性格鲜明、具有代表性的人物形象；力图编排出前后呼应、引人入胜的故事情节；力求使作品既有文学价值又有史学价值。

开始进入写作时，我将书名定为《郑芝龙》。写了将近一半，感到李旦、颜思齐两位人物占了较大分量，于是将书名改为《台海英豪传》，并增加李、颜二人的“戏份”。但写下去就觉得不对劲，于是又改回《郑芝龙》。写着、写着，写到最后几章，才感到书名《郑芝龙》应该写他的一生，而我原先的结构提纲只安排到郑芝龙拥立南明隆武帝被加封为太师、平国公，儿子郑森被隆武帝赐“国姓”并赐名“成功”为止。于是将书名改为《海魂记》，并在前面的章节中增添相关的描述。

去年6月，我有幸拜读了《习近平总书记系列重要讲话读本》，其中第九篇《建设一支听党指挥能打胜仗作风优良的人民军队》中写道：“我国周边安全风险呈累积态势，特别是海上安全威胁日益突出，家门口生乱生战可能性增大……突出海上军事斗争和军事斗争准备，有效控制重大危机，妥善应对连锁反应，坚决捍卫国家领土主权、统一和安全。”

据此，我又对书稿的一些段落作了修改，力争整部小说能符合习近平总书记的指示精神。

就这样断断续续写了十年，到现在才定稿；并经挚友俞王毛副教授相助，联系上中国文史出版社，获得社领导和编辑同志的关心和支持，使这部长篇小说得以问世；恳望读者和专家、学者阅后，多提宝贵意见！

洪永宏

2017 年 5 月 1 日